创新创业与职业发展指导

Guidance for Innovation, Entrepreneurship and Career Development

张国琛 刘宪杰 李明智 主　编
张建强 副主编

东北财经大学出版社 大连
Dongbei University of Finance & Economics Press

图书在版编目（CIP）数据

创新创业与职业发展指导 / 张国琛，刘宪杰，李明智主编．—大连：东北财经大学出版社，2024.8（2025.8重印）．—ISBN 978-7-5654-5318-2

Ⅰ.G647.38

中国国家版本馆CIP数据核字第2024KM5424号

东北财经大学出版社出版

（大连市黑石礁尖山街217号　邮政编码　116025）

网　　址：http://www.dufep.cn

读者信箱：dufep@dufe.edu.cn

大连金华光彩色印刷有限公司印刷　东北财经大学出版社发行

幅面尺寸：185mm×260mm　字数：338千字　印张：14.5　插页：1

2024年8月第1版　2025年8月第3次印刷

责任编辑：刘　佳　刘慧美　徐　群　责任校对：赵　楠

封面设计：张智波　版式设计：原　皓

定价：39.00元

教学支持　售后服务　联系电话：（0411）84710309

序

当代大学生为了迎接进入社会之后的挑战，必须提前做好准备和规划，充分利用自身的优势来选择未来的职业发展方向，为社会作出贡献，为自己增加就业机会。因此，增强大学生的创新创业意识，并对大学生进行创业指导，对促进社会发展、提升大学生的个人竞争力具有十分重要的意义。

大连海洋大学开设了“创新创业与职业发展指导”课程，本书就是为此类课程编写的配套教材。

一、结构特点

本书在结构上分为3篇：创新篇、创业篇和职业生涯规划与就业指导篇。本书编写分工如下：第1~2章、6~7章由张国琛执笔编写；第3~5章由李明智执笔编写；第8~11章由张建强执笔编写；第12~15章由刘宪杰执笔编写。

创新篇主要围绕大学生的创新意识、创新思维和创新方法等内容进行介绍。这些内容具有很强的实用性与指导性，不仅可以帮助大学生打破思维定式、找到创新之路，还可以帮助大学生利用所学的创新方法来解决实际问题，对大学生创新能力的培养具有重要意义。

创业篇对当代大学生在创业过程中可能遇到的问题提供了全方位的指导，重点介绍了创业的前期准备、创业团队的组建与管理、创业项目的选择、商业模式的设计、创业营销手段、创业融资、商业计划书的撰写、路演等内容。

职业生涯规划与就业指导篇对当代大学生的职业生涯规划及其意义、职业生涯规划理论、职业生涯规划的方法与步骤、就业政策与指导等内容进行全方位讲解，从而为大学生提供指导性建议，对大学生高质量就业具有较高的参考价值。

二、内容特色

本书紧密结合普通高等院校的教学实际情况与大学生创业或参赛的需求，在内容方面进行了精心安排，具有以下特色：

（1）内容紧贴实际。

本书以当前大学生的创新创业形势为大背景，对大学生的创新思维、创新方法、创业项目的选择、创业营销手段、创业融资等重要知识进行了全面阐述，引导大学生树立创新意识，培养创业能力。

（2）“引导案例”与阅读材料丰富。

本书含有大量创新创业案例，包括大学生创业案例、创业者的创业故事等。这些内容生动有趣，具有很强的可读性和参考性，大学生可以在学习中有所感悟，更好地理解知识点。

（3）获奖案例分析，帮助师生近距离感受真实的大赛氛围。

本书选取了中国国际大学生创新创业大赛等赛事的真实获奖案例，同时对案例进行了具体分析，为有意参加相应比赛的学生提供了较为详尽的指导。

（4）指导学生做好职业规划与就业。

本书以当前大学生的职业规划与就业形势为大背景，对大学生职业生涯规划理论、职业生涯规划的方法与步骤，以及就业政策与指导等重要知识进行了全面阐述，为大学生提供了指导性建议。

在撰写本书的过程中，编者得到了许多专家与学者的帮助和指导，参考了大量的学术文献，在此谨向这些资料的作者致以诚挚的谢意。

编　者

2024年6月

目 录

创新篇 / 1

创新篇

第 1 章

创新与创意

学习目标

- 了解创新的含义和特征
- 了解创新的类型和原则
- 了解创意的含义和作用
- 掌握创新与创意的区别及联系

素养目标

- 了解创新对个人发展的意义
- 了解创新对国家发展的意义
- 了解国家创新政策

引导案例

专利为企业创新添动力

大幅提升算力的高效能乘法器和加法神经网络、光虹膜、基于迭代的全精度浮点单元……日前，华为公司发布了一批知识产权领域的最新成果。据介绍，华为公司2021年研发投入达到人民币1 427亿元，占全年收入的22.4%，研发费用额和费用率均处于近10年的最高位。

为了解决人工智能设备能耗难题，华为诺亚方舟实验室的高级研究员王云鹤和团队通过加法代替乘法来计算，突破了现有的人工智能计算框架，并解决了一系列数学难题，成功开发出加法神经网络。

“现代人工智能最常用的技术是神经网络，传统的神经网络包含大量的乘法和加法计算，相较于加法，乘法的计算复杂度更高，运算的代价也大。”王云鹤和团队的这项发明在保证精度的前提下，使计算功耗和电路面积下降70%。“连续使用后出现的手机发热和手表、耳机的待机时间下降问题，都可以通过高能效基础计算的相关技术进行优化，来改善体验。”王云鹤说。

光虹膜则是一项应用于光纤接入网的发明专利。华为光领域研究部的一个由5名博士组成的团队，提出了光虹膜的解决方案。就像人眼的虹膜具有唯一性一样，光虹膜也给光纤创造了一个唯一性的标签。该团队联合华为的精密制造部，通过超高精度的加工技术，在比头发丝还要细的光波导上，雕刻出特殊的微结构。如此一来，光便携带了包括“出发地”和“目的地”在内的地址信息，简化了运营维护工作，减少了资源浪费，光纤宽带部署得以加速。

华为与高校院所合作研发“通信网络模拟现实”技术。网络由成千上万个基站、数百万的用户、千差万别的无线传播环境组成，有着很强的不确定性。为攻克无线网络优化这一难题，华为团队与高校前沿研究团队对接，优势互补，打通了从理论突破到成果落地的“链条”。

通过该技术，华为可以了解网络中每个用户的体验，并通过算法快速求解大规模网络的最优结构，在为用户提供更好网络体验的同时降低能耗。根据测算，该技术能将网络性能提升5%以上，目前华为已使用该技术对运营商服务的300万用户网络进行了优化，涉及1.2万个基站。

华为的专利价值已经得到广泛认可，尤其是在蜂窝技术、音视频编解码等主流标准领域。目前，华为已经与多个领域的厂商签订专利许可协议。在过去5年中，超过20亿台智能手机获得华为4G/5G专利许可。在汽车领域，每年约有800万辆获得华为4G/5G专利许可的智能汽车交付给消费者。

资料来源：谷业凯. 专利为企业创新添动力［EB/OL］.［2022-06-20］. http: //finance.people.com.cn/n1/2022/0620/c1004-32450429.html.

讨论：

1. 创新的方法有很多，有的是引进新产品，有的是采用新的生产方式来开辟新市场，还有的是利用新的原材料来挖掘新需求。那么，本案例中的华为公司是采用何种方法来创新的呢？

2. 创新的前提是创意吗？是不是有了创意就可以实现创新呢？

1.1　创新概述

创新是人类特有的认识能力和实践能力，是人类主观能动性的高级表现，是以新思维、新发明和新描述为特征的概念化过程。创新不一定是创造出全新的东西，将旧的作品与新的形式相结合也可以视为创新。

知识链接：约瑟夫·熊彼特

关于创新，人们对其本质问题的认识从未超越“创新”的鼻祖约瑟夫·熊彼特。熊彼特是以创新来解释经济发展的第一人，他被誉为“创新理论”的鼻祖，也是20世纪享有盛誉的世界著名经济学家。他对企业家精神和创新的强调，以及对经济思想史的梳理，无不影响深远。在中小企业大发展、技术不断创新的今天，重读熊彼特的著作更具有十分重要的现实意义。

熊彼特于1942年首次运用了“创造性毁灭”这个术语，用以描述创新性的产品和方法是如何不断取代旧产品和旧方法的。不仅如此，他还给出了大量例证：工厂的出现让铁匠铺销声匿迹，汽车取代了马匹和轻便马车。他写道：“创造性破坏是资本主义的基本事实，而稳态的资本主义则是自相矛盾的提法。”

熊彼特认为，当新产品或新服务出现时，企业争相仿效，经济繁荣；直至无利可图，经济随之衰退；此时再出现新商品或技术，经济又会回升，如此不断循环。创新指的是通过生产要素（新产品、新方法、新市场、新资源、新组织）的重组，创造新的产品组合或服务。

熊彼特既是创新理论的伟大先驱，也是一生经历着磨难的凡人。熊彼特在20多岁时就因一本震惊师长的学术著作而崭露头角，在30多岁时曾短期担任奥地利财政部部长这一公职。随后，他将自己改造为一名银行家并赚了一大笔钱，不过这笔钱迅速在动荡的股市中化为乌有。重返学术界之后，熊彼特移居美国并成为哈佛大学的教授。尽管此时他已蜚声国内外，但他还是一文不名，不得不去做付酬演讲来为这趟横跨大西洋之旅筹集资金。

在这些冒险经历中，熊彼特还遭受了常人难以承受的致命打击。不过，他也予以重拳还击。无论遭遇怎样的困难，他在公众场合总表现得像一位很享受生活的人。他曾说过，希望自己成为世界上最伟大的经济学家和欧洲最伟大的骑士。他还有一句著名的俏皮话：“当骑士对我来说或许不是那么顺利。”在热情洋溢的表象下，熊彼特掩藏了自己激烈和黯然的情感，有时甚至是异常黯然的情绪。熊彼特一生都在与自己进行着激烈斗争。

1.1.1 创新的含义和特征

创新一词起源于拉丁语，其原意有3层含义：一是更新；二是创造新的事物；三是改变。由此可见，创新就是创造新事物，这些新事物既可以是具体的，也可以是抽象的。

简单来说，创新就是根据一定的目的，利用现有资源，运用新的知识或方法，创造出新颖的、有价值的、前所未有的事物；或者在已有事物的基础上，提出新的见解，做出新的改进。创新的特征主要体现在以下6个方面：

1）动态性

创新是一个动态的过程。在当前的社会条件下，知识水平的层次越高，创新思维的水平就越高。任何创新活动都不可能是一劳永逸的，只有不断地改进创新、与时俱进，才能适应时代的发展需求。

2）普遍性

创新存在于人类活动的所有领域且贯穿人类活动的各个阶段，这就是创新的普遍性。同时，创新能力是每个人都具备的，如果只有少数人具有创新能力，那么许多创新理论就失去了存在的意义。

3）目的性

创新活动总是围绕需要解决的问题、需要完成的任务而进行，这就是创新的目的性。这一特性贯穿整个创新过程。例如，发明手机的目的是让人们联络更加方便，发明电灯泡的目的是在夜晚照亮暗处，发明计算机的目的是提高人们的工作效率等。

4）新颖性

创新的本质是求异、求新，即摒弃现有的不合理事物，革除过时的内容，然后创立新事物。用新颖性来判断创新成果时，要注意区分绝对新颖性和相对新颖性。

例如，当电话被发明时，其属于前所未有的创新成果，体现的是创新的绝对新颖性；而如果在之前的基础上使电话有了更好的通话效果，这种创新成果体现的就是创新的相对新颖性。目前，大学生所做的发明、创新，绝大部分属于相对新颖的创新成果。

5）价值性

创新的价值性可以从创新成果带来的社会价值、经济价值和学术价值3个方面来判断。一般来说，创新成果满足人类社会需要的程度越高，其价值就越大。

6）高风险性

创新的高风险性是由创新的不确定性所决定的。这种不确定性通常包括市场的不确定性、技术的不确定性和经济的不确定性等。一般来说，不确定性越大，创新的风险就越高。

小贴士

如果一个企业不懂得改革、创新，不懂得开拓进取，这个企业就可能会倒闭。企业创新的根本意义就是勇于突破企业自身的局限，革除不合时宜的旧体制、旧方法，在现有条件下创建更多适应市场需求的新体制、新举措，最终在激烈的市场竞争中取得胜利。

1.1.2 创新的类型

创新的种类繁多，有多种不同的划分方式，可以根据表现形式、层次、创新成果自主性来划分，下面将分别进行介绍。

1）根据表现形式划分

（1）知识创新。

知识创新是将现有知识构成要素进行重新组合或分解，是在现有知识的基础上的改进、发展、发明或创造。知识创新是技术创新的基础，是新技术和新发明的根本来源，是促进科技进步和经济增长的革命性力量。

（2）技术创新。

技术创新是指生产技术的创新，包括开发新技术和对已有的技术进行应用创新。技术一般分为自然科学技术和社会科学技术两大类，因此，技术创新也可以进一步划分为自然科学技术创新和社会科学技术创新。技术创新与知识创新相辅相成，知识创新是技术创新的基础，技术创新同时又是对知识创新的应用与发展。

（3）管理创新。

管理创新是指企业在现有资源基础上，充分发挥员工的积极性和创造性，用一种新的或更经济的方式来整合企业的资源。具体而言，管理创新不仅体现在岗位设计和工作流程的更新上，还体现在管理思想、管理观念、管理制度、管理机制及管理规范的系统性调整上。

（4）服务创新。

服务创新是指通过新设想、新技术实现新的服务方式，使潜在消费者感受到不同以往的消费模式，如目前热门的体验式消费。

（5）方法创新。

方法是人们观察问题、分析问题、解决问题的途径、程序和诀窍的总称。方法创新就是将现有方法的构成要素进行重新组合或分解，是在现有方法基础上的改进或发明。

（6）制度创新。

制度创新是指人们在现有的生产和生活环境下，创设新的、更能有效激励人们行为的制度或规范体系来实现社会的持续发展和变革。20世纪60年代以来，主要的制度创新有风险投资、职工持股计划、职工参与制、股票期权等。

企业的制度创新需要企业全体成员群策群力。只有大家一起参与制度的制定、完善与创新，制度才能够最大限度地反映全体员工的利益需求。

阅读材料：数字化环境下服务创新反哺产品创新机制——小米科技案例分析

2010年创立之初，小米科技以中低端智能手机产品生产为主业，致力于成为具有互联网基因的行业领军企业，体现“先产品、后服务”的创新思维。公司将新一代信息技术嵌入手机，采用“产品+信息服务”的模式为客户提供智能手机，在创立当年就发布MIUI系统。该系统以界面简洁、主题丰富与兼容性较强等优势在同行产品中脱颖而出。同时，小米科技采用渗透定价策略推出智能机型，两年内销售额过亿元。2013年，物联网引起制造企业的广泛关注，基于物联网的数字化产品激发了消费市场活力。在中国智能手机市场需求趋于饱和、行业竞争激烈、营销策略同质化的背景下，小米科技借助物联网布局智能硬件生态，以智能手机为核心丰富产品品类，陆续推出小米盒子、小米电视、小米路由器等产品。2015年，面对市场竞争，小米科技发布全新品牌——小米智能家居，打造小米家居生态链，改变了传统市场结构。截至2016年，小米科技共投资77家生态链公司，其中29家公司发布了新产品，累计推出216款新产品。同时，“米家”系统链接激活了5 000多万台设备，构建了全球最大的消费物联网系统，2017年小米科技生态链销售额突破200亿元。

2018年7月，小米科技迈入全新发展阶段。截至2020年，小米科技实现营收2 459亿元，同比增长19.4%；净利润达到130亿元，同比增长12.8%；转型绩效在同行业中表现突出，小米智能手机出货量超过2 400万台，成为全球智能手机品牌商出货量同比净增长率最高的企业。2021年，小米科技加大数字技术赋能企业创新力度，实施以“手机×AIoT”为特征的创新战略，即以数字技术推进智能产品应用与智慧服务，旨在为客户提供便捷的一站式系统解决方案。

点评：

纵观小米科技的发展历程，它利用数字技术实现两类创新协同发展，拓展产品功能、丰富服务内容，为客户打造高品质智能产品，提供以智能手机为载体的卓越服务，从而实现相关产品的技术跃迁。小米科技的发展历程具有显著转型特征，分为产品主导逻辑的“智能手机+信息服务”阶段（2010—2012年）和服务主导逻辑的“智能产品布局+生态链孵化服务+互联网信息服务+新零售”阶段（2013年至今）。以2012—2013年为分界线，小米科技遵循不同的主导逻辑，两类创新模式也随之发生改变。小米科技完成了数字化环境下服务创新反哺产品的创新机制建设。

2）根据层次划分

根据创新层次的不同，可以将创新分为原始创新和改进创新两类。

（1）原始创新。

原始创新是指前所未有的重大科学发现、技术发明、原理性主导技术等创新成果。在研究开发方面，特别是在基础研究和高技术研究领域取得独有的发现或发明，并最终获得成功的就是原始创新。

原始创新是最根本、最能体现智慧的创新，它是对人类文明进步做出贡献的重要体现。原始创新通常具有首创性、突破性和带动性3个特点。

（2）改进创新。

改进，顾名思义就是改变事物旧有情况，使其有所进步。改进创新就是对原有的技术进行改进，如在原有技术之上开发新的功能，或是使原有技术更加完善等。一般情况下，可以从材质、原理结构或生产技术等方面进行改进创新。

3）根据创新成果自主性划分

（1）自主创新。

自主创新是指拥有自主知识产权的独特核心技术并在此基础上实现新产品价值的过程。自主创新的成果一般体现为新的科学发现及拥有自主知识产权的技术、产品等。

企业的自主创新是指其为了增强市场竞争力或保持市场领先地位，在产品结构、性能和生产工艺等关键技术上不断地有所发明、有所创造。同样，一个国家拥有的自主知识产权越多，其国际地位就越高，在国际竞争中就越有主动权。

小贴士

具有自主知识产权的产品是指研发者研发的新产品，通过申请专利获得了专利权；或者是研发者设计的软件等获得了版权（著作权）保护，使智力成果以法律形式明确为研发者所有，研发者可以对其进行支配而不受他人干涉。

（2）模仿创新。

模仿创新是指通过模仿而进行的创新活动，主要包括完全模仿创新、模仿后再创新两种模式。随着人们保护知识产权的意识不断增强和专利制度的不断完善，完全模仿创新已经十分困难。在大多数情况下，模仿创新是人们在前人已有的创新成果的基础上进行的模仿和改进。

模仿创新具有以下3个特点：

①积极跟随性。

模仿创新的积极跟随性主要体现在技术和市场两个方面。就技术方面而言，模仿创新者不是做新技术的开拓探索者和率先使用者，而是做有价值的新技术的积极追随者和改进者；就市场方面而言，模仿创新者也不会独自去开辟新市场，而是充分利用并进一步发展前人开辟的市场。

②市场开拓性。

模仿创新在市场方面还具有开拓性。模仿创新者不仅应该抢占前人已开辟的市场，还应该进行新市场的进一步拓展和扩充。

③学习积累性。

模仿创新的技术积累来源于多个方面。模仿创新者主要是通过观察、模仿前人的创新行为，学习前人的成功经验，然后在模仿中汲取知识，提高自身的技能。

小贴士

模仿创新并非抄袭，而是以已有的创新成果为基础，投入一定研发资源，进行进一步的完善和开发。这种创新适用于研发力量不足、资金不足等情况，相关人员可在有限的资金和技术条件下，迅速积累资金和技术能力，从而提高研究与发展水平。

1.1.3 创新原则

创新原则是指创新主体在创新活动或创新过程中应遵循的基本原则，它是开展创新活动应依据的法则，也是评价创新构思的标准。在创新过程中，如果没有正确的原则来规范，就很难完成创新活动。

创新原则主要体现在以下7个方面：

1）科学原理原则

创新必须遵循科学原理，不得违背科学发展规律，任何违背科学原理的创新都是不能获得最终成功的。因此，创新者在进行创新构思时，必须做到以下3点：

（1）相容性检查。

在将创新设想转化为成果之前，应该先进行科学原理的相容性检查。如果某一个创新设想与人们已经发现并已由实践证明为正确的科学原理不相容，则应该放弃该设想。因此，与科学原理是否相容，是检查创新设想有无生命力的根本条件。

（2）可行性检查。

在将创新设想转化为成果时，还需要进行相关技术方法的可行性检查。如果某一创新所需要的条件已超过现有技术方法的可行性范围，那么在目前的情况下该设想只是一种空想。

（3）合理性检查。

许多关于产品的创新设想都体现在产品功能的增强或改进中。创新设想所实现的功能体系是否合理，关系到该设想是否具有推广应用的价值。因此，必须对创新设想的合理性进行检查。

2）市场评价原则

创新的最终成果必须要经受来自市场的严峻考验。因此，要想创新成果经受住市场考验，实现商品化和市场化，就要按照市场评价原则来分析。

市场评价通常是从市场寿命、市场定位、市场容量、市场特色及市场风险等多个方面展开的。但在现实生活中，衡量一项创新成果的使用价值和潜在意义很难，这需要在进行市场评价时把握住被评价事物的最基本使用性能，如功能结构的优化程度、使用操作的可靠程度、维修保养的方便程度等，然后在此基础上得出结论。

阅读材料： 铱星缘何陨落

铱星是世界上第一个投入使用的大型低轨卫星移动通信系统，也是世界上第一个以最先进的星上处理与星间链路技术投入使用的LEO系统。1987年，美国摩托罗拉公司针对传统地面蜂窝电话网的局限，提出了用77颗低轨小型卫星组成覆盖全球的个人数字化移动通信系统，该系统与现有的电信网连通后，可以实现全球覆盖。1991年，摩托罗拉公司正式决定建立由77颗低轨卫星组成的移动通信网络，并且以在化学元素周期表上排第77位的金属“铱”来命名该系统，后来该系统中卫星的数量减少到66颗，但铱星的名称继续沿用。铱星系统工程建设正式启动后，世界各地的电信商对此反应强烈。1998年5月17日，铱星系统卫星网的66颗卫星的发射任务全部完成，该系统在1998年11月1日正式投入运营。

铱星系统在技术上具有极高的创新性。与传统卫星通信相比，铱星具有明显的优点：铱星运行轨道低，更易于实现全球个人卫星移动通信；具备强大的漫游功能，不仅可以提供卫星和蜂窝网络之间的漫游，还可以提供跨区域漫游；覆盖面广，能为全球任何一个地方提供无缝隙移动通信，尤其是在偏远地区或地面网被毁的情况下，铱星系统有无与伦比的优越性。可以说，铱星系统的问世制造了一个世纪末的科技童话：它可以使任何人在任何地点、任何时间与任何人进行通信。因此，铱星系统尚未投入运行，便被业界普遍看好，并被视作现代通信的一个里程碑。

1997年6月，铱星公司股票正式上市，受到投资者的热烈欢迎，股票价格从发行时的每股20美元飙升到1998年5月份的70美元。然而，好景不长，正式运营不到半年，铱星就从神话的顶峰滑落下来，公司净亏损达5.05亿美元，因无法偿还到期债务，公司股价狂跌，被迫申请破产保护。2000年3月17日，铱星公司寻找新买主的努力以失败告终，不得不宣布破产，该系统的全部卫星不久将在太空中焚毁。

点评：

在宛如群星的卫星通信系统中，铱星曾经是最璀璨的“星座”，它率先推出商业服务，而其知名度也是最高的。那么，为什么这个最耀眼的“星座”从投入到终止不足半年，就星光一片黯淡呢？仔细研究铱星败走麦城的原因，我们不难发现，对市场前景判断失误、错误的市场定位等因素在铱星系统尚未投入运行时就为它的最终失败埋下了伏笔。因此，任何创新产品最终都要接受市场的检验，盲目发展或者对市场做出错误估计的代价是惨重的。在上述材料中，摩托罗拉公司在进行创新时，因为违背了市场评价原则，所以最终走上了破产的道路。

3）机理简单原则

在实现效果相同的前提下，创新机理越简单越好。在现有的科学水平和技术条件下，若不限制实现创新的手段和方法的复杂程度，创新所付出的代价可能会远远超出合理范围，从而得不偿失。因此，在创新过程中，创新者要始终贯彻机理简单原则。为使创新设想或结果更符合机理简单原则，可进行如下检查：

（1）新事物所依据的原理是否重叠。

（2）新事物所拥有的结构是否复杂。

（3）新事物所具备的功能是否冗余。

4）相对较优原则

创新事物不可能十全十美，因此，创新不能盲目追求最优、最佳、最先进。创新设想各有千秋，此时就需要创新者按相对较优原则，对创新设想进行判断和选择。

创新者在运用该原则时，应着重考虑以下3个方面：

（1）创新技术先进性。

创新者可以从创新设想或成果的技术先进性上进行比较分析，尤其是将创新设想所实现的技术与解决同样问题的已有技术进行比较，看哪个更领先或更超前。

（2）创新经济合理性。

经济的合理性也是评判创新成果的重要因素，因此创新者可以对各种创新设想可能带来的经济效益进行比较，看哪个成本更低、效益更好。

（3）创新整体效果。

技术和经济因素应该相辅相成，二者的协调统一构成了事物的整体效果。任何创新设想或成果，其创新水平和使用价值都主要是通过整体效果来体现的。因此，需要对各种创新设想或成果的整体效果进行比较，看哪个更全面或更优秀。

5）构思独特原则

创新贵在独特，构思独特的创新往往能出奇制胜。在创新活动中，可以从新颖性、开创性、特色性这几个方面来判断创新构思是否具有独特性。

6）不轻易否定原则

不轻易否定原则是指在分析评判各种创新设想时，应避免轻易否定。在飞机发明之前，科学界曾从“理论”上进行了否定的论证；也曾有权威人士断言，无线电波不可能成为通信手段。显然，这些结论都是错误的，之所以做出这些不恰当的否定，是因为人们主观武断地用常规思维来分析证明某项创新设想的可行性。

7）不简单比较原则

在避免轻易做出否定的同时，还要注意不要随意对两个事物进行简单比较。因为创新的广泛性和普遍性源于创新的相容性。例如，市面上的钢笔和铅笔互不排斥，即便是铅笔，也有普通木质铅笔和金属（或塑料）材质的自动铅笔之分，它们在市场上是完全可以相容的。

1.2　创意概述

创新是一个国家兴旺发达的不竭动力，而创意则是创新的开始，是创新的源泉。进入21世纪以来，人类社会正逐步迈向一个创意经济时代。人的创造力、想象力、创意逐渐成为时代核心，创意也逐渐成为推动经济发展的主导力量。那么，什么是创意呢？下面将进行具体介绍。

1.2.1　创意的含义

“创意”就是人们平常所说的“点子”“主意”“想法”，也可扩展为“策划”“设计”“科学研究”“技术开发”等。创意是具有新颖性和创造性的想法，是一种能够让他人产生共鸣的独特思路。其中，“创”是指创新、创作、创造；“意”是指意识、观念、智慧、思维。任何创意都应该具备个人性、独创性和深远意义这3个基本条件。

（1）创意应具有个人性。

创意需要个人对某些物品表面或更深层的东西进行观察，然后将观察结果整合。

（2）创意应具有独创性。

创意可以是全新的“从无中形成”，也可以是赋予某物新的特征，即“崭新”或“独特”。

（3）创意应具有深远意义。

创意不仅可以满足人们的创造需求，还可以通过知识产权法和市场转变成产品，从而实现创意的商业化、市场化，对社会的发展也有促进作用，因此创意具有深远的意义。

1.2.2　创意的作用

创意无处不在，它为人们的生活增添了许多的色彩。在实际生活中，创意在工业、平面设计、广告等领域发挥着重要作用，这些领域要求开发的商业产品具有高度凝结和巧妙新颖的特点。下面对这些作用进行具体介绍。

（1）在中国工业设计产业蓬勃发展之时，有创意的工业设计具有附加价值高、资源消耗少、科技含量高、辐射性强的特征。创意不仅是工业设计的重要组成部分，而且对建设创新型国家、创新型城市具有重要的推动作用。

（2）创意是平面设计的思想内涵与灵魂。创意在实现设计目的的过程中有极其重要的地位，有创意的设计可以吸引市场的注意力，引导消费者产生消费行为。好的创意设计不仅充满灵性与美感，而且能表达设计者的所思所想。例如，麦当劳的“M”标志、壳牌石油公司的贝壳标志等都能让人体会到设计者的创意独特性。

（3）创意是广告的生命，它在广告活动中具有举足轻重的作用，其作用主要体现在以下3个方面：

①有创意的广告可以找准与消费者对话的关键，实现品牌意义的符号化转换，达到与消费者进行交流、沟通的目的，从而带动消费者消费。

②有创意的广告也可以帮助企业建立品牌价值，提升消费者对品牌的忠诚度，从而实现品牌的增值。

③有创意的广告还能提升消费者的审美能力。例如，在广告故事的情感营造中，创意广告可以感染消费者的视听、震撼消费者的心灵，潜移默化地提升消费者的审美能力。

小贴士

创意不仅是一种设计技能，还是设计本质的外在体现。创意除了来自天赋，还主要来自平时的生活经验和知识积累。从深度上讲，创意是专业技能与思想内涵的体现；从广度上讲，创意依靠的是生活实践的积累。积累越丰富，思维碰撞产生的火花就越多，创意产生的机会自然也就越大。

1.3 创新与创意的区别及联系

创新的过程是一个思维与实践、市场与效益紧密联系的发展过程。创新离不开创意，二者之间相互依存、密切相关。没有创意就不会有创新，创新的发展又会进一步推动创意的升级。

创新与创意常会被混淆，实际上二者有着根本的差异。创意基于个体，是比较自由的创造性行为；而创新以创意为基础，更注重将创意付诸实施的过程。在进行创新活动的整个过程中，创新能否成功取决于创意的选择、发展，以及市场化运作的好坏。从一定程度上说，创新几乎等同于创意的市场化。

综上所述，创新与创意的区别及联系可以归纳为以下4点：

（1）创意是创新的起点，创意通过创新达到目标。

（2）创意在创新的过程中被提炼、升华、修改和整合，甚至会产生更高级的创意，但不影响它作为起源的重要性。

（3）创新是创意的延续，是实现创意必不可少的手段。

（4）创新是客观的、可以量化的；创意则更注重人文价值，是主观的，往往具有模糊性。

1.4　本章练习

1）什么是创新？创新应遵循的原则有哪些？

2）什么是创意？创新与创意的区别是什么？

3）在学习与生活中，你发现了哪些日常的创新事例？试着说明这些创新事例所体现的创新特征。

4）下面列举了10个训练创新能力的题目，尽可能多地给出不同的答案。

（1）列举木炭的5种用途。例如：木炭能够取暖。

（2）列举食盐水的5种用途。例如：食盐水可以消毒。

（3）列举一次性纸杯的5种用途。例如：一次性纸杯可以盛水喝。

（4）列举空饮料瓶的5种用途。例如：空饮料瓶可以当花瓶。

（5）列举乒乓球的5种用途。例如：乒乓球可以用来玩游戏。

（6）A能够充满B，如水能够充满容器。写出另外5种A和B。

（7）A能够美化B，如树木能够美化环境。写出另外5种A和B。

（8）A能够控制B，如智能手机能够控制电视。写出另外5种A和B。

（9）A能够传导B，如计算机能够传导病毒。写出另外5种A和B。

（10）A能够分割B，如剪刀能够分割布。写出另外5种A和B。

5）结合自身的情况和已有的资源，分析有什么方法能够提升自己的创意能力，并将这些方法列入表1-1中。

表1-1　**提升创意能力的方法**

提升创意能力	方法
	①
	②
	③

6）分析下面案例中主人公的创意是如何产生的？这与他在日常生活、工作中积累的经验有关吗？

美国许多制糖公司会向南美洲出口方糖，方糖在海运过程中经常受潮，给公司带来巨大损失。为此，制糖公司花了不少钱请专家研究，但始终未解决方糖受潮的问题。后来，一位名叫科鲁索的制糖工人想出了一个简单的解决方法：只要在包装纸上开一个小孔，使空气能够对流，方糖就不会受潮了。其原理与在大厅里开个排气孔或人们穿上网状透气的衣服一样，方法虽然简单，却不容易被人想到。科鲁索为自己的“打孔”发明申请了专利，一家制糖公司得知后，出高价买下了这项专利的使用权。

第 2 章

创新意识

学习目标

➢ 了解创新意识的含义和基本特征
➢ 了解创新意识的价值和作用
➢ 掌握创新意识的不同类型
➢ 掌握创新意识的培养方法

素养目标

➢ 激发自身的创新意识
➢ 了解创新意识对个人和组织的影响

引导案例

世界首艘！10万吨级智慧渔业大型养殖工船“国信1号”交付运营
走向深蓝的“海上粮仓”

“国信1号”是全球首艘10万吨级智慧渔业大型养殖工船，由我国完全自主设计、研发、建造，开创诸多国际先例。这是一座移动的“海洋牧场”，从鱼苗入舱、投喂养殖、起捕、加工到运输都在一艘船上完成，构建起一座船上渔业养殖加工厂。这是深远海养殖的“中国样本”，将养殖区域从近岸推向深远海，从农业传统经营模式转向大规模现代化工业生产。

“国信1号”首创“船载舱养”模式，这种集约化养殖方式对于发展高品质鱼类大规模养殖，具有非常大的意义。10万吨的载重量，以及自航式移动和锚泊固定两种模式，使“国信1号”既有稳定性，又有灵活机动性，能有效躲避台风、赤潮等，极大地降低自然灾害对养殖业带来的影响。

“船上构建了船端智能化管控中心和基于岸基的船岸一体化智慧云平台。”国信中船（青岛）海洋科技有限公司项目及商务总监田乃东介绍道，“通过这个平台，全船2 108个测点信息对养殖舱内的水、氧、光、饲、鱼进行集中控制与实时监测。养殖生产数据可通过船岸一体化系统实时传输到岸基，确保船岸一体联动、岸基远程监控的实现，实现智慧养殖。”

“国信1号”在我国乃至世界渔业工业化养殖领域填补了行业空白，以其前瞻性、引领性、创新性、示范性的养殖技术与装备创新，向世界提供了深远海养殖的“中国方案”，有力推动我国抢占全球高端渔业养殖装备市场制高点。

“国信1号”的“船载舱养”模式，立足“大食物观”，将养殖区域从近岸推向了广袤的深远海，通过利用优质海水资源进行养殖，为我国持续输入高品质蛋白供应。在养殖期间，“国信1号”通过工业化的精准控制，能有效减少对生态环境的影响，是落实“绿水青山就是金山银山”理念的海洋渔业实践。

资料来源：初英杰. 世界首艘！10万吨级智慧渔业大型养殖工船“国信1号”交付运营 走向深蓝的“海上粮仓”[EB/OL].[2022-06-06].https：//www.ccdi.gov.cn/yaowenn/202206/t20220606_197264.html.

讨论：

1.如何才能培养并激发我们的创新意识？

2.创新意识的重要性分析。

2.1　创新意识的内涵和作用

创新意识是人类意识活动中一种积极的、富有成果性的表现形式，它是人们进行创造活动的出发点和内在动力。创新意识代表着一些社会主体奋斗的目标和价值指向，它能唤醒和发挥社会主体所蕴含的潜在力量。那么，什么是创新意识？创新意识又有哪些特征和作用？下面将进行具体讲解。

知识链接：增强创新意识 培养创新思维

习近平总书记强调：“要增强创新意识、培养创新思维，展示锐意创新的勇气、敢为人先的锐气、蓬勃向上的朝气。”创新思维能力，就是破除迷信、超越陈规，善于因时制宜、知难而进、开拓创新的能力。提高创新思维能力，就是要有敢为人先的锐气，打破迷信经验、迷信本本的惯性思维，以满腔热忱对待一切新生事物，敢于说前人没有说过的新话，敢于干前人没有干过的事情，以思想认识的新飞跃打开工作的新局面。

资料来源：人民日报评论部. 增强创新意识培养创新思维[N]. 人民日报，2023-09-18.

2.1.1　创新意识的含义

创新意识是指人们根据社会和个体生活的发展需求，产生创造前所未有的事物或观念的动机，以及在创造活动中表现出的意向、愿望和设想。创新意识是形成创造性思维和创造力的前提，其基本构成要素包括创造动机、创造兴趣、创造情感和创造意志4种。

（1）创造动机是创造活动的动力因素，它能推动和激励人们进行并维持创造性活动。

（2）创造兴趣是促使人们积极追求新奇事物的一种心理倾向，它能促进创造活动的成功。

（3）创造情感是引起、推进乃至完成创造的心理因素。创造情感也能够促进创造活动的成功。

（4）创造意志是在创造中克服困难、冲破阻碍的心理因素。创造意志具有目的性、自制性和顽强性。

2.1.2 创新意识的基本特征

创新意识的基本特征表现为以下4种：

（1）新颖性

创新意识可以是满足新的社会需求，也可以是用新的方式更好地满足原来的社会需求。也就是说，创新意识就是求新意识，具有新颖性。

（2）历史性

创新意识是以提高人们物质生活和精神生活水平为出发点的，很大程度上会受社会历史条件的制约。

（3）差异性

人们的创新意识与其自身的社会地位、文化素养、兴趣爱好以及环境氛围等因素都有关系，这些因素对创新意识的产生有重大影响。但这些因素也因人而异，因此，创新意识具有差异性。

（4）质疑性

质疑性是创新意识的重要特性，它是贯穿整个创新实践活动的关键特征。大胆质疑不仅是创新意识形成的逻辑起点和先决条件，还是整个创新实践活动的源泉和动力。创新实践的过程一般为产生质疑→提出问题→形成创新意识→解决问题→出现新结果→完成创新实践。从中可以看出大胆质疑的重要性，也验证了“科学研究始于问题”这一理念。

2.1.3 创新意识的价值

创新是发展的不竭动力。创新意识对大学生尤其是想要在创业领域中寻求突破的大学生具有重大价值。其价值主要体现在以下3个方面：

（1）创新意识是大学生进行创业的精神指南

创新意识具有引导大学生进行创业的重要功能。任何事物都有内在和外在两个层面，从创业角度出发，如果把创业实践当作外在层面，那么其内在层面就是创新意识。

（2）创新意识是创业策略的重要指向之一

创业需要相应的策略进行指引，尤其是大学生创业，他们在人生阅历、社会经验方面都有所欠缺。

（3）创新意识能激发大学生的创业潜能

当大学生拥有创新意识之后，很可能会基于自身能力并借助新颖的创意来形成明确的创业意向，从而走上创业道路。因此，创新意识是对大学生创业潜能的一种有意识的开发。

阅读材料： 坚持“创新是第一动力”，树立强烈的创新意识

2018年9月，习近平总书记在全国教育大会上提出，“教育引导学生珍惜学习时光，心无旁骛求知问学，增长见识，丰富学识，沿着求真理、悟道理、明事理的方向前进”“教育引导学生培养综合能力，培养创新思维”。2020年11月，在全国劳动模范和先进工作者表彰大会上，习近平总书记向劳动者发出时代号召：“要增强创新意识、培养创新思维，展示锐意创新的勇气、敢为人先的锐气、蓬勃向上的朝气。”

进入新时代以来，习近平总书记提出的一系列新理念、新思想、新战略，采取的一系列新政策、新举措、新办法以及我国取得的一系列新成就、新变革，都与坚持运用创新思维治国理政密不可分。

点评：

用“创新是第一动力”的观点看创新、看问题，必然要求树立强烈的创新意识，遇到问题自觉运用创新思维去开辟新思路、寻找新办法。只有树立了强烈的创新意识，才会运用创新思维去创新。

2.1.4　创新意识的作用

只有拥有了创新意识才能实现更多的发明与创新。创新意识的作用主要体现在以下3个方面：

（1）创新意识是一种精神力量

创新意识是决定创新能力的最直接的精神力量。创新能力实质上就是发展能力的代名词，是实现生存和发展的最客观、最重要的标志。

（2）创新意识推动社会进步

创新意识能够促进社会多种因素的变化，从而推动社会的全面进步。创新意识的形成和发展必然会进一步推动社会生产方式的进步，从而带动经济的飞速发展。此外，创新意识还将进一步推动人们的思想解放，有利于人们形成开拓意识、领先意识。

（3）创新意识提升人的综合素质

创新意识能够促进人才素质结构的变化，提升人才的综合素质。社会需要充满生机和活力、有开拓精神、有新思想、有现代科学文化素养的人才。创新意识将引导人们朝这个方向发展并提高人们的综合素质。

此外，创新意识能够进一步激发人的主体性、能动性、创造性，从而使人们自身的内涵得到极大的丰富和扩展。

2.2　创新意识的类型

创新意识以思想活跃、不因循守旧、富于批判性和创造性、敢于独树一帜为主要表现。只有在强烈的创新意识的鼓舞和推动下，投入常人难以想象的精力和热情，才能取得丰硕的成果。

根据创新意识的基本特征和表现形式，可以将创新意识分为求新求异意识、求真务实意识和问题意识3种类型。

2.2.1　求新求异意识

创新意识具有新颖性和差异性的基本特征，因此，求新求异意识是创新意识的主要类型。敢于别出心裁、追求新颖奇特是创新活动的前提和内部动力。

求新求异意识要求人们敢于突破常规、换个角度思考问题。遇到问题时，即便有很简单的解决办法，我们也可以尝试换个角度进行思考。但在现实生活中，具有求新求异意识比较困难，因为这样做不仅要克服自身的心理压力，还要面对别人的异样眼光，所以很多时候人们会选择从众。

2.2.2 求真务实意识

创新意识是一种求真务实意识，不应当一味地偏激和单纯地标新立异。不能认为所有标新立异或与众不同的东西都是创新，而应该脚踏实地，切忌随心所欲。永动机这样有“创意”的设想，直至今日都没有成功实现，就是因为这个设想违背了我们所认识到的自然界基本规律。

要想创新实践活动得到有价值的成果，就必须尊重客观规律。寻找事物的客观规律，按规律创新，这就是求真务实的确切含义。创新离不开求真务实，反之，求真务实的过程又是不断创新的过程。

创新意识还是一种求变意识，它追求突破已有的格局，包括思想、方法等。这里所说的“变”主要是指变革、革新。

创造性活动源于创新意识，而创造性活动的过程就是不断发现错误、消除错误、接近正确的过程，也是不断破旧立新、推陈出新的过程。创造性活动即不断变革的过程，创新意识因此又表现为求变意识。

2.2.3 问题意识

创新意识同时又是问题意识。强烈的问题意识表现为善于提出问题。爱因斯坦曾说过，提出问题比解决问题更重要。有了新问题，就必须加以解决，用现有的途径和方法得不到圆满答案，就必须用新的方法。解决问题的过程又将是一个创新的过程。

小贴士

发现问题是形成创新意识的起点，没有问题，创新将成为无源之水、无本之木。同时，质疑问题又是创新的前提，一切发明创新都源于质疑。由此可见，培养创业者的问题意识是十分重要的。

2.3 创新意识的培养

马斯洛说过，创造性首先强调的是人格，而不是成就。自我实现所需的创造性强调的是性格上的品质，如大胆、勇敢、自主性、明晰、整合、自我认可等，或者说强调的是创造性的态度和有创造性的人。

由此可见，在创新过程中，强烈的进取精神和勇于探索新事物的创新意识是很重要的。创业者拥有了探索新事物的创新意识，才敢去想别人没有想到的、做别人没有做过的事情。

那么，创业者，尤其是大学生创业者，应当怎样激发出创新意识呢？下面将进行详细讲解。

2.3.1 知识的积累

知识积累是培养、激发创新意识的必要条件。大学生在培养创新意识时，首先要增强自身的求知欲，让自身具备勤奋求知的精神。只有不断地学习新知识，大学生才能在自主创新创业的过程中发挥主导作用。

扎实的基础知识和良好的学习方法是创新的前提，开阔的视野也有助于大学生进行创新。只有掌握了创新的基础知识和基本技能、遵循了创造性规律、了解了科技发展和知识的更新动态、形成了较强的学习能力和思维能力，才能萌生创新意识。

阅读材料：

深圳市大疆创新科技有限公司——“互联网+”创新，未来无所不能

深圳市大疆创新科技有限公司（以下简称“大疆”）以创新为剑，开疆拓土，在不到10年的时间里建立了一支优秀的研发团队，推出了11款机型，销售收入增长100多倍，成为全球领先的无人飞行器控制系统及无人机解决方案的研发和生产商，缔造了一个个传奇。

大疆以梦想为原动力，始终以最尖端的科技、性能最佳的产品，引领产业革命，极致探索未来的无限可能，开辟出一片纯净、创新的乌托邦。

在技术成果方面，大疆掌握着无人机的尖端自主研发技术，其产品领先国际同行一年半到两年时间。在《经济学人》杂志发布的“全球最具影响力机器人产品”的榜单上，大疆无人机成功入选，这也是唯一入选的无人机产品。

点评：

大疆始终坚持创新和原创的理念，在它的研发实验室里已经储备了未来2~3年的最新科技，大疆创新团队用自己孜孜不倦的热情将创新运用到产品中，主动携手互联网平台，做好产品推广和企业文化输出，使得这些超前的科技成果可以被广泛地应用于解决各种实际工业和商业问题。由此可见，优秀的创新成果都是饱含科技知识的。没有坚实的知识积累和深厚的知识底蕴，是不可能孕育出好的创新成果的。

资料来源：覃方，徐淑琴. 大疆：“互联网+”创新，未来无所不能［J］. 广东科技，2015（15）.

2.3.2　消除心理障碍

对于创新，有些人有一种天生的抵触和恐惧，认为创新是科学家才能干的事情，自己没有能力去创新，更没有创新意识。其实，人人都能创新，人人都具备创新的潜能。为了将这种创新潜能激发出来，使自己具备创新意识，人们首先要消除创新的心理障碍，树立创新的信心。

消除心理障碍，培养创新意识的方法包括以下3种：

（1）战胜从众心理

从众心理会严重阻碍大学生创新能力的发展。辩论是战胜从众心理、培养独立思维的好方法。大学生在对某一问题持有与别人不同的看法时，应充分发表自己的独到见解，据理论事，不盲目从众，这样便能很好地战胜从众心理。

（2）战胜胆怯心理

胆怯心理是比较普遍的心理障碍，对大学生创新意识的形成有强烈的抑制作用。大学生要想战胜胆怯心理，就应当敢于质疑、勇于探索、自我激励。

（3）战胜自卑心理

自卑心理会使大学生缺乏自信心和想象力，甚至自我封闭。要想战胜自卑心理，大学生应当进行积极的自我暗示，辩证地看待创新道路上遇到的失败和挫折，具备坚定的自信心和顽强的进取精神。

小贴士

学校可以大力宣传在平凡的工作岗位上做出不平凡的创新业绩的先进人物和相关事

迹，组织和开展观念创新、技术创新、管理创新等一系列活动，并呼吁大学生积极参与。通过实践，大学生能够树立“人人都能创新，人人都具备创新的潜能”的意识，从而消除心理障碍，培养创新意识。

2.3.3 激发好奇心

创新需要具备强烈的好奇心。古今中外有很多真知灼见、发明创造都是人们通过不断探索而获得的，而人们的探索欲望常表现为强烈的好奇心。

好奇心会使人们对事物或人充满兴趣，这些兴趣会促使人们去质疑、探索或是刨根问底。此时人的思维就会变得异常活跃，人的潜能会得到释放，人的创造性也会随之大大提高。

阅读材料：　　改良版蒸汽机的发明者——瓦特

瓦特出生于格林诺克小镇，父亲是造船工人，祖父和叔父都是机械工人。由于家庭的影响，瓦特从小就熟知许多机械原理和制作技术。在孩提时代，瓦特就对身边的事物有强烈的好奇心和钻研精神。

在瓦特的家乡，家家户户都是生火烧水做饭，这种司空见惯的事几乎没有人会留意，但瓦特却不一样。有一次，瓦特在厨房里看祖母做饭，灶上烧着一壶开水，开水沸腾的时候，壶盖就会啪啪地响并不停地被向上掀动。

瓦特观察了很久，感觉很奇怪，猜不透其原因，于是请教了祖母。

祖母说：“水开了就会这样。”

瓦特不解，又追问：“为什么水开了壶盖就会跳动？是什么东西在推动它吗？”

祖母没法给瓦特一个确切的答案。瓦特决定自己寻找真相，于是，接下来几天瓦特都蹲在火炉旁边细心地观察。

经过反复思考和耐心观察后，瓦特终于明白了：原来是水蒸气在推动壶盖跳动。这一物理现象，正是蒸汽机的发明原理。

之后，瓦特运用科学理论，逐渐发现了纽科门蒸汽机的不足之处。1765—1790年，瓦特先后发明出了分离式冷凝器、汽缸外设置绝热层、离心式调速器以及节气阀等，使改良蒸汽机的效率与原来的纽科门蒸汽机相比提高了3倍多。最终他发明出了现代意义上的蒸汽机。

点评：

瓦特发明的改良版蒸汽机就是创新意识觉醒的产物，正是强烈的好奇心促使他能够发现问题，认真观察，并得出正确结论。因此，好奇心对创新意识的形成是十分重要的。

2.3.4 参与创新实践活动

创业者在培养创新意识的过程中一定要树立科学的创新理念，明确创新的真正含义，防止把创新仅当作一句口号而不解决实际问题的情况发生。

在培养科学的创新理念过程中，大学生创业者应该积极参与创新实践活动，如创新创业培训或是创新创业大赛。同时，大学生创业者不要怕在创新过程中犯错误，要大胆尝试，才能在创新之路上成长起来。

大学生创业者或许不能做出惊人的壮举，但一定要激发自己的创新意识，学会思考、怀疑与探索，再结合自身的实际情况加以实践。

小贴士

近年来，很多地区都非常重视创新创业，以创业带动就业，各地区也不同程度地开展了免费的创新创业培训。大学生创业者应该积极响应当地就业部门的号召，积极了解并参与这些培训活动，进一步提升自己的创新创业能力。

2.4 本章练习

1）什么是创新意识？

2）创新意识的作用是什么？

3）创新意识的类型有哪些？

4）如何培养大学生的创新意识？

5）请完成以下测验，检测自己是否具备创新意识。如果符合你的情况，请回答"是"，不符合请回答"否"，不确定则回答"不确定"。

（1）你认为那些使用古怪和生僻词语的作家，纯粹是为了炫耀。

（2）无论什么问题，要让你产生兴趣，都比让别人产生兴趣要困难得多。

（3）即使是十分熟悉的事物，你也常用全新的眼光看待它。

（4）你常常凭直觉来判断问题的正确与错误。

（5）你善于分析问题，但不擅长对分析结果进行整合、提炼。

（6）你的审美能力较强。

（7）聚精会神地工作时，你常常忘记时间。

（8）你做事总是有的放矢，不盲目行事。

（9）你的兴趣是不断提出新的建议，而不是说服别人去接受这些建议。

（10）你喜欢那些一门心思埋头苦干的人。

（11）你不喜欢提那些显得无知的问题。

（12）你特别关心周围的人怎么评价自己。

（13）你对周围的新事物感到好奇，一旦产生兴趣就很难放弃。

（14）你认为按部就班、循序渐进才是解决问题最正确的方法。

（15）你关心的问题是"是什么"，而不是"为什么"。

（16）你总觉得自己还有潜力。

（17）你不能从他人的失败中发现问题、吸取经验和教训。

（18）你对工作过于热情，当一项工作完成之后总有兴奋感。

（19）你遇到问题能从多方面探索它的可能性，而不是拘泥于一条死路。

（20）你认为如果打破固有的理念、行为方式、秩序或者体制，就不能建立更好的模式。

评分标准见表2-1。

表2-1　**评分标准**

题号	“是”得分/分	“否”得分/分	“不确定”得分/分
(1)	1	2	0
(2)	0	4	1
(3)	3	1	0
(4)	2	1	0
(5)	3	0	1
(6)	1	2	0
(7)	1	2	0
(8)	0	2	1
(9)	2	0	1
(10)	0	2	1
(11)	0	3	1
(12)	0	2	1
(13)	2	1	0
(14)	0	3	1
(15)	0	2	1
(16)	3	0	1
(17)	0	3	1
(18)	2	1	0
(19)	3	0	1
(20)	0	3	1

结果分析如下：

总得分在35分以上，说明被测试者是一个具有很强创新意识的人，有将思考结果加以实现的能力。如果被测试者已经有所成就，要戒骄戒躁；如果暂时还没有成就也不用着急，只要努力总会在某些方面崭露头角。这一类人适合从事环境较为自由、没有太多约束、对创新有较高要求的工作，如装潢设计、工程设计、软件编程等。

总得分在22~35分，说明被测试者的创新意识一般，判断事物时讲究现实，习惯采用现有的方法与步骤来思考和处理问题，很难有较大的创新成就。灵活的思维是创新的基础，被测试者可以尝试做一些培养创新意识的训练。这一类人适合从事管理、市场营销等方面的工作。

总得分在22分以下，说明被测试者缺乏创新意识，比较循规蹈矩，做事一板一眼、一丝不苟，且凡事讲究原则、遵守制度。这一类人适合从事对纪律要求较高的工作，如会计、质量监督员等。

第3章

创新思维

学习目标

- ➢了解创新思维的概念与特征
- ➢熟悉创新思维的6种形式
- ➢熟悉突破创新思维障碍的途径
- ➢掌握创新思维的培养方法

素养目标

- ➢了解创新思维对个人和团队的重要性
- ➢培养团队的创新思维

引导案例

特色奶茶

今天，大二学生小王与其室友筹备的奶茶店在校园内正式开业了。这家奶茶店并不是传统的奶茶店，而是特色奶茶店。当奶茶和花草“相遇”后，会产生怎样的独特味道？

这样新奇的做法，小王是怎么想到的呢？

小王平时就比较喜欢喝奶茶，几乎光顾了学校附近所有的奶茶店。她发现，奶茶兼具牛奶和茶的口感，是不错的饮品，尤其受到年轻人的追捧。此外，奶茶的品种也很多，包括冰奶茶、热奶茶、咸奶茶，但却没有一种倡导健康理念的奶茶。于是，小王想凭借自己的专业知识，研制一种味道可口又健康的奶茶。功夫不负有心人，经过长达3个月的反复实验，小王成功研制出第1款特色奶茶。该奶茶请专业人士按照方剂比例调制而成，尽可能地兼顾口感和功效。

刚开始，同学们还不太接受这个新产品，但随着小王不断进行推广，同学们开始慢慢尝试接受这个新口味。与此同时，小王还研制出了用玫瑰花和蜂蜜调制的瑰蜜奶茶等新品种，让同学们有了更多的选择。随着奶茶店的人气不断提升，销路也慢慢打开了。小王的团队最初只有2人，在校园内招贤纳士后，现在已经发展到10人的规模了。

讨论：

1.创新思维来源于生活，小王做了哪些别人没有想到的创新举措？

2.小王采用的是哪种创新思维形式？对我们有什么启发？

3.1 创新思维的概念与特征

创新思维是人类特有的精神活动，具有很强的主动性和主观性。借助创新思维，人们可以突破环境和经历的限制，去想象和预测那些没有接触过或经历过的事物，进而创造出新的事物。下面将对创新思维的概念与特征进行介绍。

3.1.1 创新思维的概念

创新思维是指以新颖、独创的方法去解决问题的思维。这种思维使人们不受常规思维的约束，以超常规甚至反常规的方法或角度去思考问题，并提出与众不同的解决方案，从而产生新颖的、独到的、有社会意义的思维成果。

创新思维不是单纯依靠现有的知识和经验进行抽象和概括，而是在现有知识和经验的基础上进行想象、推理和再创造。

知识链接：坚持打破不合时宜的传统思维和思维定式束缚，敢于质疑

2020年9月，习近平总书记在科学家座谈会上指出："科技创新特别是原始创新要有创造性思辨的能力、严格求证的方法，不迷信学术权威，不盲从既有学说，敢于大胆质疑，认真实证，不断试验。"2021年5月，习近平总书记在中国科学院第二十次院士大会、中国工程院第十五次院士大会、中国科协第十次全国代表大会上指出："培养创新型人才是国家、民族长远发展的大计。当今世界的竞争说到底是人才竞争、教育竞争。要更加重视人才自主培养，更加重视科学精神、创新能力、批判性思维的培养培育。"

从这些重要论述中可以看出，创新思维就是敢于质疑、具有批判性的思维。

3.1.2 创新思维的特征

创新思维是思维的高级形态。创新思维的特征包括新颖性、求异性、灵活性、突发性、综合性、逆向性等。

1）新颖性

新颖性是指一项构思会使人耳目一新，展示出一种新的概念、新的形象或新的结构。

2）求异性

求异性是指对司空见惯的、似乎已成定论的事物或观点采用多种不同的方法进行思考。换言之，就是从多个方面进行深入探索，以找到问题的不同解决方法，从而树立新思想、创立新形象。

求异性是在实事求是的基础上，基于客观事实提出的质疑或否定。要想有所创新，就不应拘泥于常规，不应轻信权威，要以怀疑和批判的态度看待一切事物和现象。

在群体中，那些已经取得安全感和归属感的人往往更喜欢彰显个性，展现与众不同的个人特点和优势，从而形成人与人之间的差异，这就是求异性的表现。

阅读材料：　打破常规思维

25岁的王明是一名在读研究生，他与3名同学合伙创办了一家电器销售公司。公司自创办以来生意一直不错，但最近却遭遇了销售困局。库房里有一批电风扇积压了近半年也卖不出去，即使在销售旺季也只能售出几台，这导致了公司资金周转困难，无法开展下一步的工作。

有一天，王明陪妈妈逛街时，看到了街上五颜六色的气球，一下就想到了库房里那一批积压已久的电风扇。于是，王明马上联系合伙人，提出了一个全新的想法——改变电风扇的颜色。经过厂家的改进后，这批积压的电风扇的颜色由原来的黑色统一变为了比较浅的蓝色。

第2年夏天，这批浅蓝色的电风扇一经推出就被广大消费者接受，甚至还掀起了一阵抢购热潮，在短短几个月之内就卖出了几十万台。

点评：

王明打破了常规思维，敢于“反其道而思之”，这就是他成功的关键。有时候，一点小小的改变、一点与众不同都是可贵的创新，都能为创业者带来意想不到的财富。

3）灵活性

灵活性指思维灵活多变，思路及时转换，多角度、多方位、多学科、多层次地进行立体思考。灵活性具体表现为及时放弃旧思路而转向新思路，及时放弃无效的方法而采用可行的新方法。

4）突发性

突发性是指在极短的时间内，以一种突发的形式，迸发出创造性的思想火花，从而产生新的概念。创新思维的突发性，可能是在长期构思酝酿后自然爆发出来的，也可能是受某一偶然因素触发而产生的。突发性思维主要包括直觉思维、顿悟思维、灵感思维。

5）综合性

综合性思维不是简单地把事物的各个部分、侧面和属性随意地、主观地拼凑在一起，也不是机械地将其相加，而是按照它们内在的或必然的联系，对事物各个方面的结构和功能进行系统认识的思维方法。

6）逆向性

逆向性就是有意识地采用“反常规”的思路去思考问题。如果把传统观念、常规经验、权威言论当作金科玉律，那么人们的创新思维活动将会被阻碍。因此，为实现某一创新或解决某一用常规思路难以解决的问题时，不要用长久以来形成的固有思路去思考问题，而应从相反的方向出发寻找解决办法。

阅读材料：　蒙牛的逆推成功之路

牛根生之所以能形成逆向思维，很重要的原因是从小受到了家庭的影响。牛根生曾经回忆说：“我母亲给我的两句话让我终生难忘，一句是‘要想知道，打个颠倒’，另一句是‘吃亏是福，占便宜是祸’。”这两句影响他终生的话都体现了与传统观念相反的逆向思维。后来，牛根生遇到难题解不开时，总会首先想到“要想知道，打个颠倒”这句话，启发他向着与常人相反的方向思考。他在伊利集团工作时，经常把奖金主动分给下属，显然也是受到“吃亏是福”这句话的影响。牛根生以逆向思维为思考的起点，在维度上扩展并延伸，形成了自己独特的创新特质。

牛根生创业中的逆向思维——过程颠倒，先建市场再建工厂。

按照一般创办企业的思路，首先要建厂房、进设备、生产产品，然后打广告、做促销，产品有了知名度，才能有市场。如果按这样的思路运作，也许蒙牛至今仍然像一头牛一样在慢行，绝对不会跑出“火箭”的速度。但牛根生反其道而行之，提出了“先建市场，再建工厂”的思路，把有限的资金集中用于市场营销推广，然后把全国的工厂变成自己的加工车间。在没有一头奶牛的情况下，牛根生用三分之一的启动资金即300多万元，在呼和浩特进行广告宣传，形成铺天盖地的广告效应，几乎在一夜之间，人们都知道了“蒙牛”。接着，牛根生与中国营养学会联合开发了新的产品，然后与国内的乳品厂合作，以投入品牌、技术、配方，采用托管、承包、租赁、委托生产等形式，“借鸡下蛋”生产蒙牛的产品。蒙牛把这种“两头在内，中间在外”的企业组织形式，称作“杠铃型”组织。通过这种逆向运作，在短短几个月的时间内，牛根生盘活了近8亿元的企业外部资产，完成了一般企业几年才能完成的扩张。半年之中，在中国乳制品企业销售收入排行榜上，蒙牛由千名之末蹿升至第119位。2000年，蒙牛实现销售收入2.94亿元，是1999年的6.7倍，销售额居全国同业排名第11位；2002年，蒙牛实现销售收入21亿元，是2000年的8倍，主厂区占地面积达55万平方米，建筑面积达14万平方米，形成年产液体奶、冰淇淋各20万吨的生产能力。蒙牛有了自己的工厂后，“虚拟联合”不仅没有收缩，反而进一步延伸。参与公司原料、产品运输的600多辆运货车、奶罐车、冷藏车，为公司收购原奶的500多个奶站，以及配套设施近10万平方米的员工宿舍，合起来总价值达5亿多元，都不是蒙牛自己掏钱建设的，均由社会投资完成。

运用逆向思维方式，蒙牛整合了大量的社会资源，把传统的“体内循环”变作“体外循环”，把传统的“企业办社会”变作“社会办企业”，取得了超常规发展。营销中的逆向思维——效果逆反，以及蒙牛的事件营销、娱乐营销、公益营销等一系列成功的营销活动，蕴涵着丰富的思维创意。

牛根生说：“要想知道，打个颠倒。”不管螺丝怎么设计，正向拧不开的时候，反向必定拧得开。山重水复，此路不通的时候换换位，换换心，换换向，往往豁然开朗，柳暗花明。

点评：

一般企业的思维是“有多少钱，办多大事”，按规律办事，量力而行。蒙牛的思维则是“心有多大舞台就有多大”“不怕做不到，就怕想不到”。蒙牛的逆向思维方式即倒推资源配置，倒推时间分配，链接战略战术，链接方法手段。大学生可以从逻辑、思路等方面进行训练，从而提高自己的逆向思维能力。

3.2 创新思维的形式

创新思维是可以被描述，并被学习掌握的。常见的创新思维形式有6种，包括逻辑思维、联想思维、发散思维等。在实践中，各种思维形式各具特色，都是不可或缺的。下面将对创新思维的形式进行介绍。

3.2.1　逻辑思维

逻辑思维也称抽象思维，是人们在认识活动中运用概念、判断、推理等思维方法，对客观现实进行间接、概括的反映过程。逻辑思维的基本单元是概念，基本思维方法是抽象，基本表达工具是语言和符号。逻辑思维具有规范、严密、确定和可重复的特点。

逻辑思维是人脑的一种理性活动，思维主体将在感性认识阶段获得的对事物的认识信息抽象成概念，再运用概念进行判断，并按照一定的逻辑关系进行推理，从而产生新的认识。也就是说，要想创新，并找出复杂问题的解决方案，就必须运用逻辑思维。

3.2.2　联想思维

联想思维是指在人脑内的记忆表象系统中，由于某种诱因使不同表象产生联系的一种思维活动。通过联想思维，人们可以从别人的发明创造中获得灵感，并进行创新。例如，在指甲刀被发明后，有人发明了手机支架指甲刀。该工具融合了手机支架、指甲刀、开瓶器等功能，属于联想思维的创新成果。

联想思维具有以下3个特征：

1）连续性

联想思维的主要特征是由此及彼，连绵不断。联想可以是遵循逻辑的，也可以是天马行空的，联想链的首尾两端往往没有必然的联系。

2）形象性

联想思维是具体化的思维，其基本的思维操作单元是表象，是一幅幅画面。因此，联想思维十分生动、鲜明。

3）概括性

联想思维可以很快地把联想到的思维结果呈现在联想者的眼前，是一种把握整体的思维活动。因此，它具有很强的概括性。

阅读材料：　通过联想思维增加产品销量

“莉莉烘焙”是刚毕业的大学生陈莉创办的一家主要经营鲜牛奶、手工饼干、面包和蛋糕的食品店。因为店中的牛奶质优价廉，且送货上门，所以销量不错，使店铺获得了可观的利润。但由于创业资金有限，店铺的位置较为偏僻，店中其他的优质商品如饼干、面包、蛋糕等却少有人问津。

陈莉也想过通过广播和网络媒体来推广店铺的其他食品，但尝试过一段时间后，她发现这些推广方式的成本过高，并且效果不是很理想。随着牛奶订单的不断增多，陈莉突然意识到，其实这些牛奶订单的背后就是一个庞大的消费群体，何不在这部分人群中运用有效的营销推广手段来宣传自己的手工饼干、蛋糕和面包呢？

于是，陈莉开始着手设计精美的小卡片：首先，在卡片正面印上手工饼干、面包、蛋糕的名称和价格；然后，在卡片背面印上订货单，便于顾客填写所需食品的名称、数量及送货时间；最后，将这些卡片挂在牛奶瓶上，顾客在取牛奶时就可以看到卡片上的信息。该方案一经实施，很多订购牛奶的顾客也订购了其他食品，陈莉店铺的生意也越来越好了。

点评：

陈莉运用联想思维进行创新，将之前单一的牛奶订购模式发展为“牛奶+手工饼干+面包+蛋糕”的订购模式。这种行为既扩大了产品的销路，增加了店铺收入，又不失为一种方便客户之举。因此，其他商品也很快受到了广大顾客的欢迎。

3.2.3　发散思维

发散思维又称扩散性思维、辐射性思维，是指从多种角度、方向去设想、探求答案，最终使问题获得圆满解决的思维方法。

发散思维是创新思维的核心。发散性的思维活动不受任何限制，可以产生大量可供选择的方法、方案或建议，也可以得出一些别出心裁、出乎意料的见解，使看似无法解决的问题迎刃而解。

发散思维有其自身的一些特点，如流畅性、变通性、独特性和多感官性。

1）流畅性

流畅性是指在极短的时间内生成并表达出尽可能多的思维观念，以较快地适应、消化新的思想。流畅性反映的是发散思维的速度和数量特征。

2）变通性

变通性就是克服人脑中固有的思维框架，按照新的方向来思考问题。变通性需要借助横向类比、跨域转化、触类旁通等方式，使发散思维沿着不同的方向扩散，从而表现出极其丰富的多样性和多面性。

3）独特性

独特性是指人们做出不同寻常的、异于他人的独特反应的能力。实现独特性是发散思维的最高目标。

4）多感官性

发散思维不仅需要借助视觉和听觉，还需要充分利用其他感官来接收信息并进行加工。如果思考者能够想办法激发兴趣，产生激情，把信息情绪化，赋予信息感情色彩，便会提升发散思维的效果。

3.2.4　求同思维

求同思维也称聚合思维、辐合思维、集中思维，是一种有方向、有范围、有条理的收敛性思维方式。求同思维具有集中性和最佳性两个特点，即求同思维的过程是有集中指向的，目标单一，其目标是寻求最佳方式。在创新思维活动中，人们运用求同思维做出的发明创造处处可见，如收录两用机、组合家具等。

人们要创新，就必须善于从复杂多变的事物中发现包含着的共性因素，即找出事物间的结合点。一般情况下，组合事物并不等于将几种事物简单相加，而是组合产生具有新的性质和功能的事物。

小贴士

发散思维和求同思维在思考的过程中是相辅相成、互为补充的。发散思维可以帮助创新者开阔思路，得出多种可能解决问题的方案；求同思维则可以帮助创新者整合思路，在解决问题的多种方案中进行分析、比较、判断，从而选出一个最优方案。

阅读材料：　1+1有时会大于2

张涛是一名在校研究生，选修了一门营养学课程。目前，他正在跟导师一起研究一个关于“减肥”的课题。减肥是许多女性朋友关心的话题。然而，不少人既想减肥，又不想错过美食。怎么办？同学们就这个问题展开了激烈的讨论，发表了以下意见：

“可以运动嘛，运动是最健康的减肥方式，而且不需要节食。”

“可以利用我们所学的营养学知识将饮食进行合理搭配，通过合理安排饮食来减肥。”

“少熬夜，正餐正常吃，不吃夜宵，养成良好的生活习惯也有一定的减肥效果。”

“可以多吃水果，少吃米饭。”

“可以吃粗粮。”

同学们七嘴八舌地讨论着，张涛却提出了一个意想不到的减肥方法——减肥喷雾器。张涛提出这一方法是基于“胖从口入”的原理，将减肥与喷雾器这两个相距甚远的事物联系在了一起。

这种喷雾器可以把各种美食的香味存储起来。人们在使用时，只要打开阀门，将喷嘴对准嘴巴多喷几次就会解馋，从而达到减肥的目的。张涛的这一想法得到了导师的认同，于是张涛与导师一起开始了减肥喷雾器的设计。

点评：

世界上的事物千差万别，看似毫不相干，但如果把一些看上去毫不相干的事物联系在一起并找出结合点，往往会激发灵感，产生新的创意。上述材料中的张涛就是利用这样的求同思维，想出了出人意料的创意。

3.2.5 形象思维

形象思维是以直观形象和表象为支柱的思维过程，是人的一种本能思维，具有普遍性。在日常的生活、学习和生产活动中，形象思维一直起着重要作用。例如，画家绚丽的作品和舞蹈家优美的形体语言都是形象思维的结果。

形象思维还具有形象性、想象性和粗略性3个基本特点。

1）形象性

形象性是形象思维最基本的特点。形象思维所反映的对象是事物的形象，是从形象上来认识和把握所研究对象的本质和规律。形象思维的形象性使其本身具有生动性、直观性和整体性的优点。

2）想象性

想象是思维主体运用已有的形象形成新形象的过程。形象思维并不只是对已有形象的再现，而是致力于对已有形象的加工，从而实现新形象产品的输出。因此，想象性使形象思维具有创造性的优点。

3）粗略性

形象思维对问题的反映往往是粗线条的，对问题的把握是大体上的，对问题的分析是定性的或半定量的。形象思维通常用于问题的定性分析，而抽象思维则可以给出精确的数量关系。所以，在实际的思维活动中，只有将抽象思维与形象思维相结合，才能使创新活动取得有效的成果。

3.2.6 直觉思维

直觉思维是指不受某些固定的逻辑规则约束而直接领悟事物本质的一种思维形式。突然对某一问题有“灵感”和“顿悟”，甚至对未来事物的结果有“预感”或“预言”等，都是直觉思维的表现。直觉思维主要有简约性、独创性、突发性3个特点。

1）简约性

直觉思维是从整体上考察思维对象，调动思考者的全部知识经验，通过丰富的想象敏锐而迅速地做出假设、判断或猜想。直觉思维是一瞬间的思维火花，是一种长期积累的升华，是思维过程的高度简化，但它却清晰地触及事物的“本质”。

2）独创性

直觉思维是对研究对象的整体把握，不专注于细节推敲，与逻辑思维恰恰相反。正是由于直觉思维的无意识性、随意性和灵活性，它才是丰富的、发散的，才能使人的认知结构向外无限地扩展。所以，它也具有反常规的独创性。

3）突发性

直觉思维的过程极短，所以其所获得的结果是突如其来的。人们对某一问题一直苦思冥想，往往会不得其解，反而是在不经意间容易顿悟出问题的答案，这就是直觉思维的成果。例如，著名的“万有引力定律”就是牛顿在苹果园休息时，不经意间受到苹果落地事件的启发而研究发现的。

小贴士

尽管直觉的产生极为突然，但是其产生绝非偶然，必须要有相关知识的积累——既包括相关的经验知识，又包括专业的理论知识。大学生可以通过不断学习专业知识、参与社会实践等方式来培养自己的直觉思维能力。

3.3 创新思维的障碍

创新思维是一切创新的前提。若思维已形成定式，必然会严重阻碍创新。因此，大学生要有意识地克服思维定式，突破创新思维的障碍。

3.3.1 思维定式

思维定式也称“惯性思维”，它是人们在过去获得的经验和知识的基础上所形成的感性认识。随着时间的推移，这些感性认识逐渐沉淀为一种特定的认知模式。在环境不变的条件下，思维定式可以使人迅速解决问题；但当环境发生改变时，思维定式则会成为束缚创造性思维的枷锁。

思维定式的常见类型主要包括权威型惯性、从众型惯性、经验型惯性以及书本型惯性4种。

1）权威型惯性

在日常生活中，大部分人都习惯引证权威的观点，甚至将权威观点作为判断事物是非对错的唯一标准，一旦发现与权威相违背的观点，就立即将其否定，这就是权威型惯性。权威型惯性的形成，主要源于以下两方面：

（1）儿童在成长过程中所接受的“教育权威”。

（2）由于社会分工不同和知识技能的差异所导致的“专业权威”。

事实上，权威观点不一定都是正确的。例如，过去有许多科学家都预言飞机不能上天，从当今的发展来看，这些预言显然是错误的。

2）从众型惯性

从众型惯性是指人们在思维活动过程中，没有或不敢坚持自己的主见，总是顺从绝大部分人的意志。这是一种普遍存在的心理现象。

要想打破从众心理，人们就需要在思维过程中不盲目跟随，并具备一定的心理抗压能力，有独立的思维意识。俗话说，真理总是掌握在少数人手里，走别人没走过的路，就向成功迈出了一大步。

3）经验型惯性

经验型惯性是指人们在实践中获得的主观体验和感受，是人们对个别事物的表象或外部联系的感性认识。但对创新而言，经验会使人形成思维惯性，难以创新，并阻碍问题的解决，“刻舟求剑”就是经验型惯性的典型例子。

4）书本型惯性

书本型惯性是指人们认为书本上的知识都是正确的，必须严格按照书本上的内容做，不能有任何怀疑和违背，把书本知识夸大化、绝对化。

世间的事物都在不断发展与变化，书本中的内容和客观事实肯定会存在差异，盲目按照书本上的观点行事，不仅不利于创新意识的形成，还可能会产生不好的结果。因此，大学生在学习书本知识时，一定要学会辩证地看待书中的观点，将理论与实践相结合，具体问题具体分析，善于通过归纳总结得出结论，而不要墨守成规。

小贴士

书本型惯性是一种主观行为。有书本型惯性的人不会对具体事物进行调查研究，而会一味地将书本上的理论或概念进行生搬硬套，从定义、公式出发，否认实践是检验真理的标准。

3.3.2 思维偏见

思维偏见是指以不客观或不全面的信息为根据，形成对人或事物的片面甚至错误的看法。如果人们在判断时给被判断对象打上了主观的经验、地位、知识及阶层等印记，就会使自己的感知不自觉地偏离事实。在创造活动中，思维偏见会影响人们对事物进行客观观察和分析。因此，人们要留意各种思维偏见，从而减少认识上的错误。

思维偏见是创新思维的主要障碍，其表现形式主要有以下4种：

1）经验偏见

经验偏见是指人们只凭借自己的经验来思考，不愿接受或难以接受经验以外的事实。

2）沉锚效应

沉锚效应是指人们在对某人或某事做出判断时，易受第一印象的支配，就像船锚一样把自己的思想固定在某处，限制了思维的开放。

3）利益偏见

利益偏见是指由于存在利益关系，无意识中做出有利于自己的认识，从而产生认识的偏离。这是一种超越理性的、无形中由自身立场所导致的观点偏移。例如，许多互联网企业的员工都不屑于使用其他同类互联网企业的产品。

4）位置偏见

位置偏见是指处在不同位置上的人因看问题的角度不同而产生的偏颇。每个人都生活在一定的社会坐标体系中，社会角色、工作岗位和所处年龄段等因素都会对自己的认知产生影响。例如，部分企业的老板总抱怨员工工作不积极、没有激情，员工则总抱怨老板发的工资太少、福利不好。这其实就是各自所处的位置不同而导致的双方看似无法弥合的思维差异。

3.3.3 突破创新思维障碍

每个人都有创新的禀赋，然而思维定式、思维偏见，以及社会环境等因素会阻碍创新思维的产生。只有突破这些思维障碍，大学生才能充分发挥其创新潜能。

1）突破思维定式

突破思维定式是指人们在思考有待创新的问题时，要有意识地改变思考这些问题时的习惯（如过往的思维模式），警惕和排除这些习惯对新设想可能产生的束缚作用，要敢于怀疑，敢于打破条条框框，敢于开发新思路，努力寻求创新。

2）拓宽思维视角

“视角”就是思考问题的角度、层面或立场。思考问题时，若仅从一个视角出发，那么得到的结论往往是不全面的。大学生如果要训练自己的思维能力，就应该尽量拓宽思维视角，学会从多种角度来观察问题，从而提高发现新事物或解决问题的能力。

拓宽思维视角的方法有以下两种：

（1）改变思路。

绝大部分人都是按照常规、常理，或者按照事物发生的时间、空间顺序去思考问题，这就是所谓的“万事顺着想”思维。在大多数情况下，顺着想是一种常规思维方式，要想进行创新，就得有意识地改变顺着想的思路，可采用以下3种方式：

① 将常规的顺着想变为倒着想。

②从事物的对立面出发去想。对立的双方既对立又统一，如果改变一方不行，那么改变另一方则可能有助于问题的解决。

③改变自己的位置，即换个角度思考问题。

（2）转换问题。

问题是多种多样的，但彼此之间又是相通的。因此，对于难以解决的问题，与其死盯不放，不如把问题转变一下，从而获得新视角，具体方式有：

①把复杂的问题转化为简单的问题。

②把生疏的问题转化为熟悉的问题。

小贴士

在突破创新思维障碍时，创新主体还可以运用“把直接变为间接”的思维方式。例如，在解决比较复杂且困难的问题时，直接解决往往会遇到很大阻力。此时，就需要间接创造解决问题的客观条件，使困难的问题得到简化，从而达到解决复杂问题的目的。

阅读材料：　曲别针的用途

在一堂选修课上，教授拿出一枚曲别针对学生说：“大家都动动脑筋，告诉我曲别针有哪些用途？”

同学A说：“曲别针可以弯成阿拉伯数字和加减乘除、开方等数学符号。”

同学B说：“曲别针是金属，在磁场中有磁性反应。”

同学C说：“可以当钩子，如果衣服的纽扣或拉链坏了，还可以当搭扣。”

同学D说：“可以做成夹子、挂链及项链。”

同学们七嘴八舌地说了一通，教授笑着问道：“还有吗？”看大家都沉默了下来，教授才轻轻地伸出5个手指头，说道：“曲别针的用途远不止这些，我可以说出50种甚至500种。”

接着，他将曲别针掰直后插入手机卡槽的小孔中，轻轻一推就将电话卡取出，随后又通过曲别针与橡皮筋的搭配将活页纸装订成本子……

点评：

生活中，人们往往习惯按照固定模式来思考问题，久而久之，就会影响思维的灵活性与创造性。因此，不要让常规思维局限自己，要从不同的角度来看待事物或观念，发现其隐藏的本质，为自己的思维插上翅膀。

3）突破知识障碍

知识在创新思维中虽然不能起主导作用，但没有知识却很难实现有价值的创新。优秀的创新成果往往都是创新者凭借已有的知识体系，并对其加工或重新组合后形成的。如果缺乏知识，仅凭简单的想象是很难得出有价值的结果的，自然无法实现创新。

由此可见，创新必须建立在有一定知识积累的基础上，否则就只是空想。突破知识障碍的有效途径就是不断地进行知识探索。在探索的过程中，对知识进行验证，获得丰富的实践经验，提升自身的创新思维能力，才能为以后的创新之路打下坚实的基础。

3.4 创新思维的培养

创新思维是当下每个大学生都应该具备的思维能力。总的来说，大学生创新思维的培养应从以下两个方面着手：

（1）激发创新潜能是培养创新思维的前提。

激发大学生创新思维潜能的方法有良性暗示、快乐心灵、成果激励、制造险境等。

① 良性暗示。

暗示可分为良性暗示和负面暗示两种。良性暗示能够开发头脑中的思维潜能。大学生应尽可能地从周围环境或他人那里得到良性暗示，也可以直截了当地对自己进行良性暗示，同时应拒绝那些压抑思维潜能的负面暗示。

②快乐心灵。

快乐与创新密不可分。快乐与人的需求相关，而需求的满足感可以通过外界事物来改变，也可以通过内心调节。一个没有烦恼、心胸宽广、拥有快乐心灵的人，他的创意会源源不断地涌现出来。

③ 成果激励。

每个人都希望自己付出的劳动有所收获，因此，对成果进行激励激发出的积极性会产生很好的效果，可以使人的大脑高速运转起来。各个高校可以设置一定的奖励来激励大学生，使大学生在物质上、精神上均有所收获，从而让大学生的思维潜能得到充分开发。

④ 制造险境。

人在遇险时，会展示出非凡的能力，这种能力就是人的潜能。在任何困难面前，相信自己能行，激发头脑中潜在的能量，想出应对策略，就可产生有效行动。

（2）积累实践经验是创新思维的根本基础。

实践是检验真理的唯一标准，所以大学生要想培养创新思维就必须参与社会实践。每一项发明创造无论成功与否，都需要经历无数次的创新思维实践。

高校应多组织和开展行之有效的社会实践活动，让大学生在课堂学习之余可以走向社会，参与实践劳动，进行创新思维锻炼。只有实践才能将创新理念变为现实，也只有实践才能让大学生的创新思维、创新能力得到真正的发展。

3.5 本章练习

1）创新思维的特征有哪些？

2）常见的创新思维的形式有哪些？每一种创新思维的特点是什么？

3）创新思维的障碍有哪些？

4）如何才能培养大学生的创新思维能力？

5）充分利用发散思维，尽可能多地说出领带的用途。

6）阅读下面的题目，给出自己的分析答案。

（1）24人排成6列，要求每5人一列，请问：应该怎么排列？

（2）现有一个长方形的升斗，其容积是1升。现在要求只使用这个升斗，准确地量出0.5升的水。请问：应该怎样做才能准确地量出0.5升的水？

（3）在桌子上并排放着的3张数字卡片，组成了3位数216。如果把这3张卡片的位置变换一下，组成另一个恰好能被43除尽的3位数。请问：这个新的3位数是什么？又是怎样变换卡片的？

7）阅读下面的题目，给出自己的分析答案。

（1）某个城市地铁里的灯泡经常被偷。偷窃者拧下灯泡，导致了安全隐患。接手此事的工程师不能改变灯泡的位置，也没多少预算可供使用，那他应该怎样解决这个问题呢？

（2）有的游客会从帕特农神庙的古老立柱上砍下一些碎片作为纪念品带走，如何才能阻止这一违法行为呢？

（3）在一个小镇里有4家鞋店，它们销售同样型号、同一系列的鞋子，然而，其中一家鞋店丢失的鞋子的数量是其他3家平均丢失数量的3倍，为什么会出现这种情况？又应该如何解决这个问题呢？

（4）加利福尼亚州的某市政府被森林大火所困扰，于是想清除城镇周围山坡上的灌木丛，但如果用螺旋桨飞机来操作，反而极易产生火花，导致火灾，应该怎么办呢？

（5）一位年轻的股票经纪人即将开始经营自己的业务，他如何使客户相信他？

第 4 章

创新方法

学习目标

➢ 了解创新方法的含义和分类

➢ 学会有效运用头脑风暴法

➢ 学会有效运用奥斯本检核表法

➢ 学会有效运用属性列举法

➢ 学会有效运用综摄法

➢ 学会有效运用形态分析法

素养目标

➢ 通过创新方法论的讲述，辅以价值观的引导，让学生懂得如何经营好自己的人生

引导案例

“蛟龙号”：载人潜水器勇探海洋之心

“蛟龙号”长8.2米、高3.4米、宽3.0米，空重质量不超过22吨，设计最大下潜深度为7 000米，工作范围可覆盖全球海洋区域的99.8%。

首先，“蛟龙号”具备高速水声通信功能，可以轻松地将海底高清图片传送到水面母船上；其次，其具备高精度的悬停定位功能，可以像直升机一样悬停在海底火山喷口附近观察研究，还可以像无人驾驶汽车一样，距离海底一定高度，按照设计路线自动潜航；最后，它还具有两个7功能机械手，可以像人类的手臂一样灵活地操作工具。“蛟龙号”乘员三人，能提供72小时水下生命支持能力，称得上是世界上极为先进的载人潜水器。

深海潜水器体现了一个国家的综合技术力量，是海洋技术开发的前沿与制高点。“蛟龙号”载人潜水器主要技术优势可概括为五大特征和三大尖端技术。

“蛟龙号”的五大特征主要包括：

①在世界同类型潜水器中下潜深度最大，达7 000米，这意味着“蛟龙号”可以在全球99.8%的海域作业。

②具有针对作业目标稳定的悬停定位能力，这为“蛟龙号”完成高精度作业任务提供了可靠保障。

③具有先进的水声通信能力，可以高速传输图像和语音，方便母船及时获得“蛟龙号”水下信息。

④配备多种高性能水下作业工具，确保载人潜水器在极端复杂的海洋环境下完成多种作业任务。

⑤配备高分辨率测深侧扫声呐，能够同时获得海底的三维地形图和二维侧扫图，具备探测海底和水中小目标的能力。

“蛟龙号”三大尖端技术主要包括：

①近底自动航行和悬停定位技术。“蛟龙号”载人潜水器除了可以实现手动操作，还可以实现三种自动航行：自动定向航行、自动定高航行和自动定深航行。自动定向航行，即潜航员可以设定潜水器的航行方向，使“蛟龙号”自动航行；自动定高航行，即可以使潜水器与海底保持一定高度，从而轻而易举地在复杂环境中航行，避免出现碰撞；自动定深航行，即可以使“蛟龙号”保持与海面的固定距离。另外，悬停定位技术可以使“蛟龙号”在不坐底作业的情况下，与目标保持固定的距离，方便机械手进行操作，我国这项高端技术目前处于国际领先水平。

②高速水声通信技术。该技术支持载人潜水器与水面母船之间建立实时通信联系，通过它，母船向载人潜水器发出指令，载人潜水器向母船传输各种数据、语音和图像，包括彩色电视图像和声学图像。“蛟龙号”的水声通信系统由两套系统构成：水声通信机和水声电话，二者相互配合，互为备份，保障潜水器与母船的水声通信联系。与国外载人潜水器的水声通信系统相比，“蛟龙号”水声通信系统的功能和性能都是首屈一指的。

③充油银锌蓄电池系统。“蛟龙号”载人潜水器一次下潜需要在水下连续停留十几个小时，同时还要不停航行和作业，但又不能携带太重的燃料，其搭载了完全由我国自主研发的大容量充油银锌蓄电池来解决能源供给问题。充油银锌蓄电池电量超过110千瓦，这是目前全球潜水器中最大容量的电池之一，确保“蛟龙号”可以有更长的水下工作时间，并支持其进行更多探测和取样作业。

“蛟龙号”载人潜水器可以运载科学家和工程技术人员进入深海，在海山、海盆和海底热液喷口等复杂海底区域进行机动、悬停、正确就位和定点坐坡，有效执行海洋地质、海洋地球物理、海洋地球化学、海洋地球环境和海洋生物等科学考察。

资料来源：大美科学．“蛟龙号”：载人潜水器勇探海洋之心［EB/OL］.［2015-06-15］. https://www.163.com/dy/article/I5G5KQTR0514D7MU.html.

讨论：

1. 创新方法的重要性是什么？

2. 常用的创新方法有哪些？应该如何进行灵活运用？

4.1　创新方法概述

创新方法是人们在科学研究、创造发明等实践活动中所采用的有效办法的总称，即为人们提供的一些解决问题的必要步骤，或者是一些参考途径和技巧。在创新过程中，生搬硬套某一种创新方法并非良策，创新者在面对不同的对象时，应根据自身的特点灵活选用创新方法，或综合应用各种技法和手段，不拘一格地进行探索和创新。

知识链接：SIT方法论创始人“支招”：该如何“练习”创新

创新并没有想象中那般玄妙，所有成功的创新都有一些共性因素。研究人员将这些因素进行提炼整合，形成了能让创新事半功倍的方法论。倘若用这些方法勤加练习，就会养成过硬的创新本领。阿姆农·列瓦夫（Amnon Levav）是系统性创新思维（SIT）方法论的创始人。在过去的20年里，他带领团队为全球超过60个国家的850多个企业和组织提供过创新咨询服务。

要勇于突破思维定式

曾有人做过1个实验，给两组人相同的3样工具：蜡烛、钉子和火柴，要求他们将蜡烛固定在墙上。其中一组的火柴盒没有打开，而另一组的火柴全部从火柴盒中取了出来。就是这个小小的不同却带来了巨大的差异：火柴盒没有打开的那组大多数人都想着用钉子固定蜡烛，或者用蜡油去固定；另一组却有不少人想到了创新方法，即用钉子把空火柴盒固定在墙上作为底座，再把蜡烛放在火柴盒上。

“同样的工具，只是存在火柴是否取出这个差异，却极大地影响了人们的创新能力。这是因为很多人都受制于功能性思维定式。”阿姆农说。火柴装在火柴盒里，让很多人觉得它只能用来点蜡烛，可一旦取出火柴，人们就会突破思维定式，发现火柴盒的其他功用。

资料来源：董碧娟. SIT方法论创始人“支招”：该如何“练习”创新［EB/OL］.［2015-06-15］. http://politics.people.com.cn/n/2015/0615/c70731-27153909.html.

4.1.1　创新方法的含义

创新方法是指创新活动中带有普遍规律性的方法和技巧。简单地说，创新方法就是通过对创新过程进行研究，包括创新题目的确定、创新设想的提出等，从而揭示的创新的一般规律和方法。

小贴士

应用创新方法时要因人、因地和因时制宜。大学生需要有探索精神，灵活地运用创新规律来指导创新活动。

4.1.2　创新方法的分类

创新方法的根本作用是根据一定的科学规律，启发人们的创造性思维，提升人们的创新效率。目前，人们总结出的创新方法有很多，大致可以分为图4-1所示的4种类型。

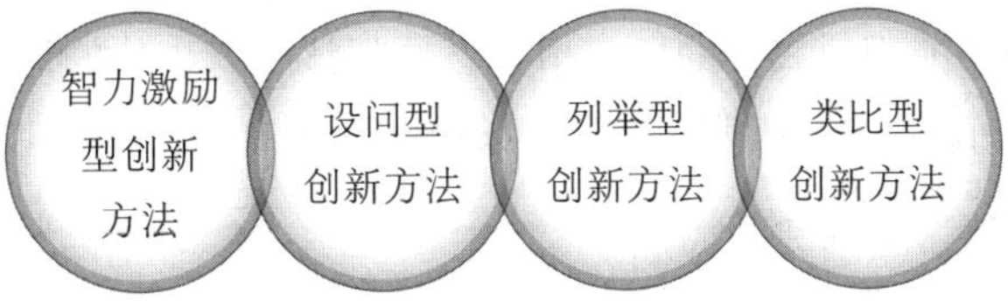

图4-1　创新方法的4种类型

1）智力激励型创新方法

智力激励型创新方法是现代创造学奠基人奥斯本提出的，它是利用群体思维的互激效应，针对专门问题进行集体创造活动的方法。智力激励的核心是“集智”和“激智”。

（1）“集智”是指把众人的智慧集中起来，其基础是相信人人都有创造力。

（2）“激智”是指把众人的潜在智慧激发出来。

由于智力激励型创新方法有非同寻常的规定和方法技巧，所以能形成一种有益于激发创造力的氛围，使与会者能够任意遐想、自由思考，在相互启发中引出更多、更新颖的创造性设想。

2）设问型创新方法

设问型创新方法是指通过有序、有目标地提出问题，使问题具体化，进一步缩小需要探索和创新的范围，启发人们系统地思考解决问题的可能性，从而产生创新方案的一种创新方法。设问型创新方法中最为典型的方法便是奥斯本检核表法。

3）列举型创新方法

列举型创新方法是指通过对事物特性的分析，以列举的方式把问题展开并列出其各方面的特征、特性，从而找到有助于选择和确定创造发明题目的创新方法。列举型创新方法一般可以分为希望点列举法、缺点列举法和成对列举法。

（1）希望点列举法。

希望点列举法是指从人们的愿望和需要出发，通过列举希望来形成创新目标和构思，进而产生具有价值的创造发明的一种创新方法。

（2）缺点列举法。

缺点列举法是指发现已有事物的缺点，并将其一一列举出来，通过分析选择来确定创新目标并制订改革新方案，从而进行发明创造的一种创新方法。缺点列举法通常适用于已有事物的创新。

（3）成对列举法。

成对列举法是指把任意选择的两个事项结合起来，成对列举其特征，或者是把某一范围内的事物进行一一列举，再依次成对组合，从中寻求创新设想的一种创新方法。

小贴士

列举型创新方法本质上是一种分析方法，它的原理是把整体分解为部分，把复杂的事物分解为简单要素，然后再分别加以研究。

4）类比型创新方法

所谓类比，就是由两个对象的某些相同或相似的性质，推断它们在其他性质上也有可能相同或相似的一种推理形式。类比型创新方法主要是以两个不同事物来进行类比的。

大学生在运用类比发明创造新事物时，首先要发现已有事物的某个属性与将要发明的新事物的属性相契合，然后将已有事物的其他与该属性相关的属性运用到新事物的发明中，即先找到具有相同或相似属性的已有事物，再将该已有事物的形状、结构、原理等运用到正在创造的事物中。类比型创新方法一般可以分为直接类比、拟人类比、因果类比、对称类比以及仿生类比5种类型。

（1）直接类比。

直接类比是指从自然界中或人类成果中寻找与创造对象的某一方面（如外形、结构、功能等）相类似的事物，并通过比较启发出创造性设想。

（2）拟人类比。

拟人类比也称亲身类比、人格类比或自身类比。它是指创新者使自己与创意对象的某种要素达成一致，然后自我进入“角色”，发现问题，产生共鸣，从而得出更富创意的设想。

（3）因果类比。

因果类比是根据已经掌握的事物的因果关系与正在接受研究或改进事物的因果关系之间的相同或类似之处，去寻求创新思路的一种类比方法。因此，创新者可以由一个事物推出另一个事物，从而得出创新思路。

（4）对称类比。

自然界和人工造物中有许多物体都具有对称的特点，可以通过对称类比的方法进行创新，获得人工造物，如英国物理学家狄拉克从描述自由电子运动的方程中得出正负对称的两个能量解。

（5）仿生类比。

仿生类比是指人们在创造活动中，借助仿生思维，将生物的某些特性运用到创新、创造中。例如，飞机是根据鸟类飞行的原理创造的，机器人是模仿人类活动创造的。

小贴士

组合绝非简单地罗列、机械地叠加。元素之间的组合是有一定的依据与出发点的，如从制造出新奇效果的角度进行组合或从弥补功能缺陷的角度进行组合等。

4.2　头脑风暴法

头脑风暴法是一种通过集思广益、发挥集体智慧，从不同角度找出问题所有原因或构成要素，并创造性地解决问题的方法。如今，头脑风暴法已成为职场上比较常用的创意收集方法，它简单快速且有效。

4.2.1　头脑风暴法的含义

头脑风暴法，又称智力激励法、自由思考法等，它是创造学家奥斯本提出的一种激发思维的方法。头脑风暴法通过小型会议的形式，让所有与会人员在自由愉快、畅所欲言的气氛中，自由交换想法或点子，并以此激发与会者的创意及灵感，使各种设想在相互碰撞中激发出创造性“风暴”。头脑风暴法是一个横向思维过程，其目的是找到创新的或异想天开的方案来解决问题。

4.2.2　运用头脑风暴法的基本原则

为了更好地运用头脑风暴法，使与会人员的思维活动真正起到互激效应，与会人员必须严格遵守4条基本原则，如图4-2所示。

头脑风暴法的基本原则			
自由畅想	以量求质	见解无专利	延迟评判

图4-2　头脑风暴法的基本原则

1）自由畅想

在头脑风暴的过程中，与会人员需要集中注意力，就会议的中心问题各抒己见。主持人应创造一种自由、活跃的气氛，激发与会人员提出各种没有限制、异想天开的设想，使与会人员的思想彻底解放，这就是头脑风暴法的关键。

2）以量求质

头脑风暴会议中需要大量的设想，无论好坏。设想越多，将许多设想拆分重组后产生好设想的可能性就越大。

3）见解无专利

在头脑风暴会议中，与会人员除了提出自己的设想，还可以鼓励其他与会人员对自己提出的设想进行补充、改进，从而产生新的设想。不要怕别人占用自己的创意，创意加上创意便可产生新的创意。

4）延迟评判

应禁止与会人员随意评判会议中提出的各种意见、方案。在头脑风暴过程中产生的任何想法都是有价值的，与会人员要认真对待会议中提出的任何一种设想，不管其是否适当和可行，否则很可能会影响他人的思绪，从而导致会议失败。

4.2.3　头脑风暴法的运用思路

主持人在头脑风暴会议中要注意控制好时间和气氛，千万不要跑题。会议的操作步骤一般可以分为准备阶段、畅谈阶段、评价选择阶段。

1）准备阶段

准备阶段的工作内容主要有以下3项：

（1）明确会议需要解决的问题和与会人员的数量。

（2）确定会议的主持人和记录者。主持人要彻底掌握有关头脑风暴法的一切细节、基本原则和操作要点。记录者要认真记录，方便进行会后总结。

（3）与会人员要具备一定的相关基础知识，懂得该会议提倡的原则和方法。

2）畅谈阶段

畅谈阶段是头脑风暴的关键阶段。该阶段的主要进程为：主持人引导与会人员围绕会议主题进行自由发言；与会人员提出各种设想，使彼此相互启发、相互补充，真正做到知无不言、言无不尽；直到与会人员都无法再提出设想时，结束会议。

3）评价选择阶段

会议结束后，主持人应将会议中提出的设想整理成若干方案，再按一定的标准进行筛选，经过反复比较后，确定一到两个最优方案。

阅读材料：　　　　　　　头脑风暴产生创意

德国的一家公司要设计一台破核桃机，要求破出的核桃仁是较完整的两半。为此，公司领导召集10余名技术人员开展头脑风暴会议，希望大家都能让思维自由驰骋，从不同角度、不同层次、不同方位大胆地展开想象，尽可能地提出一些独创性的设想。

会议主持人强调了本次会议的主题，在短暂的半个小时内，技术人员们就围绕该主题提出了40多个设想，最后大家共同从这些设想中选取了两个公认的最优方案。随后，主持人将这两个最优方案拿出来讨论，让每个技术人员提出改进设想。通过公司权威技术人员共同商议和评审后，该公司确定了破核桃机的最终设计方案。

在整个会议过程中，主持人的多次提问起到了激励与会人员产生更多设想的作用，如“用什么样的力度才能把核桃砸开”“用什么办法才能达到这样的力度”“如果我们用逆向思维来解决问题又会怎样”等，这就是此次头脑风暴会议成功的重要原因。

点评：

这家德国公司头脑风暴会议成功的关键在于与会人员不受任何条件的限制，思想放松，同时主持人通过提出问题的方式来激发与会人员的创造力。由此可见，头脑风暴法中主持人和与会人员的选择是至关重要的。

小贴士

头脑风暴法可以产生新奇的想法，但也有一定的局限性。首先，它要求参与人员有较高的素质。如果参与人员缺乏必要的技术及知识，就无法提出有效的意见。其次，由于头脑风暴法实施过程中的组织相对松散，所以较难保证结果的全面性。

4.3 奥斯本检核表法

奥斯本检核表法是一种典型的设问型创新方法，具有较强的启发性。在众多的创新方法中，奥斯本检核表法是效果比较理想的一种方法。人们运用这种方法产生了很多优秀的创意和大量的发明创造。例如，人们运用奥斯本检核表法中“能否他用”这一检核项目发明了自行车轮胎。

4.3.1 奥斯本检核表法的含义

奥斯本检核表法是指根据需要解决的问题或者创造发明的对象列出一系列提纲式提问，并形成检核表，然后对这些提问逐个讨论分析，从而获得解决问题的方法或新的设想。奥斯本检核表法主要用于新产品的研制开发。

奥斯本检核表法从9个方面进行检核，以启迪思路、拓展思维想象的空间，促进人们产生新设想、新方案。奥斯本检核表法的检核项目见表4-1。

表4-1 **奥斯本检核表法的检核内容**

编号	检核类别	检核内容
1	能否他用	现有事物有无新的用途；保持现有事物原状能否扩大其用途；稍加改变，现有事物有无别的用途；能否改变其现有的使用方式等
2	能否借用	有无与现有事物类似的东西；能否模仿或超越；能否借用他人的经验或发明；现有的发明能否引入其他的创造性设想中等
3	能否改变	能否改变现有事物的形状、颜色、味道、外观；是否还有其他改变的可能性等
4	能否扩大	能否增加现有事物的使用时间；能否为现有事物添加部件，延长它的使用寿命，提升它的性能；能否扩大现有事物的使用范围等
5	能否缩小	能否将现有事物微型化；能否将其缩短、变窄、分割、减轻；能否将其进一步细分；能否将其变成流线型等
6	能否代用	能否用别的东西代替；能否使用别的材料、零件、工艺、能源等
7	能否调整	能否调整工作规范、速度和频率等
8	能否颠倒	能否颠倒现有事物的正负、里外、上下、主次、因果等
9	能否组合	能否将各种想法进行综合；能否进行材料组合、部件组合、功能组合等

小贴士

应用奥斯本检核表法的过程是一种强制性思考过程，有利于突破人们不愿提问的心理障碍。很多时候，提问本身就是在进行创造。

下面将通过奥斯本检核表法对手电筒的改进方法进行创造性设想，见表4-2。

表4-2 **通过奥斯本检核表法对手电筒进行改进**

检核类别	检核内容
能否他用	其他用途：信号灯、装饰灯等
能否借用	增加功能：加大反光罩、提高灯泡亮度
能否改变	改变：改灯罩、用彩色电珠等
能否扩大	延长使用寿命：使用节电、降压开关
能否缩小	缩小体积：5号电池→7号电池→8号电池→纽扣电池
能否代替	代替：用发光二极管代替小电珠
能否调整	改变模式：将两节电池由直排变为横排
能否颠倒	反过来想：不用干电池提供电能，用太阳能发电
能否组合	与其他事物组合：带时钟功能的手电等

4.3.2 奥斯本检核表法的操作步骤

奥斯本检核表法能够启发创新者提出问题和思考问题，使其思路沿着正向、侧向、逆向发散开来，基本操作步骤如图4-3所示。

图4-3 奥斯本检核表法的基本操作步骤

（1）提出问题：根据创新对象明确需要解决的问题。

（2）写出新设想：参照检核表中列出的问题，运用丰富的想象力强制性地进行逐个核对讨论，并写出新设想。

（3）筛选新设想：对新设想进行筛选，将最有价值和创新性的设想筛选出来，并进一步思考和完善设想。

4.3.3 运用奥斯本检核表法的注意事项

运用奥斯本检核表法进行创造性设想时，应注意以下4个事项：

（1）联系实际逐条检核，不要遗漏。

（2）要进行多次检核，只有经过反复检核后，才容易更准确地选择出需要创新的内容。

（3）在检核每一项内容时，创新者要尽可能地发挥自己的想象力和联想力，产生更多的创造性设想。在进行检索思考时，创新者可以将某一大类问题作为一种单独的创新方法来运用。

（4）创新者可以根据需要安排检核方式，可以由1人检核，也可以由3~8人共同检核。共同检核可以使参与者互相激励，还可以同时进行头脑风暴。

4.4 属性列举法

属性列举法也称特性列举法，是罗伯特·克劳福德（Robert Crawford）教授提出的一种创意思维策略方法，该方法特别适用于老产品的升级换代。

4.4.1 属性列举法的含义

列举事物的所有属性，然后针对这些属性进行创造思考的方法就是属性列举法。属性列举法的要点是首先列举出某一事物的重要部分、零件、属性等，然后就所列各项逐一思考，判断其是否有改进的必要和可能，从而促使创新的产生。

属性列举法的优点是能保证对问题的所有方面进行研究。

4.4.2 属性列举法的操作步骤

属性列举法的操作分为4步进行：

（1）确定一个研究对象。

（2）了解对象的现状，熟悉其基本结构、工作原理及使用场合，同时应用分析、分解及分类的方法对研究对象进行一些必要的结构分解，找出研究对象的名词属性、形容词属性、动词属性及量词属性。

① 名词属性（采用名词来表达的特征）：如事物的结构、材料等。

② 形容词属性（采用形容词来表达的特征）：如事物的色泽、大小、形状等。

③ 动词属性（采用动词来表达的特征）：如事物功能方面的特性等。

④量词属性（采用量词来表达的特征）：如事物的数量、使用寿命、保质期等。

（3）从需要出发，对列出的属性进行分析、抽象，并且与其他物品进行对比，然后通过提问来诱发创新思维，采用替代的方法对原属性进行替换。

（4）应用综合的方法将原属性与新属性进行综合，寻求功能与属性的替代方法或者是完善方法，最后提出一个新设想。

4.4.3 属性列举法的运用

运用属性列举法能帮助你打开思路找到创新方法，下面将通过属性列举法来设计一个烧水壶。

（1）烧水壶的名词属性

烧水壶的名词属性包括整体（烧水壶）、部分（壶嘴、壶把手、壶盖等）、材料（铝、铁、铜等）以及制作方法（冲压、焊接、浇铸等）。根据这些名词属性，可以提出以下问题并进行分析，然后考虑改进方法。

①壶嘴的长度是否可以更长一些？

② 壶把手是否可以改用塑料材质以免烫手？

③ 是否有更合适的制作材料？

④ 烧水壶是否能够一次成型？

⑤水蒸气的冒出位置是否可以改变？

（2）烧水壶的形容词属性

烧水壶的形容词属性包括性质（轻、重）、状态（美观、高矮、大小等）、颜色（红色、白色等）、形状（圆形、椭圆形等）。根据这些形容词属性，提出下列问题并进行分析，也可以找到许多可供改进的地方。

① 如何改进才便于清洁？

②底部采用哪一种形状才更有利于吸热、传热？

③ 图案可以做哪些变化？

（3）烧水壶的动词属性

烧水壶的动词属性主要是指功能（烧水、装水、保温等）。通过对功能的分析，可以提出以下问题。

① 能否在壶身外增加保温材料，提升烧水壶的保温性能？

②能否在壶嘴上加哨子，让水开时发出鸣笛声？

③能否增加烧水壶的储水容量？

通过属性列举法列举出烧水壶的各种属性，烧水壶的不足之处以及相应的改善方法就很容易分析出来了。

4.5　综摄法

综摄法是美国麻省理工学院教授威廉·戈登提出的一种利用外部事物启发思考、开发创造潜力的方法。综摄法的宗旨是开发人的潜在创造力。

4.5.1　综摄法的含义

综摄法是指以外部事物或已有的发明成果为媒介，将它们分成若干要素，对其中的元素进行研究，综合利用激发出的灵感来发明新事物或解决问题的方法。

小贴士

综摄法的精髓是通过识别事物之间的异同，捕捉富有启发性的新思路，产生可行的创造性设想，并最终得出解决问题的方案。

4.5.2　综摄法的基本原理

综摄法的基本原理包括变陌生为熟悉和变熟悉为陌生两个方面。

1）变陌生为熟悉

变陌生为熟悉是指设法将陌生的事物进行分解，尽可能地将其变为以前熟悉的事物。人本质上是保守的，会不自觉地排斥陌生的东西或概念。因此，在遇到一个完全陌生的事物或问题时，可以有意识地将它纳入一个可接受的模式中，与以往所熟悉的事物或问题进行分析、比较，并根据这些结果找出其相似点，从而把陌生变为熟悉，最终达到解决问题的目的。

2）变熟悉为陌生

变熟悉为陌生是指对熟悉的事物运用全新的方式，从新的角度进行观察和研究，将已熟悉的事物变为不熟悉的事物，从而产生新的创造设想。

4.5.3　综摄法的应用

应用综摄法将有助于人们发挥潜在的创造能力。下面以无声捕鼠器的设计为例来讲解综摄法的应用过程。

1）准备阶段

综摄法的准备阶段主要分为以下3个步骤：

（1）确定会议时间和明确人员分工。

（2）确定与会人员的数量。与会人员可以是不同专业的研究人员，但必须具备一定的行业知识。

（3）选择主持人。主持人应熟悉综摄法的相关知识，如两大基本要点和实施要点等。

2）实施步骤

综摄法的实施步骤分为7步，如图4-4所示。

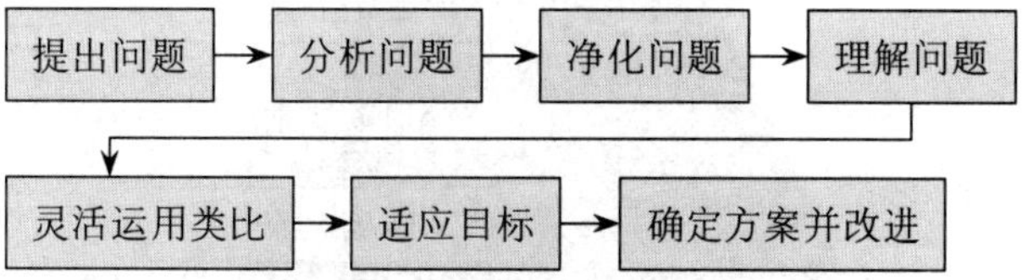

图4-4　综摄法的实施步骤

（1）提出问题：怎样发明无声捕鼠器？

（2）分析问题：为什么动物能无声地捕猎？

（3）净化问题：思考动物无声捕猎的原理。例如，青蛙靠舌头来捕猎，蝙蝠靠声波系统在黑暗中猎食，蜘蛛靠织网来粘住猎物等。

（4）理解问题：通过以上的分析可以发现，利用上述动物的捕猎原理可以发明无声捕鼠器。

（5）灵活运用类比：例如，可以设计入口处有倒刺、老鼠只能进不能出的捕鼠器，或者是用香味引诱老鼠并将老鼠粘住的捕鼠器等。但这些捕鼠器都是能看见的，那么，通过类比能不能发明一种老鼠看不到的捕鼠器呢？

（6）适应目标：把从类比中得到的启示与现实操作结合起来，即由陌生变为熟悉，从而形成一种新颖独特的解决方法。例如，在什么情况下老鼠看不到捕鼠器？可以联想到超声波能够穿透不透明的物体，其被广泛应用于焊接、清洗、碎石、消毒等领域，那么，能不能将超声波运用到捕鼠器上呢？

（7）确定方案并改进：通过以上分析，可以尝试设计一种有香味的超声波捕鼠器。

4.6　形态分析法

形态分析法是典型的组合型创新方法，它是瑞士天文学家弗里茨·兹威基于1942年提出的。形态分析法是指将每一种事物分解为若干个子要素，直到不能再分解要素为止，然后把这些要素进行重新排列、组合，从而产生很多新的功能、方法或装置。

4.6.1　形态分析法的含义

形态分析法以系统分析和综合为基础，用集合理论对研究对象的相关形态要素进行分解排列和重新组合，得出所有可能的总体方案，最后通过评价进行选择。

形态分析法的特点是把研究对象或问题分为一些基本组成部分，然后对某一个基本组成部分进行单独处理，分别提供各种解决问题的方法，最后形成解决整个问题的总方案。

因为是通过不同的组合关系而得到的若干个不同的方案，所以需要通过形态分析法来分析每一个方案的可行性。

4.6.2　形态分析法的操作步骤

形态分析法的操作步骤如图4-5所示。

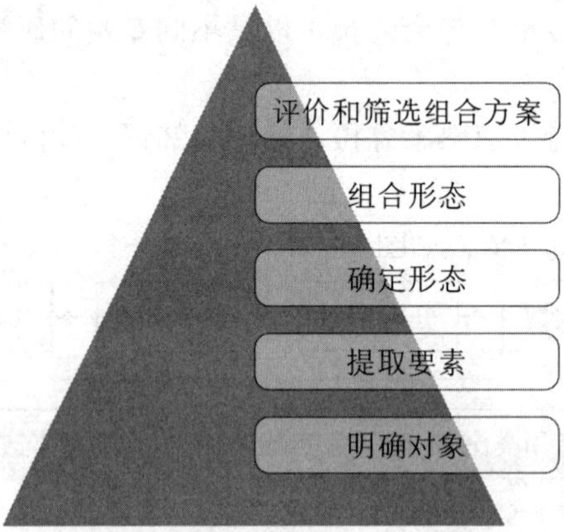

图4-5　形态分析法的操作步骤

（1）明确对象：明确用形态分析法所要解决的问题（如发明、设计等）。

（2）提取要素：将要解决的问题按重要功能等基本组成部分，提取出创造对象的主要组成要素，要尽可能全面，不要遗漏关键要素。

（3）确定形态：列出每一要素可能包括的所有形态。

（4）组合形态：按照对设计对象的总体功能的要求，分别将各要素的不同形态方式进行组合，以获得尽可能多的设计方案。

（5）评价和筛选组合方案：对各个可行的组合方案进行分析、比较，从中选出一个最佳的组合方案。

4.6.3　形态分析法的运用

下面以确定衣服拉链头的装配方案为例，来讲解形态分析法的应用过程。

（1）确定研究对象为拉链头的装配方案。该装配方案中包含了将中圈、拉片、铜马、帽盖准确装入本体中，完成帽盖的冲紧等工序。

（2）提取要素。确定5个基本要素，即帽盖、本体、中圈、铜马、拉片，要素在功能上是相对独立的，如图4-6所示。

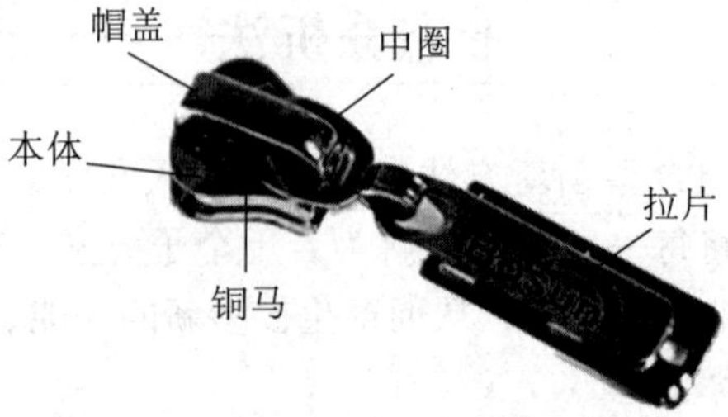

图4-6　拉链头的组成

（3）确定形态。列出各要素的全部形态，经研究分析可知本体有7种可能形态，铜马有7种可能形态，中圈有6种可能形态，拉片有6种可能形态，帽盖有5种可能形态。

（4）组合形态。按照对设计对象的总体功能要求，分别将各要素的不同形态进行组合，以获得尽可能多的设计方案。从理论上来说，可能的方案有8 820种（7×7×6×6×5）。将不同形态进行组合，并考虑装配可能性后，最终得出7种有装配可能性的方案。

（5）方案筛选。在实际设计过程中，不仅需要考虑装配可能性，还需要根据设计的要求对上述7种装配方案进行进一步筛选，最后得出一种最佳装配方案。

上述形态分析法的应用，实质上是经过了先发散再收敛的创造过程。使用该方法可以很快得到拉链头的装配方案。

4.7 本章练习

1）有哪些创新方法？

2）哪种创新方法适用于产品的更新换代？哪种创新方法适用于新产品的设计？

3）综摄法的基本原理是什么？

4）运用奥斯本检核表法对水龙头的改良设计进行分析并提出解决方案。

操作要点：借助联想、发散等思维形式，将每一个设问都看作一个切入点，最后把所有的思考结果收集起来，整合成一个解决方案。具体的分析过程见表4-3。

表4-3 **分析过程**

检核类别	检核内容
能否他用	其他用途：带有LED（发光二极管）装饰灯的水龙头
能否借用	增加功能：智能水龙头
能否改变	改变：水流量和水流形态可以自由调节
能否扩大	增加功能：水龙头可以放音乐
能否缩小	缩小体积：可折叠的水龙头
能否代替	材料替换：用钛合金材料
能否调整	节省空间：将水龙头与毛巾架结合起来
能否颠倒	位置颠倒：有向上和向下两个出水口
能否组合	与其他组合：与饮水机组合

5）应用属性列举法提出折叠雨伞的改进意见。

操作要点：首先把折叠雨伞的属性元素分别按“名词”“形容词”“动词”3类列举出来；然后对这些属性进行整理，并考虑是否有遗漏；最后对各种属性进行分析，设计出一款新的折叠雨伞。折叠雨伞的属性特征列举如下：

（1） 名词属性：伞把、伞架、伞尖、伞面、弹簧、伞套、铝杆、铁架等。

（2） 动词属性：折叠、手举、打开、闭合、握、提、挂、按等。

（3） 形容词属性：圆柱形（伞把）、弯曲的（伞把）、直的（伞架）、硬的（伞架）、不发光的等。

第 5 章

TRIZ理论创新方法

学习目标

- ➢ 了解TRIZ理论的核心思想
- ➢ 掌握TRIZ理论的体系结构
- ➢ 掌握TRIZ理论的体系

素养目标

- ➢ 了解TRIZ理论对个人发展的重要性
- ➢ 激发团队利用创新方法攻关克难

引导案例

TRIZ理论的实际应用

沈一平大学毕业后就在一家科技股份有限公司担任助理工程师的职务，经过4年的打拼和磨炼，他晋升为事业部的总工程师。为了提升工程师的创新能力，公司特意安排沈一平去参加TRIZ理论的培训课程，希望他在系统学习TRIZ理论后，能将该理论在公司上下推广，让每位工程师都能掌握该理论并运用于工作中，以产生更多的创意。

系统地学习TRIZ理论的知识体系和框架之后，沈一平对侦测户外LED屏坏点的方法有了新的想法。过去，公司诊断LED屏幕故障主要是通过“逐点侦测”的驱动芯片来完成的，不仅费用高而且操作很麻烦。针对这个问题，沈一平利用所学的TRIZ理论展开了思考，他跳出“芯片功能”这一原有惯性思维的束缚，另辟蹊径，通过搭建电路检测模块电流值、更换损坏点所在整个模块的方法，寻找出一种成本更低的侦测方法。

在学习和应用TRIZ理论的这几个月里，沈一平的公司已经产生了3项发明专利。公司的高层领导表示，他们将继续使用TRIZ理论来解决工作中的实际问题。

资料来源：作者根据相关资料整理所得。

讨论：

1.沈一平想要改变LED屏幕故障侦测方法的客观原因是什么？他是采用何种创新方法

来解决的呢?

2.TRIZ理论究竟能解决日常生活和工作中的哪些问题?怎么应用TRIZ理论来解决流程问题呢?

5.1 TRIZ理论概述

TRIZ是根里奇·阿奇舒勒(Genrich S.Altshuler)总结创立的一套完整的发明创新理论与方法,是目前世界上较先进、实用的发明创新方法之一。下面将对TRIZ理论的含义、核心思想、体系结构进行讲解。

5.1.1 TRIZ理论的含义

TRIZ理论是一套技术创新理论与方法,也是解决各类工程技术问题的工具。TRIZ理论认为,技术系统一直在不断地更新和发展。从表面上看,TRIZ理论能解决发明过程中出现的实际问题,使系统和元件不断地改进,但实际上,TRIZ理论是通过解决这些问题来实现创新的。TRIZ理论的含义可以从以下两个方面进行理解:

(1)从解决问题的角度看,TRIZ理论主要是对发明过程中遇到的实际问题进行有效的解决。其具体过程为:首先通过抽象化处理将一般问题转换为TRIZ理论所能识别的标准问题,然后再利用TRIZ理论得到标准解,通过具体化分析来确定问题的特解。这是一个向理想解逐步靠近的过程。

(2)从发明的角度看,TRIZ理论主要是指发明应该注重实际问题的解决,从而实现创新,并非为了发明而发明。

TRIZ理论成功地揭示了创造发明的内在规律和原理,着力于理清和强调系统中存在的矛盾,其目标是完全解决矛盾,并获得最终的理想解。TRIZ理论是基于技术的发展演化规律来研究整个设计与开发过程的,不是随机行为。大量的实践证明,运用TRIZ理论可大大加快人们创造发明的进程,并能帮助人们生产出高质量的创新产品。

知识链接:TRIZ是什么?

TRIZ为俄文“发明问题解决理论”的首字母缩写,国内形象地将其翻译为“萃智”或者“萃思”,取其“萃取智慧”或“萃取思考”之义。TRIZ创新方法由发明家根里奇·阿奇舒勒创立,它揭示了创造发明的内在规律与原理,是成熟的、实用的创新方法学。

阿奇舒勒在14岁时就获得了首个专利证书,专利作品是水下呼吸器。15岁的时候,他制作了一条船,船上装有使用碳化物作燃料的喷气发动机。从1946年开始,阿奇舒勒及其团队通过研究全世界逾200万件专利,发现了发明背后的模式,并形成了TRIZ理论的原始基础。基于专利研究与理论验证,阿奇舒勒总结出了丰富的TRIZ理论体系(如图5-1所示)。阿奇舒勒曾说:“你可以等100年得到启发,或者你用TRIZ理论在15分钟内解决问题。”

5.1.2 TRIZ理论的核心思想

TRIZ理论认为,大部分发明创造所包含的基本问题和矛盾是相同的,只是各自所属的技术领域不同而已。因此,可以将已经发明的事物所涉及的相关知识进行提炼和重新组织,形成一种系统化的理论知识,以便指导后来者的发明创造、创新和技术开发等工作,从而提高发明的成功率、缩短发明周期。

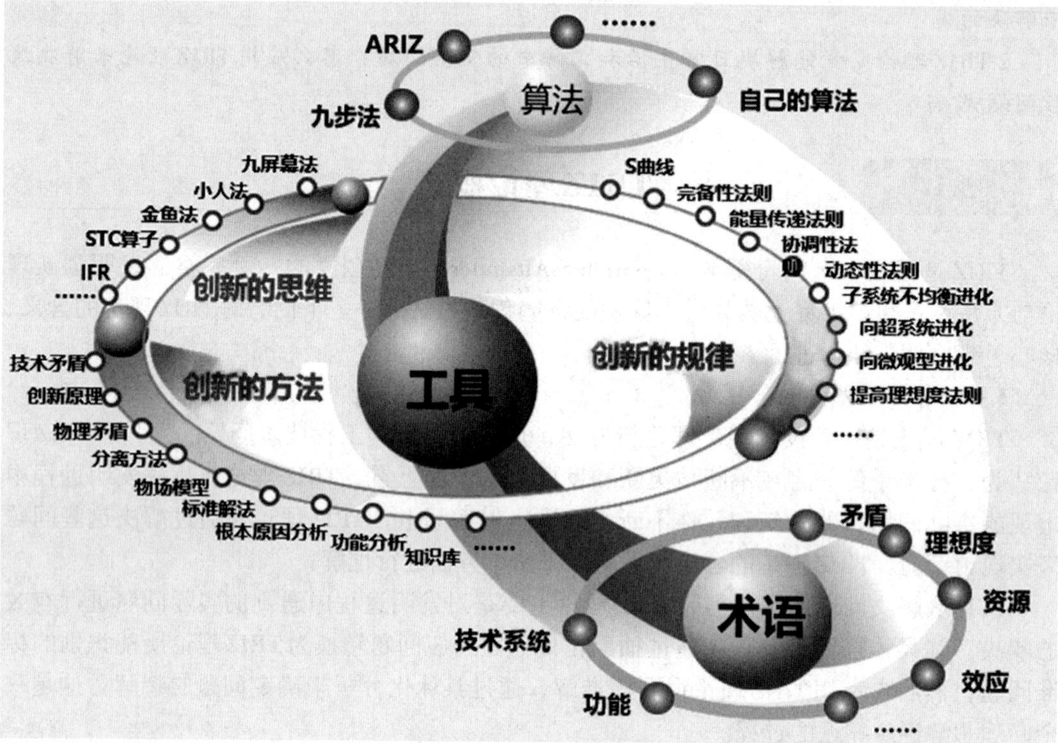

图5-1 TRIZ理论体系

TRIZ理论的核心是技术系统进化原理，即将技术视为生物系统，认为其一直处于进化之中。技术之所以会不断地进步，是因为矛盾不断地被解决，技术进化的过程就是不断解决矛盾的过程。

5.1.3 TRIZ理论的结构

TRIZ理论的结构包括理论基础、问题分析工具、基于知识的问题解决工具和TRIZ理论体系的解题流程4个方面，下面分别进行具体介绍。

1）理论基础

TRIZ理论的基础是技术系统的进化模式，该模式包含了用于工程技术系统进化的基本规律。理解该模式可以帮助人们形成对问题发展轨迹的总体概念、正确判断问题的发展趋势，从而增强人们解决问题的能力。

TRIZ理论认为，任何领域的技术产品都与生物一样，存在产生、生长、成熟、衰老和灭亡的规律。如果掌握这些规律，人们就能能动地进行产品的创新设计、开发，并能预测产品未来的发展趋势。

2）问题分析工具

问题分析工具是TRIZ理论解决问题的一个重要因素，它包括矛盾冲突分析、物质-场分析、ARIZ算法分析以及需求功能分析4个部分。

（1）矛盾冲突分析。

TRIZ理论认为发明问题的核心是矛盾冲突，矛盾又分为物理矛盾和技术矛盾两种。根里奇·阿奇舒勒对物理矛盾的定义是：当一个技术系统的同一工程参数出现了相反需求时，就会出现物理矛盾。例如，如果将炒菜时间缩短一些，食物的营养价值就会更高，但时间太短，食物又难以炒熟，影响口感，这就是同一参数在时间上的矛盾。技术矛盾则是指一个技术系统中两个不同参数之间的矛盾，如很多人都希望汽车速度更快，但速度变快，安全性会随之下降，这就是速度和安全这两个不同参数之间的矛盾。

（2）物质–场分析。

TRIZ理论认为，任何产品的所有功能都可以分解为两种物质和一个场，可以用物质–场分析法来分析产品的功能。

（3）ARIZ算法分析。

ARIZ是俄文“发明问题解决算法”的缩写，该算法采用一套逻辑，逐步将初始问题程序化，将矛盾冲突与理想解进行程序化处理，最终使技术系统向理想解的方向进化。

（4）需求功能分析。

需求功能分析的目的是从完成功能的角度来分析系统、子系统或部件。

3）基于知识的问题解决工具

基于知识的问题解决工具主要有3种，分别为40个发明创新原理、76个标准解和效应知识库。这些工具是在搜集、归纳人类的创新经验和大量的基础知识之上发展起来的。

（1）40个发明创新原理。

TRIZ理论提供的40个发明创新原理，主要用于指导人们找出技术矛盾冲突的解决方案。每一种解决方案都是一个合理的建议，应用该建议可以使系统产生特定的变化，从而消除技术矛盾冲突。

（2）76个标准解。

TRIZ理论的76个标准解主要用于解决技术系统进化模式的标准问题，并建议采用哪一种系统转换来消除存在的问题。通常可以将76个标准解分为以下5类：

① 不改变或仅少量改变已有系统（13个）。

②改变已有系统（23个）。

③ 系统的传递（6个）。

④ 检查与测量（17个）。

⑤简化与改进策略（17个）。

（3）效应知识库。

效应知识库是TRIZ理论中最容易使用的一种工具，效应知识库中集成了化学、几何学和物理学等方面的专利和技术成果。效应知识库中不仅列出了各种效应，还列出了各种效应所使用的专利和专利号。创新者若想实现某个特定功能，可以在效应知识库中选择解决问题的相应方法。例如，创新者若想解决惯性问题，就可以查找效应知识库中的物理效应指南。

小贴士

基于知识的问题解决工具与问题分析工具的不同之处：前者指出了问题解决过程的系统转换方式，而后者主要用于改变问题的描述，即将某个具体问题抽象为TRIZ理论定义范围内的问题。

4）TRIZ理论体系的解题流程

利用TRIZ理论解题的大致流程为：对给定的问题进行深入分析，如果发现系统存在技术矛盾冲突，则可以用TRIZ理论提供的技术矛盾矩阵进行解决；如果所需解决的问题明确，但不知如何着手解决，则可运用物质-场模型和76个标准解进行解决。具体流程如图5-2所示。

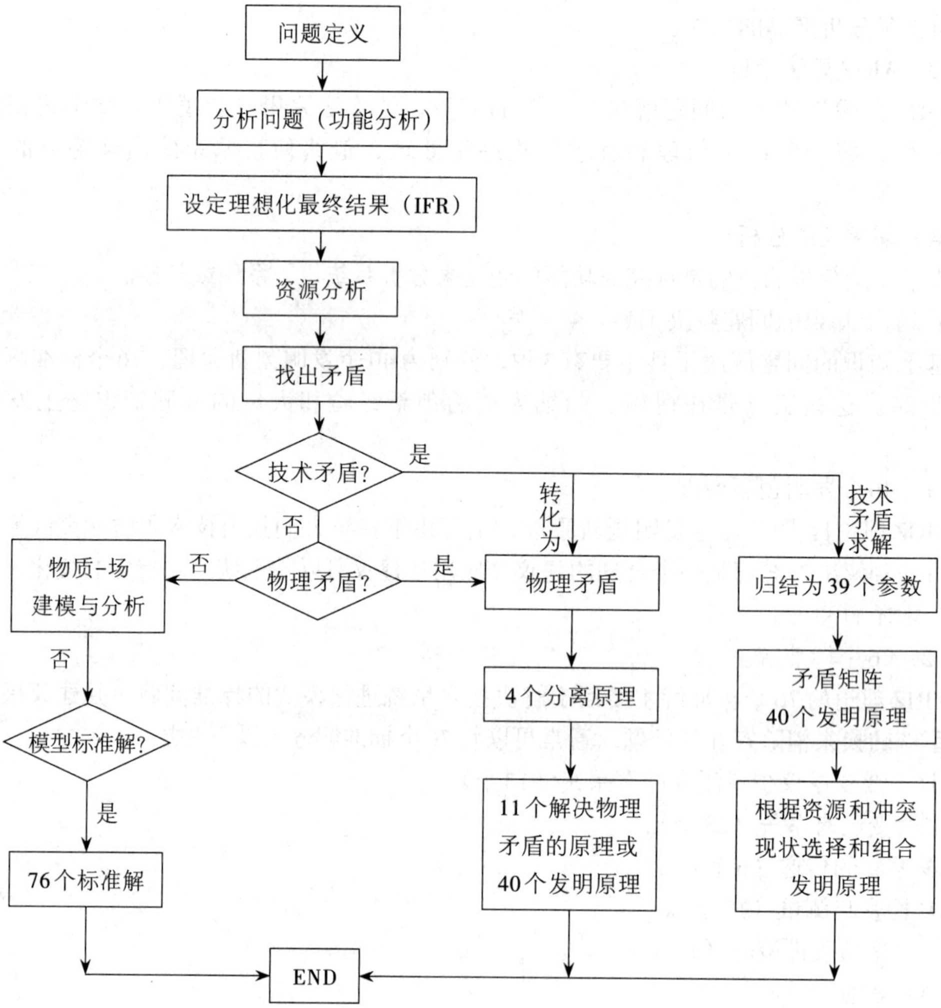

图5-2　TRIZ理论体系的解题流程

解题流程可归纳为以下4个步骤：

（1）识别并定义问题。

（2）经过问题分析，设定理想化最终结果（Ideal Final Result，IFR），并列出技术系统的可用资源。

（3）寻找系统矛盾，根据矛盾的具体类型寻找解决方案。

（4）将TRIZ的解决方案转化为实际问题的解决方案，并对方案进行理想化评价和系统特性评价。若对获得的方案满意，则执行；若不满意，则需要回到最初的分析问题阶段，再次执行整个分析步骤，直到获得满意的方案。

5.2　TRIZ理论的体系

TRIZ理论包含许多系统的、科学的、可操作的创造性思维方法和发明问题的分析方法。自其诞生起，经过半个多世纪的发展，TRIZ理论形成了比较系统、全面的理论体系，主要包含以下7个部分。

5.2.1　技术系统的8大进化法则

技术系统的8大进化法则可以应用于专利布局、开发市场和产生新技术等。技术系统的进化就是不断地用新产品替代老产品，即实现技术系统的内容从低级向高级转变的过程。利用这些进化法则，创新者可以分析确认当前产品的技术状态，并预测其未来的发展趋势，开发出更富有竞争力的新产品。

1）S曲线进化法则

S曲线进化法则是指系统的主要参数或性能在发展时期呈S曲线形变化。一个技术系统一般会经历4个阶段，分别是婴儿期、成长期、成熟期、衰退期，这些阶段组成了产品的技术生命周期，如图5-3所示。因此，S曲线也可以看作产品技术成熟度预测曲线。

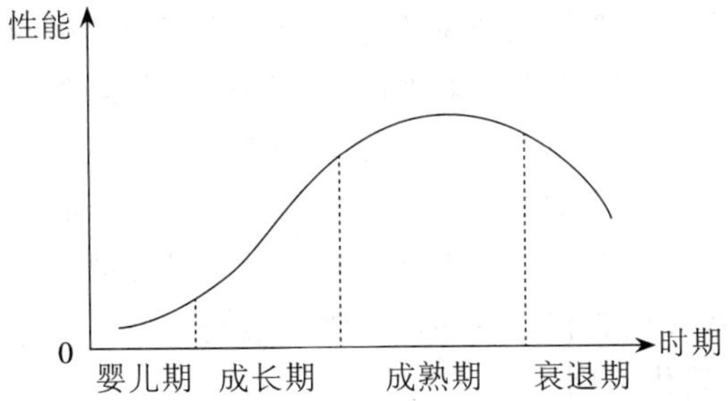

图5-3　S曲线

（1）婴儿期。

创新者发明了新的核心技术，且对应的专利水平很高，但带有新技术的产品的性能处于低水平状态，很多问题还没有解决，并且前期投入很大，市场还未开发出来，导致利润很低，甚至出现亏损。

（2）成长期。

产品开始受到更多的关注，且产品性能也得到了大幅度的提升，经济效益大大改善，但是产品可供创新的空间减少，专利等级开始下降。

（3）成熟期。

产品的经济效益和性能参数继续上升，但上升的速度远不及成长期。

（4）衰退期。

市场接近饱和，经济效益降低，性能参数不再提高。在该阶段若能实现关键技术的突破，则该产品可进入下一轮的发展周期，形成新一轮的S曲线。

2）提高理想度法则

一个系统必然会同时存在有害功能和有用功能，理想度则指的是有用功能和有害功能的比值。任何一个系统在进行改进的过程中，都是沿着提高其理想度的方向进化的。提高理想度法则是所有技术系统进化法则的最终方向。

要想提高理想度，可以从以下4个方面进行考虑：

（1）增加系统的功能。

（2）利用内部或外部已存在的可利用资源。

（3）传输尽可能多的功能到工作元件上。

（4）将一些系统功能转移到超系统或外部环境中。

阅读材料： 广角眼镜

通常情况下，人眼只能看到180°范围内的物体，因此，很多情况下如果斜后方存在潜在危险，人是无法及时做出反应的。如何在基本不改变眼镜传统结构的前提下，扩大人眼视线的角度范围呢？针对该问题，耐克公司的设计师设计出一款新型眼镜。他在普通眼镜的两侧增加了菲涅尔透镜，从而将人眼两侧的视角各扩大了25°。新型眼镜可以帮助人们扩展视角，及时发现斜后方潜在的危险，从而提高出行的安全系数。

点评：

上述案例就是利用外部已存在的可利用资源（菲涅尔透镜）来改进产品，使其接近最终理想度。

3）子系统的不均衡进化法则

任何技术系统所包含的各个子系统都不是同步、均衡地进化的。每个子系统都是沿着自身的S曲线，并根据自身的时间进度来进化的。因此，若某个子系统的发展速度或性能提升速度慢于其他系统，就会造成技术系统的整体功能在属性、参数方面的差异与矛盾，从而影响功能的实现。因此，技术系统的进化程度往往取决于最不理想的子系统。

例如，在飞机的设计进程中，曾经出现过专注于飞机发动机，而轻视空气动力学的制约影响的问题，最终导致飞机的整体性能提升比较缓慢。

4）动态性和可控性进化法则

动态性和可控性进化法则是指增加系统的动态性，以更大的柔性和可移动性来实现某些功能。增加系统动态性的前提是增加其可控性。

增加系统动态性和可控性的方式有以下4种：

（1）向移动性增强的方向进化。

该方式的技术进化过程为：固定的系统→可移动的系统→随意移动的系统。例如，电话的进化过程为：固定电话→子母机→手机。

（2）增加自由度。

该方式的技术进化过程为：元动态的系统→结构上的系统可变性→微观级别的系统可变性。例如，门锁的进化过程为：挂锁→链条锁→密码锁→指纹锁。

（3）增加可控性。

该方式的技术进化过程为：无控制的系统→直接控制→间接控制→反馈控制→自我调节控制。例如，人们为增加城市街灯的可控制性，使其经历了以下进化过程：专人开关→定时控制→感光控制→光度分级调节控制。

（4）改变稳定度。

该方式的技术进化过程为：静态固定的系统→有一个固定状态的系统→动态固定系统→多变系统。

5）增加集成度再进行简化法则

增加集成度再进行简化法则是指技术系统趋向于首先向集成度增加的方向靠近，然后再进行简化。例如，先集成系统功能的数量和质量，然后再用更简单的系统提供相同或更好的性能。

6）子系统协调性进化法则

技术系统的各个元件之间要均衡协调、彼此配合，才能充分发挥各自的功能。这种协调主要包括以下3个方面：

（1）参数协调，即技术参数要协调平衡。例如，一艘船在大海中行驶时，若前后两侧或左右两侧的重量分布不均、重力参数不一致，就很可能倾覆。

（2）形状结构协调，即各个子系统之间应该保持相同、类似或兼容的形状。例如，鞋子要与穿着者的脚兼容，或者衣服要与穿着者的身材相协调等。

（3）材料协调，指组成产品的各个子系统之间的材料要相互协调。这些材料可以具有相同属性，也可以具有不同属性，但一定要相互协调，这样产品功能才能得以实现。例如，飞机机身各部分的材质属性相同且相互协调。

7）向微观级进化和场的应用法则

技术系统趋向于从宏观系统向微观系统进化。在进化过程中，技术系统使用不同的能量场来获得更佳的性能或控制性，进化路径主要有以下4种：

（1）向微观级进化的路径。

（2）进化到高效场的路径。

（3）增加场效率的路径。

（4）分割的路径。

8）减少人工介入的进化法则

系统的发展能实现智能化，即使用机器来完成机械、重复的操作，以解放人们去完成更具有创造性的工作。减少人工介入的技术进化阶段为：包含人工动作的系统→替代人工动作但仍保留人工动作的方法→用机器动作完全代替人工动作。

技术系统的8大进化法则是TRIZ理论中解决发明问题的重要指导原则，掌握好这些进化法则可以有效提高解决问题的效率。

小贴士

技术系统的进化不是随机的，而是遵循一定的客观规律。就像生物系统的进化过程一样，技术系统也面临自然选择、优胜劣汰。因此，任何一种产品的工艺和技术都在随着时间的推移向更高级的方向发展和进化。

5.2.2　物理矛盾

物理矛盾是指为了实现某种功能，一个元件或子系统应具有某种特性，但是该特性出现的同时又会产生与之相反的不利或有害后果。

例如，为了便于加速并降低加速时的油耗，汽车底盘应越轻越好，但为了保证行车安全，汽车底盘又应该越重越好。这种要求底盘同时具有大重量和小重量的情况，对汽车底盘的设计来说就是一组物理矛盾，解决该矛盾是汽车底盘设计的关键。

实际上，物理矛盾在产品设计中是十分常见的，常见的物理矛盾见表5-1。

表5-1 常见物理矛盾汇总

类别	物理矛盾
几何类	长与短、对称与非对称、平行与交叉、宽与窄、水平与垂直、厚与薄
功能类	运动与静止、推与拉、软与硬、冷与热、快与慢
能量类	黏度的高与低、时间的长与短、摩擦系数的大与小、功率的高与低
材料类	密度的大与小、数量的多与少、导热率的高与低、温度的高与低

5.2.3 分离原理及其应用

针对系统或者子系统中存在的物理矛盾，根里奇·阿奇舒勒等人提出了11种矛盾分离方法。这些方法可以概括为空间分离、时间分离、条件分离、整体与部分分离原理，下面对这4种分离原理进行详细讲解，并介绍如何利用分离原理来解决物理矛盾。

1）空间分离

空间分离是指将矛盾双方在不同的空间中进行分离。以下3种情况都属于空间分离的应用：

（1）在进行海底测量时，将声呐探测器与船体进行空间分离，用电缆拉着声呐探测器，使其与船相隔数千米，这样声呐探测器在工作时就可以与船互不干扰，从而提高测试精度。

（2）利用空间分离的原理，在快车道的上方建立人行天桥，这样车辆和行人就各行其道、互不干扰。

（3）施工人员用混凝土桩打桩时，会希望桩头更锋利，这样能使桩更易打入地下，但是当桩到达一定位置后，锋利的桩头又很难承受较重的负荷。此时施工人员可以运用空间分离的原理，在桩尖位置预装炸药，在桩打好后引爆炸药，将桩尖炸掉。

2）时间分离

时间分离是指将矛盾双方在不同的时间段上分离，以降低解决问题的难度。例如，下雨时人们会希望雨伞越大越好，这样才能更好地为自己挡雨，但雨伞太大又会占用过多的空间。因此，利用时间分离原理设计出可折叠的雨伞，这样雨伞在下雨时可以撑开，在存放时又能少占用空间。

3）条件分离

条件分离是指将矛盾双方在不同的条件下进行分离，以降低解决问题的难度。例如，水管要使用刚性的材料，避免其因水的重量而变形，但水管又应该软一些，否则在冬天易被冻裂。要想两个条件都满足且不冲突，设计人员应当选择弹塑性好的复合材料，使水管既可以承受水的重量而不变形，又难以被冻裂。

4）整体与部分分离

整体与部分分离是指将矛盾双方在不同的系统级别上进行分离。例如，子母机电话是将电线与主机连在一起，然后子机采用无线的方式来代替有线连接，即用电磁场来代替原来的机械场，从而实现子机与母机的分离状态，也就是运用了整体与部分分离的原理。

5）利用分离原理解决物理矛盾

解决物理矛盾可以根据参数特性的要求选择合适的分离原理，并制订解决方案。解决物理矛盾的过程可以分为以下5个步骤：

（1）确定参数。

根据问题定义物理矛盾，分析造成该问题的根本原因及其逻辑链，并确定关键参数。

（2）列出要求。

结合矛盾与参数，列出对参数的不同要求。

关键参数：

要求1：

要求2：

（3）选择分离原理。

将矛盾双方按照一定的标准分离开来，再进行分析描述，以降低解决问题的难度。例如，要应用空间分离原理，就要对在什么空间上需要满足什么条件进行确认，可以做出如下分析。

若想实现系统的理想状态，这个参数的不同要求应该分别在什么空间内得以实现？

空间1：

空间2：

（4）判断参数。

判断上一步骤中得出的空间是否存在交叉现象。如果不存在交叉，则可以应用空间分离原理，否则考虑应用其他分离原理。

（5）确认解决方案。

结合该分离原理对应的发明措施给出具体的解决方案。

5.2.4　技术矛盾及解决原理

技术矛盾是指系统中两个及以上的参数之间的冲突造成的矛盾，该系统在其中一个参数得到改善的同时，其他参数会受到不利影响。

例如，书包体积越大，容量就越大，当其装满书之后就会因太重而给学生的身体造成不利影响；但若书包体积太小，则容量不足，无法满足学生的需求。因此，重量和容量两个参数之间的矛盾就是一组技术矛盾。

1）39个通用技术参数

技术矛盾实际上就是技术参数之间的冲突，为了解决这一冲突，根里奇·阿奇舒勒共研究总结出了39个通用技术参数。借助这些参数，创新者可以将造成矛盾的两种性能参数用39个通用技术参数来表示，从而将遇到的问题转换为标准的TRIZ 39个通用技术参数的含义问题，然后根据TRIZ理论中的发明原理得出最终的解决方案。39个通用技术参数见表5-2。

表5-2　**39个通用技术参数**

序号	名称	序号	名称
1	运动物体的重量	21	功率
2	静止物体的重量	22	能量损失
3	运动物体的长度	23	物质损失

续表

序号	名称	序号	名称
4	静止物体的长度	24	信息损失
5	运动物体的面积	25	时间损失
6	静止物体的面积	26	物质或事物的数量
7	运动物体的体积	27	可靠性
8	静止物体的体积	28	测试精度
9	速度	29	制造精度
10	力	30	外界作用在物体上的有害因素
11	应力或压力	31	物体产生的有害因素
12	形状	32	可制造性
13	结构的稳定性	33	可操作性
14	强度	34	可维修性
15	运动物体作用时间	35	适应性及多用性
16	静止物体作用时间	36	装置的复杂性
17	温度	37	监控与测试的困难程度
18	光照度	38	自动化程度
19	运动物体的能量	39	生产率
20	静止物体的能量		

2）40个发明原理

将技术矛盾转化为标准的TRIZ问题后，如何来解决这些矛盾呢？根里奇·阿奇舒勒在对全世界的专利进行分析研究的基础上提炼出了TRIZ理论中非常重要且具有普遍用途的40个发明原理，见表5-3。

表5-3　**40个发明原理表**

序号	原理名称	序号	原理名称	序号	原理名称
1	分割	15	动态化	29	气动与液压结构
2	抽取	16	不足或超额行动	30	柔性壳体或薄膜
3	局部质量	17	维数变化	31	多孔材料
4	不对称	18	振动	32	改变颜色
5	组合	19	周期性动作	33	同质性

续表

序号	原理名称	序号	原理名称	序号	原理名称
6	多用性	20	有效运动的连续性	34	抛弃与修复
7	嵌套	21	紧急行动	35	参数变化
8	重量补偿	22	变害为利	36	相变
9	预先反作用	23	反馈	37	热膨胀
10	预先作用	24	中介物	38	加速强氧化
11	预先应急措施	25	自服务	39	惰性环境
12	等势性	26	复制	40	复合材料
13	逆向思维	27	廉价替代品		
14	曲面化	28	机械系统的替代		

下面将简单介绍一些生活中经常应用到的原理。

（1）分割原理。

分割原理是指将物体分成相互独立的几个部分，或者是将物体分成容易组装和可拆卸的部分。例如，将整体床改进为可折叠床。

（2）抽取原理。

抽取原理是指仅从系统中抽出必要的部分和功能，或者是从系统中抽出可产生负面影响的部分或者属性。例如，炒菜时将不容易熟的部分拿出来单独处理。

（3）局部质量原理。

局部质量原理是指将物体、环境或外部作用的均匀结构变为不均匀的结构，或者是让物体的不同部分具有不同的功能。例如，在材料表面进行涂层、热处理、自清洁等，以改善其功能。

（4）不对称原理。

不对称原理是指将物体的对称形式转为不对称形式。如果物体不是对称的，则加强它的不对称程度，如为防撞汽车轮胎设计一个高强度的侧缘，以抵抗人行道路缘石的碰撞。

（5）组合原理。

组合原理是指把相同的物体或完成类似操作的物体组合起来。例如，将水和熨斗合并为喷水熨斗，将冷热水龙头合并为一个水龙头。

（6）多用性原理。

多用性原理是指使一个物体具备多项功能，如多功能刀和可视频电话。

（7）嵌套原理。

嵌套原理是指使一个物体穿过另一个物体的空腔，即让一个物体位于另一个物体之内，而后者又位于第3个物体之内，以此类推，如折叠伞和行李箱的拉杆。

（8）重量补偿原理。

重量补偿原理是指将物体与具有升力的另一物体结合以抵消其重量，或者将物体与介质相互作用以抵消其重量，如救生圈、氢气球。

（9）预先反作用原理。

预先反作用原理是指预先给物体施加反作用，以补偿过量的或不需要的压力。例如，给汽车安装减震器以及在工程领域中应用预应力结构等。

（10）预先作用原理。

预先作用原理是指在需要有某些流程或动作的时候能够提前预知相关的操作，如水热后会响的电炉和会跳闸的电饭煲。

3）矛盾矩阵

1976年，根里奇·阿奇舒勒将39个通用技术参数与40个发明原理有机地联系在一起，建立起对应关系，整理成的39×39矩阵，即矛盾矩阵。表5-4即为部分矛盾矩阵，该矩阵的行代表参数恶化的一方，列代表参数改善的一方。

表5-4　**部分矛盾矩阵**

改善的技术特征/恶化的技术特征	运动物体的重量	静止物体的重量	运动物体的长度	静止物体的长度	运动物体的面积	静止物体的面积	运动物体的体积
运动物体的重量	+		15，8，29，34		29，17，38，34		29，2，40，28
静止物体的重量		+		10，1，29，35		35，30，13，2	
运动物体的长度	8，15，29，34		+		15，17，4		7，17，4，35
静止物体的长度		35，28，40，29		+		17，710，40	
运动物体的面积	2，17，29，4		14，15，18，4		+		7，14，17，4
静止物体的面积		30，2，14，18		26，7，9，39		+	
运动物体的体积	2，26，29，40		1，7，4，35		1，7，4，17		+

创新者可以根据系统中产生矛盾的两个通用技术参数，从矛盾矩阵表中直接查找出化解矛盾的发明原理，并使用这些原理来解决问题。

假设想要改善的参数是“运动物体的重量”，想要削弱的参数是“运动物体的长度”，那么先要在表5-4中找到这两个参数的对应序号，然后再沿着这两个参数所在的列延伸，其相交的单元格就是相应解决方案的矩阵方格，里面的数字“15，8，29，34”就是解决此矛盾可运用的发明原理序号。

由表5-4可知，数字8代表重量补偿原理，数字15代表动态化原理，数字29代表气动与液压结构原理，数字34代表抛弃与修复原理。运用这4个原理，结合专业知识，并利用创造性思维就可以找到解决问题的方案。

小贴士

表5-4中的数字表示发明原理的序号，通过这些序号就可以解决对应的技术矛盾。图中显示“+”的方格，表示改善的技术与恶化的技术之间为空集；若方格中显示为“-”或方格为空格，则表示没有找到合适的发明原理来解决该技术矛盾。当然这只是代表目前研究的局限，并不代表以后不能够找到可以应用的发明原理。

4）解决技术矛盾

在学习了39个通用技术参数、40个发明原理和矛盾矩阵之后，下面将利用这些知识来解决实际问题。使用TRIZ理论解决技术矛盾时，其过程可以分为以下5个步骤，如图5-4所示。

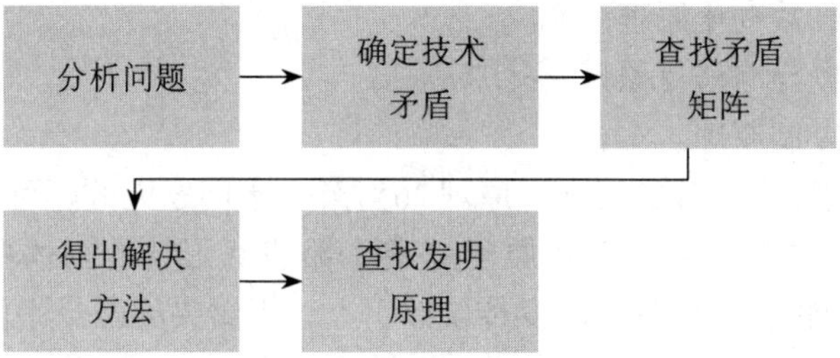

图5-4　解决技术矛盾的步骤

（1）分析问题，明确可能存在的技术矛盾。

（2）针对具体问题确认一个或几个技术矛盾，并且将矛盾双方转化为技术领域的相关术语，然后在39个通用技术参数（见表5-2）中选定相应的参数。

（3）查找矛盾矩阵，得到矛盾矩阵中所推荐的发明原理序号。

（4）按照序号从40个发明原理（见表5-3）中进行查找，得到发明原理的名称，并对应查找其详解内容。

（5）将所推荐的发明原理逐个应用到具体的问题上，探讨每个原理在具体问题上如何应用和实现，得出解决方法。

如果通过前面5步操作都没有找到合适的解决方法，那么就需要重新定义技术参数和矛盾，再次应用和查找矛盾矩阵，然后筛选出最理想的解决方法。

下面将使用TRIZ理论来改进开口扳手，具体操作步骤如下：

（1）当人们使用开口扳手拧六角螺栓时，如图5-5所示，六角螺栓的棱边容易变形并易造成扳手打滑，因此，要改变扳手棱边的形状，避免其打滑，让扳手开口和六角螺栓的间隙尽可能小。

（2）第1个参数是物体产生的有害因素变小，即不会压坏螺栓的棱边，将39个通用技术参数中的“31——物体产生的有害因素”作为改善的参数。第2个参数是制造精度，即扳手开口与螺栓头之间要实现无间隙，将39个通用技术参数中的“29——制造精度”作为恶化的参数。

（3）根据矛盾矩阵查找参数31和参数29对应的方格，得到方格中推荐的发明原理序号，分别为“4，17，34，26”，这4个发明原理依次如下：

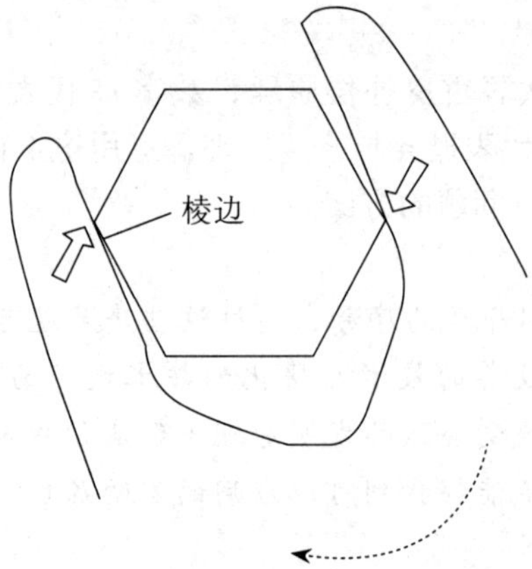

图5-5　使用开口扳手拧六角螺栓

① 原理4——不对称性原理。

② 原理17——维数变化原理。

③ 原理34——抛弃与修复原理。

④ 原理26——复制原理。

(4) 经过对发明原理的分析可知，原理26对解决本问题无效，可以运用原理4将扳手的开口设计成不对称结构。同时利用原理17将一维直线形状的物体变换为二维平面结构或者三维空间结构的物体，也就是改变传统扳手上、下钳夹的两个平面的形状，使其成为曲面。原理34是建议去除或改造扳手上没有作用的零部件，如去除在扳手工作过程中对螺母有损害的零部件。

综上所述，改进扳手的解决方案是将传统扳手上、下钳夹的两个平面变为曲面，增大扳手与螺栓头的接触面积，从而解决开口扳手存在的问题。

5.2.5　物质-场模型

物质-场模型是TRIZ理论中十分重要的分析工具，它是用来分析、解决与现存的系统或技术有关的模型类问题的工具。

根里奇·阿奇舒勒认为每个技术系统都可由许多功能不同的子系统组成，而每个子系统又可以再进一步细分，直至分子、原子、质子以及电子等微观层次。无论是大系统、子系统，还是微观层次，都具有各自独特的功能属性。技术系统通常可以细分为两种物质和一种场，即物质-场模型，如图5-6所示。

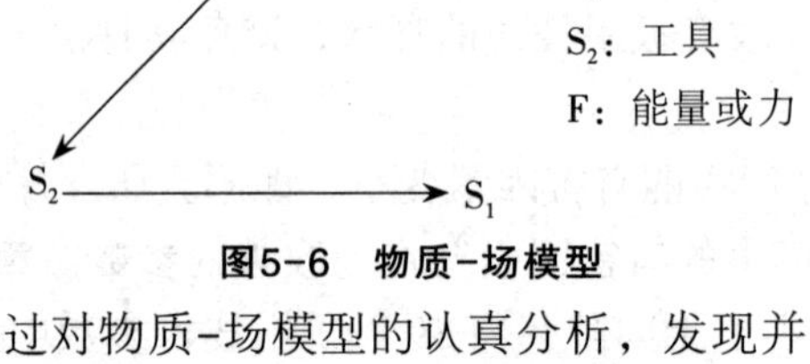

图5-6　物质-场模型

根里奇·阿奇舒勒通过对物质-场模型的认真分析，发现并总结了物质-场模型的3条定律：

①所有功能都可分解为3个基本元件，即物质S_1、物质S_2和一个场F。

②将相互作用的3个基本元件进行有机组合，可以形成一个功能。

③一个完整的功能必须由这3个基本元件组成。

其中，场F通过物质S_2作用于物质S_1，并改变S_1和S_2。S_1是一种需要改变、加工、发现、控制、位移、实现等的“目标”；S_2是实现必要作用的“工具”；场F是产生作用物的一种能量或力，用来实现两个物质间的相互作用和影响。箭头指向S_1表示S_2作用于S_1，并形成了一个场。

例如，工人在粉刷墙壁时，油漆对墙面产生作用，由此形成一个有效的化学场，其物质-场模型如图5-7所示。

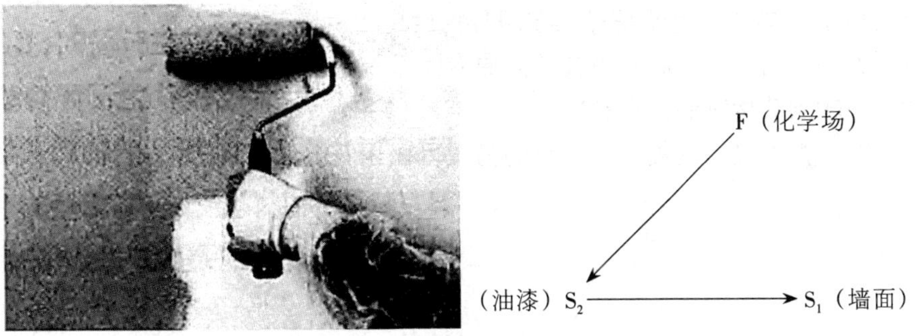

图5-7　工人刷墙的物质-场模型

1）物质-场模型的模式

用物质-场模型进行产品设计时，设计者会发现有些模型并不完整，或者属于有害模型，这都是正常现象。下面将介绍4种常见的物质-场模型模式。

（1）有效完整的系统模式。

有效完整的系统模式是一种理想状态，即组成系统模型的3个元件都存在，并且都有效，该模式能实现设计者所追求的效应。

例如，用手拿水杯可以防止水杯掉落到地上，这样建立的物质-场模型就是完整的，因为水杯与手指之间产生了相互作用的机械力，所以可以实现拿水杯的功能，如图5-8所示。

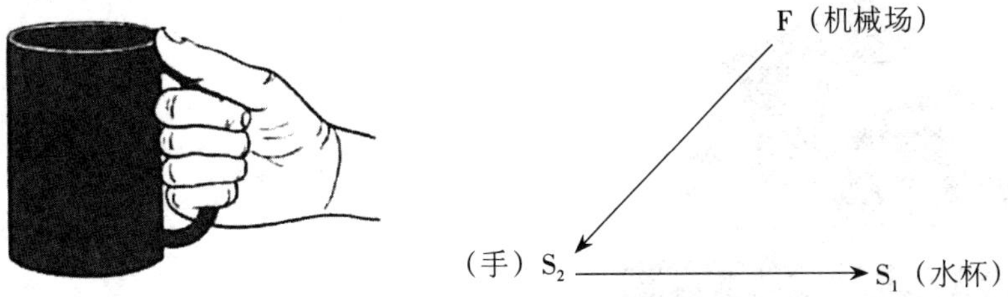

图5-8　手拿水杯的物质-场模型

（2）不完整的系统模式。

不完整的系统模式表示组成物质-场模型的3个元件有所缺失，可能是缺少物质，也可能是缺少场，此时就需要增加系统的元件来实现有效完整的系统功能。

例如，吸尘器与地板这两种物体是无法直接产生作用的，还缺乏必要的机械场，其物质-场模型如图5-9所示。

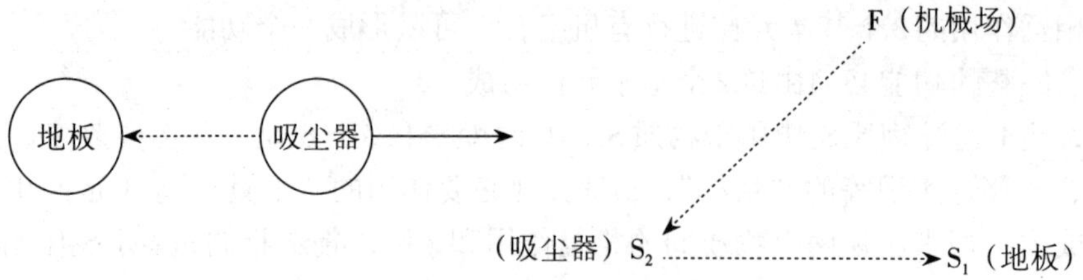

图5-9　吸尘器与地板的物质-场模型

（3）非有效完整的系统模式。

非有效完整的系统模式指该模式中的3个元件都齐全，但是设计者追求的效应未能实现或者只实现了一部分。也就是说，在两种物质S_1和S_2都存在的前提下，场F的作用力不足，没有达到预期的目标，此时就需要对原有的系统进行改进。

例如，一辆满载货物的火车在行驶时，若只有一个火车头在拉动车厢，爬坡时就会比较费力，显得动力不足。这类效应不足的情况可以用图5-10所示的物质-场模型来表示。

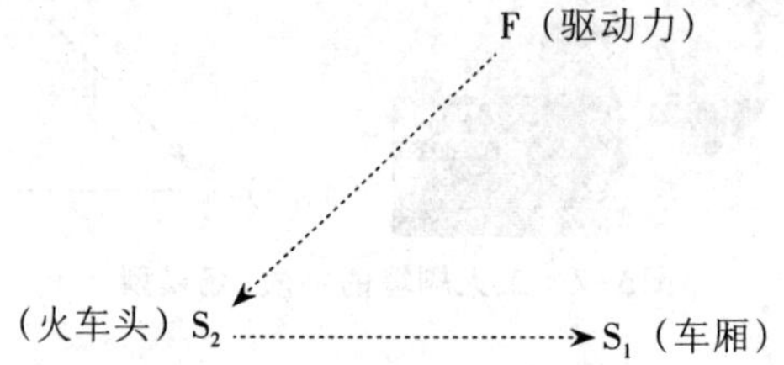

图5-10　非有效完整的系统模式

（4）有害完整的系统模式。

有害完整的系统模式是指该模式中的3个元件都齐全，但是会产生与设计者所追求的效应相冲突的有害效应。

例如，当地球内部运动积蓄的能量对地壳的压力超过岩层所能承受的压力限度时，岩层便会突然发生断裂或错位，其能量以地震波的形式向四周传播，就形成了地震。地震释放出来的能量会对地面的建筑造成毁灭性的损害，这就是一种有害效应，其物质-场模型如图5-11所示。

图5-11　地震造成房屋倒塌的物质-场模型

小贴士

物质-场模型是一种用图形表达问题的符号语言，通过不同的符号语言可以描述任意技术系统中不同元件之间所产生的期望的、不足的、有害的和不需要的各种相互作用。

物质-场模型中不同符号的含义见表5-5。

表5-5　**物质-场模型中不同符号的含义**

符号	含义
带箭头的直线（———→）	表示期望的作用或效应
带箭头的虚线（·········→）	表示不足的作用或效应
带箭头的螺旋线（∧∧∧∧∧→）	表示有害的作用或效应
带箭头的粗直线（━━━→）	表示改变了的模型

2）物质-场模型的组建规则

物质-场模型的组建规则主要有以下5条：

（1）非物质-场系统（只包含一个元件）或者是非完整物质-场系统（只包含两个元件）应该建立完整的物质-场系统。

例如，抛锚的汽车停在马路上，前来救援的拖拽车要利用机械力将其拖走。但拖拽车不能直接将机械场的作用充分传递给抛锚汽车，使得物质-场模型不能运转起来。此时就需要在该模型中加入钢索将两车拴在一起，实现机械场的传递，增强其可控性，从而达到让系统运转的目的，如图5-12所示。

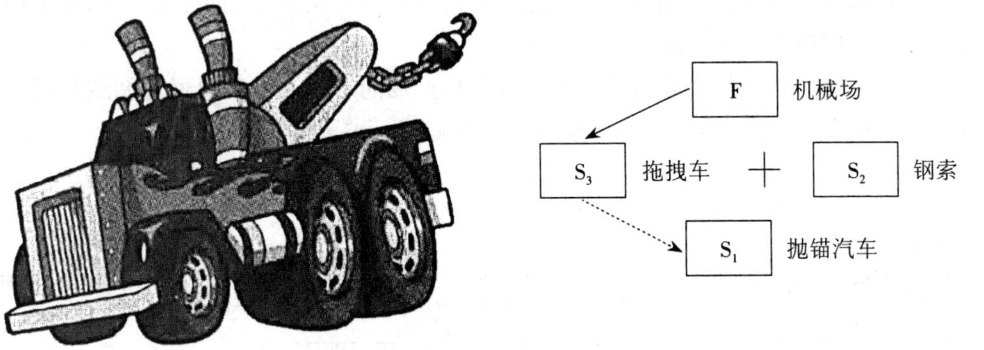

图5-12　增加新物质的物质-场模型

（2）把易受控的、具有所需特性的补充物引入系统中，从而形成复合的物质-场模型。

例如，当汽车行驶在冰雪路面上时，由于雪的覆盖导致路面的摩擦系数降低，汽车轮胎就容易打滑。此时，人们可以在轮胎上增加铁链，利用铁链与地面的摩擦作用增加前进的阻力，从而达到降低汽车轮胎打滑风险的目的。用物质-场的知识来分析，其模型结构如图5-13所示。

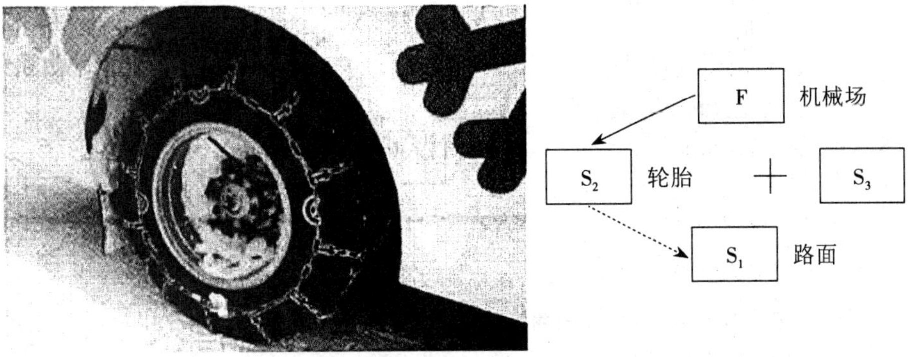

图5-13　增加场强化有用效应的物质-场模型

（3）如果当前系统不允许引入其他物质，那么可以通过引入外部环境中的现有物质，并在外部环境中形成物质-场来解决问题。

例如，人们在使用计算机时，电磁波对人体健康会产生不利影响，使当前系统成为有害系统。此时，模型组建者就要引入现有物质——防辐射服，来抵挡人体所受到的伤害，从而让人从有害系统中脱离出来。用物质-场的知识来分析，其模型结构如图5-14所示。

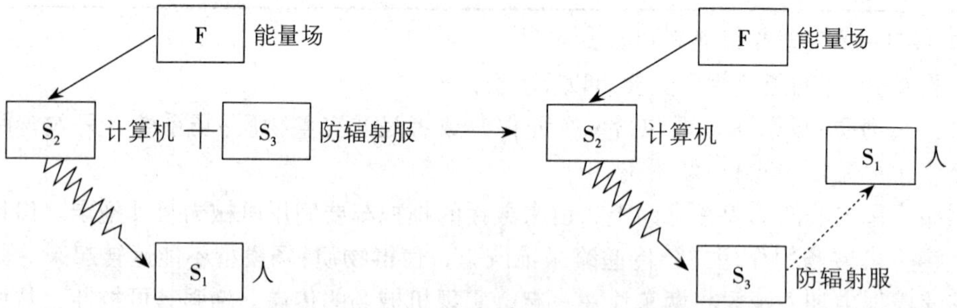

图5-14 引入现有物质的物质-场模型

（4）如果系统只需要最小的作用状态，但是现有条件又无法满足，则可以先采用大的作用状态，然后再将多余的部分去掉。

例如，在制作陶瓷时会做出一个略大于目标产物的毛坯，然后再通过精细加工来得到目标产物。整个制作过程的物质-场模型如图5-15所示。

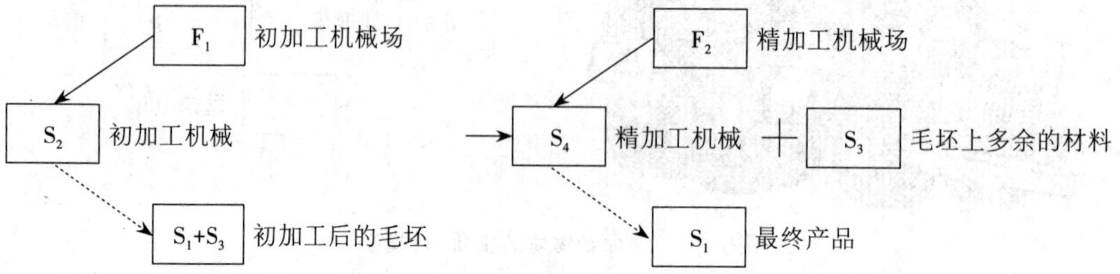

图5-15 先用大的作用状态再去掉多余部分的物质-场模型

（5）如果系统需要达到某种物质的最大作用状态，而条件又不允许，那么可以将此作用状态作用于与之有关联的另一个物质上。

例如，汽车发动机失灵后，就无法将汽油的化学能转化为前进的动能，此时可以将汽油放入拖拽车的发动机内，使拖拽车运动从而带动汽车前进。用物质-场的知识来分析，其模型结构如图5-16所示。

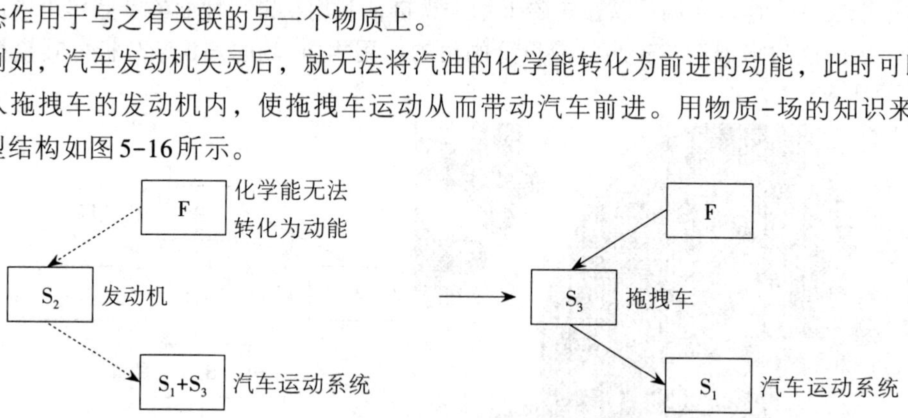

图5-16 引入另一个新物质来替代原有物质的物质-场模型

小贴士

有时更换物质S_2后，物质与物质之间产生作用的场也会随之发生变化。例如，超声波（S_2）震碎人体结石（S_1）的场属于振动场（F），将超声波碎石机（S_2）改成能调整振动频率的超声波碎石机（S_3）后，它的场就变成了共振场（F_2）。

3）用物质–场模型的标准解决问题的步骤

根里奇·阿奇舒勒在对大量的物质–场模型进行分析之后，归纳出关于物质–场模型的76个标准解。用标准解来解决问题的过程可分为以下4个步骤，如图5–17所示。

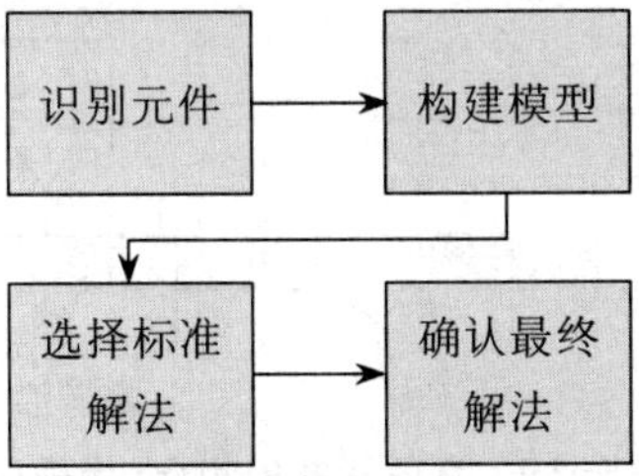

图5–17　用物质–场模型标准解决问题的步骤

（1）识别元件。

首先要明确问题需要达到的预设功能，再根据具体的问题和环境来确定问题的3个组成元件。

（2）构建模型。

根据3个元件构建物质–场模型，分析构成模型的各个元件之间的作用关系。

（3）选择标准解法。

从76个标准解中选择合适的解作为解决方案。

（4）确认最终解法。

将标准解法与实际情况结合起来进行分析，确定问题的具体解法。

某工厂欲对自己生产的自行车进行改进，使之更轻便。下面将利用物质–场模型对自行车的执行系统的改进方法进行分析，主要分为以下4个步骤：

（1）识别造成问题的元件。

自行车的执行系统主要由车轮、车轴和车链3部分组成，由此可知，物质为车轮（S_1）、车轴（S_2），场为车链转动带来的机械场（F）。

（2）构建物质–场模型。

根据给出的3个元件构建图5–18所示的物质–场模型。由该模型可知，系统不缺少元件，但每个元件的作用状态都没有达到最佳。

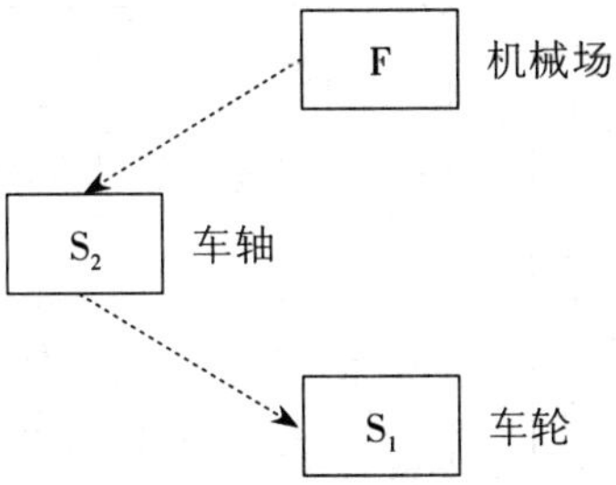

图5–18　非有效完整的物质–场模型

（3）选择标准解法。

该物质-场模型是非有效完整的模型，根据76个标准解中的第5类标准解，可发现有“引入物质”的解。因此，可以通过在传动装置和车轮与车轴之间引入润滑油这一新物质来减少其摩擦损耗，从而实现提高自行车轻便度的目的，其物质-场模型如图5-19所示。

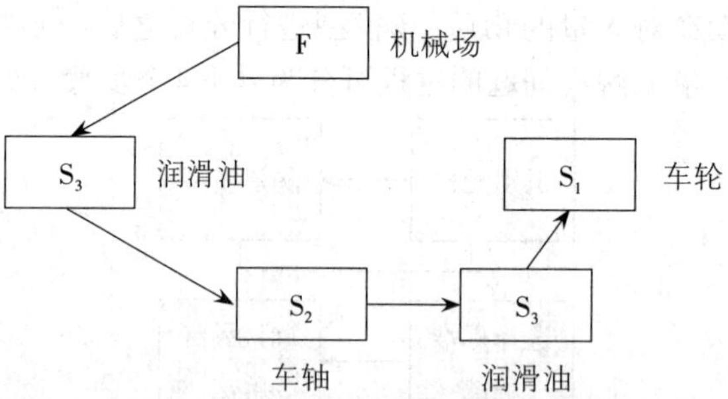

图5-19　有效完整的物质-场模型

（4）确认最终解法。

在实际应用该模型时，工厂设计师可以选用不同的润滑油来实现提高系统性能的目的。在选择时应综合考虑润滑效果、价格、耐久性以及添加难易程度等因素；同时还可以运用76个标准解中的第3类标准解，即“传递到双系统和多系统”的解，将运动系统的单系统变为运动系统和传递调档系统的双系统，从而达到改善自行车行驶状况的目的。

对于每一种方案，工厂设计师都要思考其效果和可行性，在进行综合比较后选择最佳方案。

5.2.6 ARIZ

ARIZ可译为发明问题解决算法，是TRIZ理论中的一个十分有效的分析和解决问题的方法。它主要用于解决物理矛盾，以及解决复杂的、困难的和模糊的发明问题。

ARIZ具有易操作性、实用性、系统性等特性。对于一些情境复杂、矛盾不明显的非标准发明问题，使用ARIZ会更加有效、可行。因此，该算法在全球创新科学研究与应用领域中占有一席之地。

在不断地演化发展后，ARIZ已经形成较为完善的理论体系，其求解过程可以细化为9个步骤，如图5-20所示。

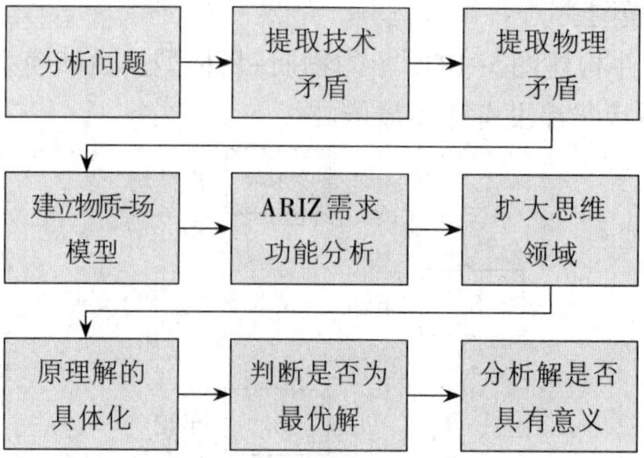

图5-20　ARIZ的求解过程

（1）分析问题。

对需要解决的问题，尽量用通用和标准的术语进行描述，分析存在的矛盾是单一矛盾还是多重矛盾。

（2）提取技术矛盾。

对照TRIZ理论中提供的39个通用技术参数，把矛盾的双方转化为TRIZ理论中的39个通用技术参数术语。应用矛盾矩阵，查找出解决问题的发明原理，若有解，可直接转到步骤（7）。

（3）提取物理矛盾。

如果要解决的问题不属于技术矛盾，创新者可以尝试提取物理矛盾，采用4种分离原理来解决问题，若有解，可成功转到步骤（7）。

（4）建立物质-场模型。

如果要解决的问题也不属于物理矛盾，创新者可以尝试建立物质-场模型。在完善物质-场模型元件的同时，创新者可以参考TRIZ理论提供的76个标准解来寻求可行解的标准方案，若有解，可成功转到步骤（7）。

（5）ARIZ需求功能分析。

若问题的矛盾不明显，且建立物质-场模型有困难，创新者可以在TRIZ理论提供的知识效应库中寻找概念解的方案，并凭借个人的经验将其转化为具体的问题和解决方案。

（6）扩大思维领域。

若步骤（5）还不能解决问题，则需要返回步骤（1）对问题进行重新分析和思考，或者扩大利用外部的物质和场，回到步骤（1）进行重新分析。这一步是ARIZ求解的关键，较难掌握。

（7）原理解的具体化。

这一步骤可能获得多个概念解，对得到的每个概念解都要考虑其可行性，并结合具体问题将概念解的原理具体化，这一步主要依靠创新者的知识和经验。

（8）判断是否为最优解。

对照技术系统8大进化法则进行判断，只有符合进化模式的才是最优解，如果得不到最优解，则需要返回步骤（1）重新分析问题。

（9）分析解是否具有意义。

对步骤（8）得出的结果进行等级划分，评定问题及解决办法，判断其是否具有典型、普遍的意义。

5.2.7　最终理想解

TRIZ理论引入“最终理想解”这一概念是为了进一步克服人们的思维惯性，扩展解决问题可用的资源。最终理想解是指产品在创新过程中无限接近理想状态时得到的理想解。在一个技术系统中，确定理想解是解决问题的关键。

1）最终理想解的确定

一般最终理想解的确定可以按以下5个步骤进行。

（1）设计的最终目标是什么？

（2）理想解是什么？

（3）得到理想解的障碍是什么？

（4）出现这种障碍的结果是什么？

（5）不出现这种障碍的条件是什么？创造这些条件的可用资源有哪些？

2）最终理想解的特点

与传统的创新方法（头脑风暴法）相比，TRIZ理论在分析研究具体问题之前就已经做了大量的准备工作，并通过设立的各种理想模型（即最优模型结构）来有效减少无关因素的影响，保证问题在解决过程中沿着目标方向前进并获得最终理想解，提高了创新设计的效率。最终理想解有以下4个特点：

（1）保持了原系统的优点。

（2）消除了原系统的不足。

（3）没有使系统变得更复杂。

（4）没有引入新的缺陷。

5.3　TRIZ理论的应用

创新者要想有效运用TRIZ理论，必须先分析研究对象并将其转换为TRIZ理论中的标准问题，再套用该理论的分析工具（如技术系统的8大进化法则、技术矛盾和物理矛盾、物质-场模型等）进行解决。

例如，创新者需为旅游者设计一款牙刷（附带牙膏）。旅游者对该产品的要求为：牙膏够用4天，与牙齿接触部分的刷毛与普通牙刷的相同，牙刷体积要尽可能小。下面将应用TRIZ理论来设计这个便携式牙刷（附带牙膏），解决该问题的大致流程如下：

（1）分析问题：在不对现有牙刷的结构做过多改变的前提下实现牙刷自带牙膏的功能。

（2）系统矛盾：牙刷体积小才能方便携带，但体积太小又不能储存牙膏。

（3）问题模型：改变现有系统中的某一个构成要素，在保证牙刷可以储存牙膏的同时，尽可能缩小其体积。

（4）对立领域和资料分析：对立领域为旅行牙刷要具备一般牙刷的功能，还要自带牙膏，并且体积要小，但容易改变的要素只有牙刷刷柄部分。

（5）理想解：牙刷自身能够储存足够容量的牙膏，而且体积要小，使用起来要简单方便。

（6）物理矛盾：牙刷的功能要求决定了只能改变牙刷刷柄这一要素。

（7）物理矛盾的消除与解决对策：一般的牙刷由带毛的刷头和长的刷柄组成，且刷柄是实心的，因为需要具备普通牙刷的功能，所以创新者可以利用空间分离原理，将刷柄做成空心嵌套式，与此同时，用优质材料来保证刷柄的硬度。

5.4　本章练习

1）什么是TRIZ理论？其核心思想是什么？

2）简述技术系统的8大进化法则。

3）物质-场模型的3个元件是什么？请尝试在草稿纸上画出一个完整的物质-场模型图。

4）在草坪使用割草机除草时，割草机的马达总会发出较大的噪声，不仅消耗能源，而且会产生空气污染。稍有不慎，飞出来的草还会伤到人。请找出该问题的理想解决方案。

5）壁纸很难用刀刮掉，但人们可以使用蒸汽将其去除。请根据此句描述指出其原本的物质-场模型，再画出解决方案的物质-场模型。

6）ARIZ的求解过程具体可以分为哪些步骤？

7）思考以下案例，分析其中存在的矛盾及解决方案。

（1）训练池里的水质要软，以减轻对运动员的冲击伤害，但又要求水质必须硬，以支撑运动员的身体。已知水质的软硬取决于跳水者入水的速度。应如何解决该问题？

（2）在香皂的成型过程中，温度要低以节省成型时间，但同时温度又要高，以使香皂变软填满整个模具。应如何解决该问题？

8）如何在汽车发生碰撞时，最大限度地保护驾驶员和乘客的安全？若安全气囊充气不足就不能对乘客起到有效的保护；若安全气囊的充气过足，又会对乘客造成伤害。该如何利用物理分离原理解决这一矛盾呢？

9）冲泡茶叶时水温过低会造成茶味偏淡、茶汤太清、茶水分离，但水温过高又会造成茶味偏重、茶汤较暗、香气不纯。请结合本章内容，运用矛盾矩阵得出相应的解决方案。

问题描述：

理想的解决方案：

改善的参数：

矛盾矩阵对应的发明原理：

最终的解决方案：

创业篇

第 6 章

创业导论

学习目标

➢ 掌握创业的定义、要素及类型

➢ 了解创业精神的定义及特征

➢ 了解创业能力的定义及提升途径

素养目标

➢ 了解创业对个人发展的意义

➢ 了解创业对国家发展的意义

➢ 了解国家创业政策

引导案例

新东方的创始

新东方企业的创立可以追溯到20世纪90年代初，当时中国正面临着出国留学热潮，俞敏洪看到了这个市场的巨大潜力，决定创办一家专门从事留学培训的机构——新东方。经过一番筹备，1993年，新东方正式成立。起初，新东方只有一间小小的教室和几名员工，但俞敏洪凭借自己的教育理念和教学方法，迅速吸引了大量的学生。

在创业初期，新东方面临着许多困难和挑战，如资金短缺、师资力量不足、教学质量难以保证等。但是，俞敏洪始终坚持自己的信念和目标，不断地努力和创新。他引进了国外先进的教育理念和教学方法，如小班制教学、个性化辅导等，使新东方成为国内教育培训行业的领军企业。

资料来源：作者根据相关资料整理。

讨论：

1.创业精神在创业过程中有什么作用？

2.如何才能培养我们的创业能力？

6.1　创业概述

随着科学技术的迅猛发展，新一轮的产业革命和结构转型蓄势待发，创业已经成为我国经济持续发展的动力和国家竞争力的源泉。随着我国创业环境的改善、创业氛围的活跃、创业文化的形成，大学生的创业意愿日趋强烈。创新创业教育的加强促进了创业者素质和能力的提升，大学生创业者不断涌现，大学生初创企业数量呈现上升趋势，大学生创业涉及的领域和行业更加广泛。同时，大学生创业的教育意义远远大于创办企业所创造的商业价值，通过鼓励创新创业，学校和社会把创业知识、创业能力和创新创业精神融入大学的学习领域，从而推动高等教育的改革，提高大学的教育质量，促进大学生成长成才，推动大学生职业生涯的发展。

6.1.1　创业定义

“创业”一词最早出自《孟子》：“君子创业垂统，为可继也”。《辞海》中创业的定义是：“创业，创立基业。”从字面上理解，创业可以泛指一切开创性的社会活动，“创业”的一般性含义指“开拓、开创业绩和成就”，包括个人、集体、国家和社会的各项事业，与“守成”相对应。

根据美国杰夫里·提蒙斯（Jeffry A.Timmons）所著的创业教育领域的经典教科书《创业创造》（New Venture Creation）的定义，创业是一种思考、品行素质、杰出才干的行为方式，需要在方法上全盘考虑并拥有和谐的领导能力。

当今，创业已经超越了传统的创建企业的概念，而是把各种形式、各个阶段的公司和组织都包含进来。创业的概念可以定义为：创业者对自己拥有的资源或通过努力对能够拥有的资源进行优化整合，从而创造出更大的经济或社会价值的过程。创业是一种需要创业者组织经营管理，运用服务、技术、器物作业的思考、推理和判断的行为。

总之，创业的内涵是创造新的商业机会并实现商业价值的过程，而创业思维的特征则包括创新思维、市场导向、资源整合、风险承担和持续改进等方面。

综合多方观点可知，创业的本质是一种新价值的创造活动，包括三层含义：

（1）从发现创业机会到创建新企业的过程。

（2）成熟企业内部新业务的开展，或称公司内部创业。

（3）职业的事业化，将自身目前从事的职业当作一份事业来经营。

6.1.2　创业特征

创业的特征可总结为以下几点：

（1）创业的主体是个人或小规模群体。纵观国内外的创业者，基本上都是从小企业开始的创业团队，初期往往人数比较少，规模也比较小。

（2）创业的关键是商业机会的发掘与把握。正因如此，创业者在创业开始时，就应做好市场的调研与开发，通过各种途径寻找创业项目和商机，并整合自身的资源优势，把握创业机会。

（3）创业者在创业中居主导地位，其身份是资源（知识、能力、社会资本等）所有者和资源（资金、技术、人员、机会等）配置者。对于一个真正的创业者来说，创业过程不但充满了激情和挑战，也充满了挫折和彷徨。创业者不同于职业经理人，更需要创业的信心和付出坚持不懈的努力。

（4）创业需要按照法律的规定，创立新的社会经济单元。为促进社会资源的合理配置和市场的公平交易，我国对创立经济单元有一些法律规定，需要创业者遵守。

（5）创业的价值实现有赖于能够将所提供的产品和服务在市场上转化为商品，这些商品能够满足顾客的需要。这就要求创业者在选择项目时要高度重视顾客的意见，在创业企业中牢牢树立市场营销观念和顾客满意观念。

（6）创业是一个创造性的过程，具有创新性和一定的风险。这就要求创业者一方面要有创新精神，不惧怕失败，敢想敢做，不断在创业过程中总结和提高自己的综合能力；另一方面要有对创业风险的规避和防范意识。

（7）创业具有明确的目的性——增加财富，包括个人和社会的物质与精神财富，这也是艰苦创业的精神动力。

6.1.3　创业要素与类型

1）创业要素

创业是艰巨的事业，也是复杂的系统。“世界创业教育之父”杰弗里·蒂蒙斯提出了基于创业三要素的蒂蒙斯创业过程模型，指出了创业的关键要素，包括机会、团队和资源。

（1）创业机会，是指创业者可以利用的商业机会。从创业过程角度来说，机会是创业的起点，创业过程就是围绕着机会进行识别、开发、利用的过程。

（2）创业团队，是指创业初期（包括企业成立前和成立早期），由一群才能互补、责任共担、愿为共同的创业目标奋斗的人所组成的特殊群体。

（3）创业资源，是指新创企业在创造价值的过程中需要的特定资产，包括有形资产与无形资产，它是企业创立和运营的必要条件，主要表现形式为创业人才、创业资本、创业技术和创业管理等。

在蒂蒙斯创业过程模型中，机会、资源和创业团队这三个核心要素构成一个倒三角形，创业团队位于这个倒三角形的底部，如图6-1所示。创业者必须不断寻求最大的商业机会，并合理使用和整合资源，以保证企业平衡发展。机会、资源和创业团队三者必须不断进行动态调整，以最终实现动态均衡，这就是新创企业的发展过程。

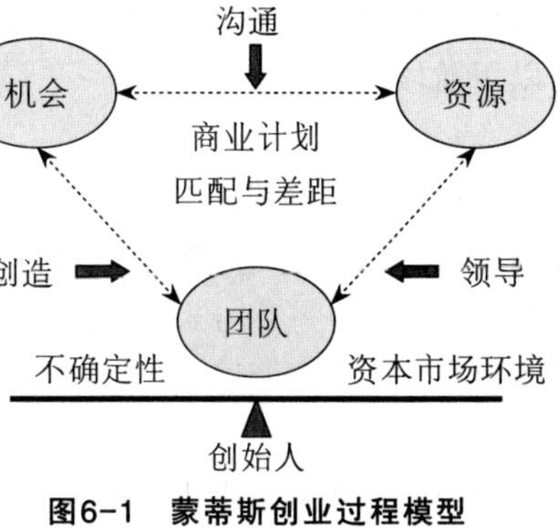

图6-1　蒙蒂斯创业过程模型

2）创业的类型

创业类型的选择与创业动机、创业者风险承受能力密切相关，也会影响创业策略的制定。常见的创业类型有以下几种：

（1）复制型创业

复制原有公司的经营模式，创新的成分很低。例如，某人原本在餐厅里担任厨师，后来离职自行创立一家与原服务餐厅类似的新餐厅。新创公司中属于复制型创业的公司比例虽然很高，但由于这类创业的创新贡献太低、缺乏创业精神的内涵，不是创业管理主要研究的对象。

（2）模仿型创业

这种形式的创业也是无法给市场带来新价值的创造，创新的成分很低，但其与复制型创业的不同之处在于，创业过程对于创业者而言还是具有很大的风险。例如，某一纺织公司的经理辞掉工作，开设一家当下流行的网络咖啡店。这种形式的创业具有较高的不确定性，学习过程长，犯错机会多，代价也较高昂。这种创业者如果具有适合的创业人格特性，经过系统的创业管理培训，掌握正确的市场进入时机，还是有很大的机会获得成功。

（3）安定型创业

这种形式的创业，虽然为市场创造了新的价值，但对创业者而言，本身并没有面临太大的改变，做的也是比较熟悉的工作。这种创业类型强调的是创业精神的实现，也就是创新的活动，而不是新组织的创造，企业内部创业即属于这一类型。例如，研发单位的某小组在开发完成一项新产品后，继续在该企业开发另一项新品。

（4）冒险型创业

这种类型的创业，除了给创业者本身带来极大的改变，不确定性很高，对新企业的产品创新活动而言，也会产生很高的失败风险。冒险型创业是一种难度很高的创业类型，有较高的失败率，但成功所得的报酬也很惊人。这种类型的创业如果想要获得成功，必须在创业者能力、创业时机、创业精神发挥、创业策略研究拟定、经营模式设计、创业过程管理等各方面，都有很好的搭配。

6.1.4　创业过程与阶段

创业过程是指创业主体从产生创业想法到创建新企业或开创新事业，再到获取回报的整个过程。在这个过程中，涉及较多活动和行为，如创业机会识别、创业团队组建、创业资金筹集和创业计划制订等。创业过程是创业者发现并评估商机，并且将商机转化为企业，以及创业者对新企业进行成长管理的过程。按照创业过程中各项具体管理活动的发生顺序，可将创业过程划分为以下阶段：

1）产生创业动机

创业动机是创业机会识别的前提，是创业的原动力，它推动创业者去发现和识别市场机会。创业者是创业活动的主体，只有个人有意愿成为创业者，才会认真思考创业的想法、目标与收益。

影响个人创业动机的因素有：

（1）个人特质。

不同的个体，因家庭、教育及从小的生长环境不同，其创业精神及对创业的向往各有不同。

（2）创业机会。

政策制度的出台、特定的时代背景、市场经济制度，都会对创业的条件和机会起到促进作用，良性的市场环境会增加创业机会，在利益驱动下，会有更多的人涌入创业的浪潮中。技术进步和经济发展对创业热情的养成起到了促进作用。

（3）创业机会成本。

创业机会成本是指创业者如果不创业而从事其他工作所可能获得的收入和满足程度。创业机会成本低，则创业动机强；反之，则创业动机弱。

2）创业机会的识别

创业机会的识别是创业过程的起点。无论新创企业从事何种事业，创业机会识别都起着举足轻重的作用。作为创业者，应该具有敏感的嗅觉，及时、准确地识别创业机会。

创业机会的识别可以分为两个层次：一方面，创业机会的把握离不开对宏观环境的分析；另一方面，创业机会的识别也需要对行业状况和已有资源进行分析。只有这样才能做到有的放矢，根据掌握的资源选择行业、确定项目和业务范围，同时做到减少创业风险。

3）企业的创建

创业者在完成创业环境分析、发现创业机会、确定事业内容之后，就着手创建企业。企业的创建需要进行大量的准备工作，其中，创业计划、创业融资和注册登记尤为关键。当创业者完成创业计划并获得融资之后，就可以按照法定的程序进行注册登记。该部分包括确定企业的组织形式、设计企业名称系统、向市场监督管理机关提出企业登记注册申请、领取企业法人营业执照等内容。

4）管理体系的形成

管理体系的形成是企业成长的一个重要前提。尽管不同规模、不同行业的企业情况有所区别，但是管理体系都应该包括会计控制、营销管理、人力资源管理和技术管理等内容。

（1）会计控制。

由于新创企业规模小、资金实力薄弱、营运资金周转量低，所以加强内部会计控制对新创企业的成长至关重要。会计控制不仅要求创业者具备基本的会计控制知识，还要求财务会计人员具有良好的业务素质与职业道德，并在企业内部建立严格规范的内部会计制度。

（2）营销管理。

新创企业的成长离不开市场对企业所提供产品或服务的认可，能否在短期内通过营销管理在市场上占有一席之地直接关系到创业的成败。寻找目标市场、产品的研制开发、确定价格和销售渠道、整合销售手段等构成营销管理的主要内容。

（3）人力资源管理。

在各类经营资源中，人是唯一具有能动性的资源，因此新创企业的成长离不开人力资源管理，重点在于如何维持和发展创业团队。如果创业团队能够团结一致、锐意进取，就能够为企业成长提供良好的人才保证。

（4）技术管理。

新创企业的一个重要特点在于技术创新，因此技术管理成为管理体系中不可缺少的环节。新创企业为了能够形成和维持核心竞争力，有必要强化技术管理。技术管理包括科研团队的形成、科研经费的取得、科学技术情报的获取等内容。

5）新创企业的发展

新创企业在市场上的地位相对稳定后，寻求新的发展空间就成为发展的必由之路。新创企业的扩张既包括开拓新的市场，也包括业务的多元化；既包括企业规模的扩大，也包括管理水平的提升。新创企业扩张的方式也是多种多样的，既可以通过企业内创业来实现，也可以通过并购获得技术和资源、突破市场的壁垒。

企业之间的竞争可以分为许多层次，如价格、产品、技术、品牌、知识以及企业文化等。可以说，企业走向成熟的标志是能够形成一定的品牌，在品牌、知识和企业文化等方面形成竞争优势，而不是单纯依靠价格、产品和技术来赢得市场。

6）收获创业回报

对回报的正当追求是创业活动的目的，有助于强化创业者对事业的执着精神。对创业者而言，创业是获取回报的手段和途径，是一种载体。创业者的创业动机决定了回报的多种形式以及满意程度，物质财富和职业理想是不同的追求。

6.2 创业精神与创业能力

6.2.1 创业精神定义

创业精神是指在创业者的主观世界中，那些具有开创性的思想、观念、个性、意志、作风和品质等，主要表现为勇于创新、勇担风险、团结合作、坚持不懈等。创业精神有三方面的基本内涵：

（1）哲学层次的创业思想和创业观念，是人们对于创业的理性认识。

（2）心理学层次的创业个性和创业意志，是人们创业的心理基础。

（3）行为学层次的创业作风和创业品质，是人们创业的行为模式。

6.2.2 创业精神特征

创业精神具有以下几方面特征：

（1）高度的综合性。

创业精神是由多种精神特质综合作用而成的。创新精神、拼搏精神、进取精神、合作精神等都是形成创业精神的特质精神。

（2）三维整体性。

无论是创业精神的产生、形成和内化，还是创业精神的外显、展现和外化，都是由哲学层次的创业思想和创业观念，心理学层次的创业个性和创业意志，行为学层次的创业作风和创业品质三个层面所构成的整体，缺少其中任何一个层面都无法构成创业精神。

（3）超越历史的先进性。

创业精神的最终体现就是开创前无古人的事业，创业精神本身必然具有超越历史的先进性，想前人之不敢想、做前人之不敢做。

（4）鲜明的时代特征。

不同时代的人们面对着不同的物质生活和精神生活条件，创业精神的物质基础和精神营养各不相同，创业精神的具体内涵也就不同。创业精神对创业实践有重要意义，它是创业理想产生的原动力，是创业成功的重要保证。

6.3　创业能力概述

6.3.1　创业能力概念

创业能力指拥有发现或创造一个新的领域，致力于理解创造新事物（新产品、新市场、新生产过程或原材料、组织现有技术的新方法）的能力，能运用各种方法去利用和开发它们，然后产生各种新的结果，包括获取和运用知识的能力、商业提升的能力和实践动手的能力。

大学生创业所必备的能力可以概括为创业意识、创业素质、创业实践能力。

1）创业意识

创业意识是指人们从事创业活动的强大内驱动力，是创业活动中起动力作用的个性因素，是创业者素质系统中的第一个子系统即驱动系统。创业意识包括创业动机、创业需要、创业兴趣、创业理想等要素。

2）创业素质

创业素质包括创业者的身体素质、道德素质、心理素质、思想素质、知识素质、经验素质、协调素质七个方面。

3）创业实践能力

创业实践能力包括机会识别能力、风险决策能力、战略管理能力、开拓创新能力、网络构建能力、组织领导能力、人际交往能力、学习能力。

6.3.2　创业能力提升途径

创业能力的培养提升过程包括学校营造教育氛围、学生个人能力提升等多方面，需要学校、学生、教师、社会等多方面共同努力。

1）加快高校创业教育的改革

随着社会的不断进步与发展，社会对人才尤其是创业人才的需求不断变化和提高，高校也应该加快大学生创业教育改革，从而满足社会对创业人才的需求。高等院校应进一步健全创业方面的课程设置，加强创业通识教育，推进专创融合课程建设，以此加强对大学生创业精神和创业能力的培养。

任课教师在实施创业教育的过程中，应不断创新教育方式和方法，为大学生营造自由、活跃的教育氛围。将案例教学法、多媒体教学手段充分融入教学过程，更有助于大学生的理解和学习。加快高等院校大学生创业教育的改革，不仅有助于激发大学生的创业兴趣，还有助于开拓大学生的创业思维。

2）营造良好的创业教育环境氛围

将创业教育融入教学体系能形成良好的创业学风，积极引导大学生自我激励并开创事业，营造良好的创业教育环境氛围，使课堂内外都渗透着大学生创业的激情与行动，从而发挥大学生的主观能动性，使其不断地积极思考、学习、实践。

具体措施有：加强高校创业的先进典型宣传，坚定大学生创新创业的信心；积极开展各级各类大学生的创新创业大赛和大学生创新创业训练计划项目，为大学生创新创业搭建平台；加强和改善创业教师队伍建设的同时，注重聘请在创业方面有建树、责任心强的成功企业家来担任大学生创业实践导师；学校积极搭建实践活动平台，合理增加实验和实践的时间，培养学生的科研能力和动手能力；积极创建创业实践基地，为学生提供创业实践的机会。

3）提升个人综合能力

大学生应从以下方面提升自身的综合能力：

（1）提升机会识别能力。

关注技术市场和政策变化，对环境变化的敏感度及警觉性提高；丰富创业信息来源渠道，明确创业目标，提高创业机会评价能力；塑造创造性人格，提升机会识别潜力。

（2）提升决策能力。

在创业过程中需要处理大大小小的问题，做出各种各样的决策，创业者既要审时度势又要果断干脆，快速准确地分析所面临的问题，找到解决的方案，提高创业的决策能力。

（3）培养开拓创新的能力。

积累知识，增长才干，培养想象力和发散思维能力。

（4）加强学习能力。

创业者应学习商业知识，从书本和网络课程中获取理论知识，从实践中或向成功企业家学习。

阅读材料：　盘锦光合蟹业有限公司——李晓东的创业故事

自1984年参加工作以来，李晓东一直致力于河蟹产业的研究与发展，1990年开发出河蟹工厂化人工育苗技术，1991年开创了稻蟹种养模式，1995年研发出河蟹生态育苗技术，几项技术在全国推广后，推动了我国河蟹产业的发展。1999年他带领一批大学生创办了盘锦光合蟹业有限公司，通过转化具有自主知识产权的系列成果，公司不断发展壮大，2019年公司被评为农业产业化国家级重点龙头企业，成为国内唯一以河蟹产业为主业的龙头企业。目前，盘锦光合蟹业有限公司在江苏和辽宁的两个蟹苗生产基地年产蟹苗10万公斤，在全国市场占有率达到16%，是行业领军企业。

他把诚信作为企业立身之本，诚字当头、信义为先，靠科技创新和诚信经营成为农民致富的领头人，带起了遍布大半个中国的河蟹养殖产业。近年来，李晓东的公司带动了1万多个加盟农户，形成一个农业产业大军，累计创造的社会总产值超过5亿元，利税2亿元，靠养蟹解决农村剩余劳力就业近万人。稻蟹互利共生的生态模式，开辟了河蟹养殖的新天地，创造了稻蟹双收的新模式。自稻田养蟹这项技术在全国推广以来，其养殖面积达500万亩，累计为农民增收500亿元。鉴于李晓东在科技创新和带动农民增收方面的贡献，他被评为辽宁省特等劳动模范、全国劳动模范、全国道德模范人选、辽宁省道德模范、中国好人、全国优秀党务工作者，并当选第十一届全国人大代表和中共十八大代表。

放眼未来，李晓东说："把技术创新和服务农民这篇大文章，更加浓重地写在祖国大地上，写在父老乡亲的心坎上，让它根深叶茂，硕果累累。"他带领他的光合团队坚守"家、信、善"，以"爱家、守信、创新、向善"为价值观，朝着以科技创新为引领的河蟹行业领军者的目标奋勇前行。

资料来源：武江民，汪楠. 辽宁盘锦："稻蟹乡"里产业兴［EB/OL］.［2023-10-15］. https://baijiahao.baidu.com/s?id=1779821209986495518&wfr=spider&for=pc.

6.4　本章练习

1）什么是创业？

2）创业类型有哪些？

3）提升创业能力的主要途径有哪些？

第 7 章

创业者与创业团队

学习目标

➢ 了解创业者的基本特征

➢ 了解创业者应具备的素质和能力

➢ 掌握创业团队的组建原则、程序及应避免的误区

素养目标

➢ 激发自身的创业意识

➢ 了解创业对个人和组织的影响

引导案例

王斌：鲟鱼科技产业之路

王斌毕业于大连海洋大学淡水渔业专业，任杭州千岛湖鲟龙科技股份有限公司董事长兼总经理，长期从事鲟鱼繁育、养殖、加工、出口技术研究工作。

2003年，王斌看中了千岛湖，并在千岛湖建立了鲟鱼繁育与养殖示范基地，开始布局人工养殖鱼子酱产业。他经历了创业初期的高温瓶颈，创建了石林鲟鱼度夏基地，解决了鲟鱼高温度夏的难题，并将高龄成熟雌鱼运往衢州，创建了浙江衢州省级鲟鱼主导产业园区，使产业规模迅速扩大；在生态环境整治提升过程中，王斌依靠科技攻关，彻底解决了集污环保网箱技术，其生态环保集污网箱模式，现已成为全国大水面生态渔业学习推广的榜样。

自2003年千岛湖成功引入鲟科鱼类驯养繁育，鲟鱼产业依托优质的千岛湖水域生态环境插上了腾飞的翅膀。2006年鲟龙科技引进、消化、吸收了伊朗和俄罗斯古法工艺，产出了中国第一罐人工养殖鱼子酱，创立了卡露伽品牌。2009年，鲟龙科技凭借鲟鱼产业“种、繁、养、加产”全产业链核心技术攻关与集成应用，获得国家科技进步二等奖；2015年卡露伽鱼子酱产销量占全球1/3市场份额，达到世界第一规模；2016年卡露伽鱼子酱成功入选并供应G20杭州峰会欢迎晚宴；2017年卡露伽鱼子酱成为德国汉莎航空公司

头等舱的标配，并成为该公司鱼子酱的独家供应商。十余年间，卡露伽鱼子酱在国际市场声名鹊起，陆续被美国《彭博商业周刊》、美国《时代》周刊、美国《华尔街日报》、德国《经济周刊》、英国《每日电讯报》、中国《环球时报》等全球权威主流媒体争相报道，报道的主题聚焦在山湖、江西柘林湖、湖南宁乡、湖北保康、四川雅安等多个省市县合资控股的子公司，将高科技的鲟鱼全产业链发展模式复制到各地，每年带动直接就业数百人，储备各类鲟鱼驯养量约5 000吨，价值约5亿元。

资料来源：碧云天. 鲟龙科技王斌：用中国鱼子酱征服世界［EB/OL］.（2018-01-16）. https：//finance.huanqiu.com/article/9CaKrnK6mFD.

讨论：

鲟鱼科技产业之路创业的案例带给我们的启示是什么？

7.1　创业者

创业活动的实施主体是创业者以及其所带领的创业团队，创业者和创业团队的素质、能力、个性等因素决定了创业过程的发展方向。

7.1.1　创业者的定义

“创业者”一词由法国经济学家坎蒂隆于1755年首次引入经济学。1800年，法国经济学家萨伊首次给出了创业者的定义，他将创业者描述为将经济资源从生产率较低的区域转移到生产率较高区域的人，并认为创业者是经济活动过程中的代理人。著名经济学家熊彼特（1934）则认为创业者应为创新者，这样，创业者概念中又加了一条，即具有发现和引入新的更好的能赚钱的产品、服务和过程的能力。

创业者是指某个人发现某种信息、资源、机会或掌握某种技术，利用或借用相应的平台或载体，将其发现的信息、资源、机会或掌握的技术，以一定的方式，转化、创造成更多的财富、价值，并实现某种追求或目标的过程的人。创业者是一个企业的创始者或者一项事业的创造者，创业者在创业团队中起到创业领导者的作用，同时创业者作为创新先锋善于打破行业的传统经营模式，创造新的价值、市场和顾客。

创业者在定义上分为狭义和广义两种，狭义的创业者是参与创业活动的关键人物，广义的创业者意味着参与企业活动的全部人员。

7.1.2　创业者的特征

创业的过程不仅充满艰辛、挫折、忧虑，而且需要付出常人难以想象的努力和坚持。那么，创业者应该具有哪些特征呢？下面将进行具体讲解。

1）富有创新精神

无论身处何种行业，光有踏实努力和积极肯干的精神是不够的。即便是传统行业也需要创业者根据市场的变化和人们的需求情况进行及时调整，不断创新。一个没有创新意识和创新观念、不懂得带领团队创新的人是很难取得成功的。

2）志向坚定

创业需要有一个坚定的目标作为指导，而作为一名创业者，则需要拥有坚定的志向。例如，狗不理包子、全聚德烤鸭等知名品牌的创始人都具有一种专注的工匠精神，愿意把事情做到极致，这就是创业者具有坚定志向的表现。

3）永不言败

创业的过程就像是跑一场马拉松，整个过程充满了不确定性，只有排除万难才能摘取成功的果实。创业者应永不言败，这是创业者应具备的非常重要的特征。创业者要相信，失败并不可怕，可怕的是丧失斗志，不敢从头再来。只要创业者拥有不屈不挠、持之以恒、永不放弃的决心，就会离成功更近一步。

4）充满自信

对大多数创业者来说，创业并不是一帆风顺的，充满了艰辛和坎坷。但不管怎样，创业者必须坚信自己的产品、服务正是消费者所需要的，即使面对风险，只要进行过充分的市场调查，就应该有足够的信心将创业进行到底。

5）有远见

远见是指看到别人没有看到的机会的能力。有远见是创业者应具备的特征之一。通常来说，成功的创业者似乎总能发现一些被他人忽略的市场机遇，使自己的产品、服务甚至是技术走在时代的前沿，从而在市场中获得主动权。

除此之外，创业者还应该把自己的远见转化为可执行的方案，用更具说服力的方案来吸引更多的投资者和专业人员。

6）充满激情

激情是创业者愿意不断付出的基础，是支持创业者不断向前的内在驱动力，因此激情对创业者来说是极其重要的。那么，创业者应如何保持超越常人的激情呢？

（1）自我激励。在充满艰难险阻的创业路上，要想不断前进，创业者就必须学会自我激励；如果创业者不愿自我激励，就会缺乏创业激情，很难取得成功。

（2）保持激情。很多创业者往往只有“3分钟”激情，但短暂的激情是远远不够的，创业者需要保持长久的激情。

7）风险意识

创业不是靠运气，而是靠创业者的胆识和谋略。创业像是一种理性的风险投资，集融资与投资于一体。因此，创业者必须有一定的风险意识。这就要求创业者的判断一定要准确、合理，要充分考虑自身实力及承受风险的能力，还要时刻关注环境的变化，以便把创业风险控制在最小范围内。

8）善于学习

创业者应该拥有一颗善于学习的心，仅掌握书本上的知识是远远不够的。创业者要明白：最好的课堂是社会，最好的老师是生活。因此，在生活中，创业者应该不断地学习，保持思维的灵活性，这样才能更好地统筹大局、协调发展。

7.1.3 创业者应具备的素质和能力

创业是一种态度和能力，创业水平的高低，影响创业活动效率的高低。通常，成功的创业者应当具有创新能力、决策能力、执行能力等核心能力。

1）良好的身体条件

良好的身体条件是指创业者有健康的身体、充沛的体力、旺盛的精力、敏捷的思路。美国著名经济学家、诺贝尔奖获得者西奥多·舒尔茨认为：“与物力资本一样，体现在人身上特别是劳动者身上的人力资本，包括智力、知识、技能和健康状况等。躯体的健康是人健康的基本条件之一，也是创业者的必备条件。”在创业初期，受资金、环境等方面条件的制约，许多工作需要创业者亲力亲为。如果工作任务繁重、压力大、时间长，但无充沛的体力、旺盛的精力、敏捷的思路，必然心有余而力不足，难以承担创业重任。所以，众多企业家都认为良好的身体条件是成功创业的一大前提。

2）创新能力

经营管理活动的竞争性要求成功的创业者必须具备创新能力，提高核心竞争力，用全新的视角、思想，发现新的消费市场、商业模式、作业方式、技术、制度和流程方法，改变原有市场竞争格局和落后经营模式，赢得竞争优势。

3）领导能力

领导能力，是指一系列行为的组合。这些行为将会激励人们跟随领导去要去的地方，不是简单的服从。在很多领域都有着极大的作用。创业型企业家最重要的能力就是培养和利用团队成员的才能。创业领导者的作用就是回应各种挑战和适应企业中各种极具个性的精英人才。当组织面临挑战性问题时，需要组织成员共同承担责任、解决问题。

4）市场机会洞察能力

创业者必须具有敏锐的市场机会洞察能力，识别宝贵的创业商机，尽管人人都能洞察，但洞察出来的情况和得到的收获却往往大相径庭。一般的市场洞察力看到的只是“浮云”，敏锐的市场洞察力捕捉到的是“市场新大陆的金矿”。

5）风险决策能力

创业者的风险决策能力集中体现在创业者的战略决策能力方面，创业者需要对新创企业的外部创业环境和内部经营环境进行周密调查与客观分析，作出预见性判断，确定企业发展的目标、经营方针和经营战略。鉴于资源、个人能力、行业经验的不同，创业者必须对创业商机进行分析判断、论证。

6）执行能力

高效的执行能力，是将创业意图转化为实际效果的重要能力，是创业者身体力行，将“务实作风”深刻融入企业文化，营造高效营运氛围的重要一环。

7）经营管理能力

创业经营更多依靠的是系统、科学的经营管理行为。创业者需要针对捕捉到的机会，基于自有的先进技术和科学管理，将企业资源与市场需求紧密结合，高效地将创新成果转化为企业利润。经营管理能力一般包括战略管理、营销管理、资金管理、项目管理等方面的能力。

8）交际协调能力

成功的创业者在企业初创期，更需要具备人际交往和协调能力，有效地与企业内外部成员沟通，解决员工、顾客、风险投资方等利益相关人可能面临的各类信息、利益问题。社会感知、表达能力、形象管理、社会适应等社交技能会高效地提升创业者与他人的互动效果，成功实现其沟通意图，便于建立创业者在他人心中的信任感，发挥团队的最大效能。

阅读材料：　人工智能+渔业领域的创业者——某渔业科技发展有限公司

在渔业资源日益衰竭、水域污染严重、生产成本上升的背景下，传统渔业面临着巨大的挑战。人工智能+渔业公司——大连某渔业科技发展有限公司看到了渔业转型升级的迫切需求，并坚信现代科技能够为渔业带来新的生机。公司创始人带着“强国必先强农，农强方能国强”的信念，决定投身于智慧渔业领域，用科技推动渔业的可持续发展。

关键能力：

商业模式创新能力

人工智能+渔业公司致力于运用物联网、大数据、人工智能等现代信息技术，深入开发和利用渔业信息资源，全面提高渔业综合生产力和经营管理效率。公司的核心技术包括智慧渔业平台系统，该系统通过软硬件结合的方式采集渔业生产数据，并利用大数据技术进行深度分析和挖掘，为渔业生产提供决策支持。

市场营销能力

人工智能+渔业公司采用“公司+渔民”的模式，推动传统养殖户向现代养殖户模式的转型。公司通过人工智能+渔业设备采集渔业大数据，并以农业大数据为基础，衔接农业金融、保险等各方面资源，赋能养殖户及各水产企业。人工智能+渔业公司依托大数据精准的市场定位和营销策略，迅速积累大量用户，实现了水产品的高效销售和品牌推广。

资源整合能力

整合渔业产业链上下游资源，优化水产品供应链，提高渔业生产效率和水产品质量。

社会影响与未来展望

人工智能+渔业公司的创业故事不仅体现了科技创新在渔业领域的应用价值，也展示了企业家对社会责任的担当。通过人工智能+渔业技术的推广和应用，不仅促进了渔业产业的转型升级和可持续发展，也给广大渔民带来了实实在在的利益。未来，人工智能+渔业公司将继续深耕渔业领域，推动渔业产业向信息化、智能化、现代化方向发展。同时，人工智能+渔业也将积极探索新的业务模式和服务方式，为渔业产业的繁荣和发展贡献更多力量。

7.2 创业团队

7.2.1 创业团队的定义

创业团队，是指由两个或两个以上具有一定利益关系的，彼此通过分享认知和合作行动以共同承担创建新企业责任的，处于新创企业高层管理位置的人共同组建形成的有效工作群体。

7.2.2 创业团队的基本特征

创业团队有三个基本特征：群体性、功能性和协同性

1）创业团队的群体性

创业团队的群体性是指在新企业创建初期由两个或两个以上才能互补，责任共担，所有权共享，愿为共同的创业目标而奋斗，且处于新企业高层管理位置的人共同组成的有效工作群体。创业团队的这种群体性，为团队成员间的优势互补以及团队动能的发挥奠定了初步的基础。

2）创业团队的功能性

创业团队的功能性意味着不同的创业者履行不同的职能，不同的成员彼此合作，展现各自的优势，并努力实现共同目标。创业团队每个成员的知识、能力、心理特征和社会资源都有自己的优势。如果创业活动出现问题，可以充分发挥团队成员的优势解决遇到的问

题。因此，具有优势的创业团队需要团队成员在知识、能力和人际关系方面相互促进和支持。

3）创业团队的协同性

创业团队的协同性是指创业团队的成员在执行各种职能时，与创业目标的重点契合程度。在创业团队中，每个成员都有自己的分工任务：有人负责创意，有人负责制订创业计划，有人负责计划的具体实施，有人协调和指派团队成员的工作，创业团队成员的合作使创业团队能够形成稳定的运作方式。

7.2.3 创业团队的五个组成要素

任何组织的团队都包括五个要素，简称5P，即目标（purpose）、定位（place）、权限（power）、计划（plan）和人员（people）。

（1）目标。对于一个企业来说，从打算在组织内部建设团队开始，就必须树立明确的目标，目标是将人们的努力凝聚起来的重要因素，从本质来说创业团队的根本目标在于创造新价值。

（2）定位。明确个人在创业团队中担任的职务和承担的责任，才能优势互补。

（3）权限。创业团队成员要明确各自的工作范围、工作重心、工作目标，并根据创业团队发展阶段和所涉及的行业变化不断作出调整。

（4）计划。一是根据外部环境与内部条件的分析，提出未来一定时期内要达到的目标及实现目标的方案。二是用文字和指标等形式，表述在未来一定时期内关于行动方向、内容和方式的安排。

（5）人员。团队是由个人组成的，最终能否获得成功取决于个人。人作为知识的载体，所拥有的知识、对创业团队的贡献程度决定创业团队在市场中的命运。

7.2.4 创业团队的组建原则与程序

1）创业团队的组建原则

（1）具有共同创业理念。正确的创业理念是成功创业者组建创业团队、指导创业活动的关键，创业理念决定着创业团队的性质、目标和行为准则，是创业成功的灵魂。创新应该恰当地定位企业的价值观和目标，形成团队成员的心理默契和创业氛围，增强团队的凝聚力，着眼于长远利益，而非当前的收入水平和待遇。优秀创业团队的理念具备下述共同点：凝聚力、合作精神、完整性、长远目标、对收获的看法、价值创造、平等中的不平等、公正性、分享收获。

（2）具有核心创业者。组建团队的一项基本原则是必须有核心人物，核心人物是创业理念的创造者、实践者以及创业团队的组织者。优秀的核心创业者不仅应具备乐观正直、诚实的特点，还应是一位优秀的领导者和管理者，领导企业走向成功。

（3）团队成员的技能互补。组建成功创业团队最根本的原则应该是基于机会需要而着眼于团队成员的技能互补性，弥补企业发展所需的能力缺口，避免企业发展陷入危机。同时，评价和决定企业所需能力，确定团队成员构成——需要谁、何时需要，往往是一个动态的过程，应该根据新创企业的不同发展阶段动态调整，保证企业的健康有序发展。

2）创业团队的组建程序

创业团队的组建是一个相当复杂的过程，不同类型的创业项目所需的团队不一样，创建步骤也不完全相同。创业团队组建的主要工作流程如下：

（1）明确创业目标

创业团队的总目标就是要通过完成创业阶段的技术、市场、规划、组织管理等各项工作实现企业从无到有、从起步到成熟的过程。总目标确定之后，为了推动团队最终实现创业目标，需要将总目标加以分解，设定若干可行的、阶段性的子目标。

（2）制订创业计划

创业计划是在对创业目标进行具体分解的基础上，以团队为整体来考虑的计划，创业计划确定了在不同的创业阶段需要完成的阶段性任务，通过逐步实现这些阶段性目标来最终实现创业目标。

（3）招募合适的人员

招募合适的人员也是创业团队组建最关键的一步。关于创业团队成员的招募，主要应考虑两个方面：一是考虑互补性，即考虑其能否与其他成员在能力或技术上形成互补。一般而言，创业团队至少需要管理、技术和营销三个方面的人才。只有这三个方面的人才形成良好的沟通协作关系后，创业团队才可能实现稳定高效；二是考虑适度规模，适度的团队规模是保证团队高效运转的重要条件。一般认为，创业团队的规模控制在2~12人最佳。

（4）职权划分

创业团队的职权划分就是根据执行创业计划的需要，具体确定每个团队成员所要承担的职责以及相应所享有的权利。创业团队成员间职权的划分必须明确，既要避免职权的重叠和交叉，也要避免无人承担责任造成工作上的疏漏。此外，由于还处于创业过程中，创业团队面临的创业环境又是动态复杂的，会不断出现新的问题，团队成员也可能不断出现更换，因此创业团队成员的职权也应根据需要不断地进行调整。

（5）创业团队制度体系

创业团队制度体系体现了创业团队对成员的控制和激励能力，主要包括团队的各种约束制度和激励制度。一方面，创业团队通过纪律条例、组织条例、财务条例、保密条例等各种约束制度指导其成员对其行为进行有效的约束，保证团队的稳定和秩序。另一方面创业团队要实现高效运作，还应制订利益分配方案、奖惩制度、考核标准、激励措施等激励机制，这样才能使团队成员看到随着创业目标的实现，其自身利益将会得到怎样的改变，从而达到充分调动成员的积极性、最大限度发挥团队成员作用的目的。需要注意的是，创业团队的制度体系应以规范化的书面形式确定下来，以免带来麻烦。

（6）团队的调整融合

随着团队的运作，创业团队组建时在人员匹配、制度设计、职权划分等方面的不合理之处会逐渐暴露出来，这时就需要对团队进行调整融合。由于问题的暴露需要一个过程，因此团队调整融合也应是一个动态持续的过程。在完成了前面的工作步骤之后，团队调整融合工作专门针对运行中出现的问题不断对前面的步骤进行调整直至满足实践需要为止。在进行团队调整融合的过程中，最为重要的是要保证团队成员间经常有效沟通，培养强化团队精神，提升团队士气。

阅读材料：　新东方系创业者群像：组团打群架，分别仍情深

2018年上半年，新东方考研英语名师金凌虹创办的“英语小神童”运营4个月后二获融资，“新东方”前高管吴晓帆创办的“芳汀思”宣布获得数百万元天使轮融资。

一个人的过去，总会给他的现在及将来留下烙印。在同一家企业工作过的一群人，离开之后，总是会保留着一些共同的特征及同事间剪不断的联系。在互联网圈子中，有“百度系”“阿里系”“腾讯系”，在教育圈中，“新东方系”绝对是值得关注的一个群体。

1996年，俞敏洪创业小成，请回徐小平和王强。徐小平回国后负责留学、签证、移民和咨询方面的工作，归纳出了流传甚广的“新东方精神”；王强回国后负责基础美语培训，不仅独创了“美语思维口语教学法”，还编写了一系列受市场欢迎的高质量英语教材。数据显示，1995—2001年，6年时间内“新东方”学校培训的学生人数从3 500人次狂增至25万人次，增加了约70倍。

“新东方”人都喜欢从身边人下手，组队创业。2014年，陈向东卸任“新东方”执行总裁后，拉来了新东方上市前的财务管理负责人宋欲晓、“新东方”前助理副总裁吕伟胜、邓弘等一同创办“跟谁学”；韦晓亮离开“新东方”后也不愿意做一只“独狼”，盯上了同在“新东方”做纯互联网项目的翟少成，二人在新中关村的“SPRCOFFEE”里一起勾勒出了“智课网”的雏形。俞敏洪说：“一个人走路，也许可以走得很快，但不会太远，一群人走路，也许不会很快，但会很远。”这是“新东方”人“组团打群架”创业理念的体现。

“分别仍情深”是“新东方”式投资。“新东方”人“护犊子”，会为自己人“疯狂地打Call”，这点在转行做投资的徐小平身上体现得最好。真格基金投资一起作业网时，徐小平强调自己对刘畅有十成十的信心，“我会一直投，直到它挣到钱或者挣不到钱为止”的呐喊声格外响亮。在“新东方”2015年工作部署大会上，俞敏洪就公开表示，想要把“新东方”变成创业平台型公司，离职的“新东方”人所创办的公司，他愿意在合适的时间点，通过投资、注资、收购等方式将其纳入“新东方”的教育生态圈。

“情怀当饭吃”，是“新东方”人的本色。现任“新东方”CEO周成刚曾笑言，“新东方”是一块孕育个性和浪漫主义情怀的土壤。有才华的人，往往都有颗躁动的心。李笑来在“新东方”休整7年，摇身变成为“币圈大咖”，去倒腾区块链了；死磕GRE的段子手罗永浩，也带着他的情怀去做锤子手机了。“新东方”人真的很任性——即便还做教育，他们也坚决不留安乐窝，要自立门户，敢于冒险。韦晓亮评价自己的团队是“有人情味的狼群”。新东方学校的扩张，几乎是将北京新东方学校复制粘贴到其他地方。“给你30万元，选择一个地方创办新东方学校”“给你一个讲台，讲不好就下来”，这是“新东方”发展的模本，也是所有新东方人成长的模式。他们说：“这种模式和创业别无二致，可见我们骨子里就是创业者。”从“新东方”出走的创业者分两种：一种要做“新东方”没做完的事，另一种要做“新东方”没有做的事。

资料来源：佚名.新东方系创业者群像：“组团打群架，情怀当饭吃”[EB/OL].(2018-04-26).https://baijiahao.baidu.com/s?id=1598801079439723889&wfr=spider&for=pc.

7.2.5　创业团队的管理

1）打造团队精神

（1）要统一思维方式，企业或团队一旦有了统一的思维方式，再做任何事情都会事半功倍，创业者的成功就指日可待。

（2）要形成自觉的工作态度。态度决定一切，创业的成功很大程度上源于每个人对待事情一丝不苟的态度。创业是一个从无到有的过程，所有成员应不断积极主动地迎接挑战，也就是说管理者在创业的初期就要以此目标来考核成员。

(3) 创业团队需要共同的方向和群体意识，团队精神体现在“对理想不放弃、对伙伴不抛弃”上。

2) 建立合理的企业所有权分配机制

企业所有权分配机制是创业团队必须解决的首要问题，合理的所有权分配机制是增强创业团队凝聚力、激励创业团队成员努力为企业发展目标奋斗的根本保障。在确定企业所有权分配机制的过程中，应充分坚持财富共享、权责对等、重视契约精神的原则。

3) 建立责、权、利统一的团队管理机制

创业团队无论大小，都应依靠规则和制度管理，制定创业团队的管理规则是解决团队成员之间的权力和利益关系的根本方法，创业管理规则的前瞻性和可操作性，可遵循先粗后细、由近及远、逐步细化的步骤，便于企业管理的良性运营和团队的相对稳定。必须构建创业团队制度体系，体现创业团队对成员的激励和控制能力，包含对团队成员的激励约束机制和沟通机制。

4) 激发团队的创造力

一个新的团队的成立，让每个成员充分发挥自己的创造力，为企业发展增添燃料，是企业迅速发展的关键。要激发团队的创造力，首先，要创造一个合适的环境和氛围，让团队成员有更大的创造空间和平台；其次，对团队的新成果，要有一定的奖励措施；最后，对团队成员进行引导，多给予一些方法和指导。

5) 建设团队文化

一个创业团队要想实现超越，就一定要找到可以传承的团队文化。团队成员可以新老更替，产品也可以更新换代，只有创业团队的文化可以不断传承、发扬。一个优秀的创业团队应具备以下3种团队文化：

(1) 勇气文化。创业过程中会遇到很多意想不到的困难，团队成员要有知难而上的勇气，敢于直面困难，敢于探索未知领域，并要能勇敢地面对失败。

(2) 忠诚文化。团队成员只有忠诚于团队，才会为团队的发展贡献全部的才智。但也只有通过团队的成功，进而带动个人价值的实现，成员才会更忠诚于团队。因此，大学生创业者应通过制定合理的薪酬、建设具有凝聚力的团队文化来提高团队成员的忠诚度。

(3) 学习文化。团队成员在创业过程中需要不断地学习，努力吸收一切对创业有利的知识技能和经验。只有善于学习的团队才会发展得更好。

阅读材料：　　“蜂”狂创业路

在大学的创业教育课上，陈敏被老师的商业模式课深深吸引，感叹自己多年的创业史仿佛都在转圈圈并没有多大进步，大一开始陈敏便成为了创新创业学院的常客，时常请教老师们创业的问题。在老师们的指导下，陈敏对商业有了一个全新的认识，狠心放弃了自己苦心经营多年的老本行——劳务派遣，带领团队投入农业行业并选择了胡蜂养殖。

在创业过程中，陈敏和团队成员不止一次地被蜂叮到大腿走不了路，经历了蜂王培育选种失败、资金全部投入养蜂的高风险，加不起油只能走路去蜂场等困难。陈敏每次想要放弃的时候，就想起指导老师时常说的一句话：“你们还年轻，怕什么做不成，年轻人只要选择了正确的方向，坚持做下去肯定能出头的。”

团队缺钱，陈敏就去找学校专门支持大学生创业的基金会经管私募基金拉投资，团队缺专家技术指导，陈敏就与中国科学院等机构的专家搭线。培育出好蜂王卖不出去，陈敏就走遍各地拜访蜂农、行业专家，并提出师傅+合伙人+蜂农的现代学徒制集约化经营模式帮助推广蜂种。

2022年4月，陈敏注册成立了云南拓蜂农业科技有限公司（简称“拓峰农业”）并出任公司总经理，入驻学校创业园区。公司培育出了黑头黑背黄脚胡蜂新种群，该种群相较于传统野生胡蜂，产蛹率提高了60%；抗病能力增强，抽检蜂王寄生虫感染率从38%降低至不足5%，综合经济价值提升178%；拓峰农业自主研发多项核心技术，申报了5项专利。拓蜂农业目前拥有1个育种研发基地，8个标准蜂群培育场，直接带动就业8人，间接带动83户农户增收，初步建立了数智化胡蜂养殖技术体系。

未来，他要继续培育新品种，陈敏说：“从山区走出来的孩子将回馈山区，拓蜂农业计划到2025年带动1 000户山区农民养殖胡蜂，让更多的山区农民增收致富。”另外，公司在进行新型胡蜂养殖品种研发的基础上，将帮助更多的山区农民解决传统农业生产方式单一、附加值低的问题，建立起一个服务于生态、有利于生态的体系，助力农村地区产业振兴、人才振兴、生态振兴。拓蜂农业改变了国内胡蜂养殖技术含量低，无法标准化的现状，推动中国胡蜂养殖走向“高产、高效、高质量”发展。

陈敏回想起农业创业这几年的历程，如果没有学校的帮助，没有老师们的支持鼓励，可能这支人均年龄二十多岁的创业团队也不会踏入胡蜂养殖行业，也不会有现在的拓蜂农业。

有人认为成功是衣食无忧、自给自足；有人认为成功是资产过亿、公司上市；也有人认为成功是成为一名公众人物等。而陈敏认为成功是创业路上的每一步都走稳走踏实，扛得住任何失败，今天比昨天好，对于昨天来说就是成功的。

创业路上也一定离不开学习，陈敏说，不管自己身处什么环境，一定要找一位自认为在当下环境中很优秀的人，而且是能够接触得到的人做榜样，把他作为自己的短期发展目标，学习他的方法，学习他的精神。

陈敏分享了创业这些年总结的几句话：学会思考、学会接受、学会放下面子、学会搭建靠谱的人设。

资料来源：云南经管学院．云南经管学院项目在第八届中国国际“互联网+”大学生创新创业大赛中获一金一银［EB/OL］.（2022-11-17）．https：//eol.cn/yunnan/yngd/202211/t2022117_2256053.shtml.

7.2.6　组建创业团队应避免的误区

团队创业不仅有很多优缺点，还容易陷入一些误区，影响创业的进程。下面具体介绍组建创业团队时应该避免的误区

1）团队内部不能有竞争

有些创业者认为：竞争是负面的，团队内部不能有竞争。这种观点是错误的。在团队内部引入竞争机制，不仅可以在团队内部形成“学”“赶”“超”的积极氛围，推动成员不断提升自我，保持团队的活力；还可以通过竞争筛选发现更能适应某项工作的人才，从而实现团队结构的最优配置，激发出团队成员的最大潜能。

2）团队内部皆兄弟

不少创业团队在组建过程中过于追求团队的“人情味”，认为“团队之内皆兄弟”，而严明的团队纪律是有碍团结的。这就会导致管理制度不完善，或出现虽有制度但执行不力的情况。实际上，严明的纪律不仅可以维护团队整体利益，在保护团队成员利益方面也有

积极的意义。

3）牺牲小我，换取大我

很多大学生创业者认为，培育团队精神就是要求团队的每个成员都要牺牲小我，换取大我，放弃个性，否则就违背了团队精神。其实，团队精神的实质不是要团队成员牺牲自我，而是充分利用和发挥团队成员的个体优势去做好各项工作。

大学生创业者只有不断地鼓励和刺激团队成员充分展现自我，最大限度地发挥个体潜能，才能使团队成员迸发出巨大的能量。

7.2.7 创业团队的社会责任和合作

每一个创业团队组建的企业同时也是一个社会细胞，都肩负着义不容辞的社会责任，而团队成员的境界和世界观也会影响团队的发展和未来。因此成员之间合作的成败也就不仅仅是团队自身的问题，而是具有一定社会影响力的社会问题。

1）创业团队的社会责任

（1）企业的社会责任

企业是由创业团队创建的，它的社会责任就是在遵纪守法的前提下追求最大限额的利润，谋求企业更大的发展。企业利润增大就意味着依法纳税数额的增加，国家就更有能力从事各种公共事业建设以及开展慈善、扶贫等社会事业。企业发展壮大就意味着可以吸纳更多人就业，让更多人的生活得到改善。

（2）企业的社会道德

①企业生产的产品应该是既可以满足社会发展需求，又能满足人们日常生活需求的高品质产品。

生产高品质产品既是企业立身之本，同时也是企业推卸不了的社会责任。任何为了单纯逐利而生产有损于社会公德的产品的行为，都是不负责任的表现，都将被法律所不容，这是创业团队社会责任的底线。

②企业应关注社会发展，关注弱势群体，关注公益和慈善事业。

企业除了关注自身发展之外，还应关心自身所处的社会环境，就捐赠慈善扶贫而言，企业应本着回报社会的原则，为弱势群体和社会公益作出自己力所能及的贡献；但从社会而言，企业捐赠多少都是一份爱心，都应给予尊重和感谢。

2）创业团队的分工合作

下面以弦乐四重奏为比喻，来阐述团队合作的分工与合作的原理。

（1）目标一致，分工明确

参加弦乐四重奏的四个人就是一个团队，他们合作的目标就是共奏一曲。就像几个人一起创业一样，互相配合，各有分工，共同的目标是把企业做好，获得盈利。弦乐四重奏是由两位小提琴手、一位中提琴手和一位大提琴手组成的。每位演奏者除了要有高超的技艺之外，还要有合作的技巧。他们每个人要独自负责一个声部，因为每个声部不是同时出现的，所以每个人都需要全神贯注地聆听合作者演奏的曲调，以便准确、恰当地合成一曲美妙的乐曲。四人之中任何一位单独出来演奏，都没有四个人合作后的效果那样令人震撼、令人陶醉！

小贴士

被誉为“弦乐四重奏之父”的海顿赋予了每件乐器一个“角色”，他曾这样描述道：

第一小提琴手像一位才智过人的中年人，言辞精辟，只要找到一个话题，他总是娓娓道来，滔滔不绝。

第二小提琴手是他的友人，他竭尽全力突出朋友的风采，很少顾及自己，在交谈中总是支持别人的观点，从不自我炫耀。

大提琴手是个庄重的人，有学识，好为人师。他以简明、精确的金玉之言把第一小提琴的高论加以强调。

至于中提琴手，这是一位心地善良又有些爱唠叨的女人。她虽讲不出什么惊人的宏论，但只要人们一交谈，她总要插嘴。

（2）配合默契，出奇制胜

演奏者技艺精湛，分别占不同的声部，互相认真聆听，准确、适时地演奏，共同合作演奏乐曲，这就是弦乐四重奏对演出人员的要求。同样，一个创业团队要合作默契，也离不开创业团队成员之间的明确分工与互相配合。“罗马军团”的成功案例告诉我们，单独作战并不出众，团队合作才可以出奇制胜！

小贴士

研究表明，组建团队和管理团队是成功企业家需要具备的主要能力之一。团队合作的基石是有共同的愿景和价值观。因此，创业者是否可以提出一套凝聚人心的愿景和经营理念，作为互信和利益分享的基础，对团队合作成功起着非常重要的作用。

7.3　大学生创业的政策与现状

随着就业形势愈来愈严峻，创业成为很多大学生的选择。目前我国大学生的创业环境与现状是怎样的呢，又将面临哪些机遇和挑战呢？下面将对当代大学生创业的意义、当代大学生的就业形势、大学生创业的帮扶政策、大学生创业的现状及误区等内容进行讲解。

7.3.1　当代大学生创业的意义

对大学生来说，创业是一件非常有意义的事情，也有益于其人生发展。因此，越来越多的大学生选择创业。那么大学生创业的意义是什么呢？

（1）有利于缓解大学生的就业压力。一个创业能力强的大学生毕业后不但不会为社会增加就业压力，相反还能通过自主创业活动增加就业岗位，以缓解社会的就业压力。

（2）有利于大学生谋求生存与实现自我价值。大学生通过自主创业，可以把自己的兴趣与事业结合起来，做自己喜欢的、愿意做的事情，最大限度地实现自我价值。

（3）有利于培养大学生艰苦奋斗的作风。在创业过程中遇到各种困难和挫折是在所难免的，这就要求创业的大学生具备顽强的意志和良好的品格，勇于承担风险，艰苦拼搏，自强自立。

（4）有利于培养大学生的创新精神。大学生创业有利于培养大学生勇于开拓创新的精神，能将就业压力转化为创业动力。

7.3.2　大学生创业的政策体系

我国现行创业政策结构包含三个方面：以公共资源为基础的资本支持体系，以放松规制为内容的激励政策，以商业支持为核心的创业服务平台。这三个方面都从重点鼓励高新技术领域的创业活动，逐渐延伸到较为普遍的创业活动范围。

1）以公共资源为基础的资本支持体系

（1）加强以公共资金为主的支持政策

公共资金以创业项目为对象进行资助的政策在高新技术领域比较多见，它极大地激励了创业者的创业活动。正是由于资助政策激励效应显著，受资助目标群体的范围相对宽广，公共资金支持的目标群体更具有普遍性，因而能激励更多的人去开展创业工作。

在支持方式上，鉴于公共资金的有限性和激励效果，无偿资助只能作为其中的方式之一，要综合使用有偿资助、低息贷款、贷款贴息等方式。同时，必须加强对申报项目的审批以及对支持项目的监控与管理，确保最大限度地发挥公共资金的效用。

（2）强化政策类基金在金融支持中的投资引导功能

政策类基金在金融支持中的投资引导功能主要体现在以下几个方面：支持科技创新和成果转化；促进产业升级和基础设施建设；支持初创企业发展；发挥财政资金的撬动作用；支持农业保险和普惠金融。强化政策类基金在金融支持中的投资引导功能有利于促进科技创新、产业升级、基础设施建设以及农业保险等领域的发展。

（3）促进创业投资产业的发展与壮大

尽管我国很早就提出了发展创业（风险）投资产业以支持创业活动的措施，但我国创业投资产业的发展与发达国家相比，起步晚、规模小，创业投资产业的前进步伐远远不能满足创业者对于创业资本的需求。

从许多国家推进创业活动的政策实践来看，创业投资产业在支持创业活动的过程中发挥了巨大的作用。创业投资引导机制的形成、创业投资引导基金的设立，既可以发挥政府在创业投资产业发展中的引导和激励作用，也可以扩大创业投资资金的来源，这将有利于促进创业投资产业的发展与壮大，进而对创业者的创业活动形成更大的激励。

（4）开辟有效的市场退出渠道

创业活动是一种风险行为，创业者的创业活动权益性投资也具有风险特征，这种风险投资通常是以谋求高资本回报为目标的。当创业者的创业过程结束进入稳定发展期的时候，投资者就会考虑退出，以收回资金获取高额收益。因此，在考虑缓解创业者金融约束的激励政策设计中，应该重视投资者退出途径的问题。

创业活动投资的退出方式主要包括创业者的回购、其他投资者的并购、股权转让、首次公开募股（IPO）等。从以激励为核心的金融支持体系角度考虑，大力推进资本市场建设、推动新创企业进入资本市场是创业政策改进的一个重点。

2）以放松规制为内容的激励政策

（1）降低创业过程中的成本

创业活动的成本较多由政府规制、行政性壁垒所引发，创业政策的激励出发点应该更多从创业活动的预期收益方面考虑，降低整个创业过程中的成本。因此，激励政策或优惠政策应更多包含放松规制、降低壁垒等内容，措施范围要更广和更具综合性，同时将减免税收、简化注册流程、降低登记费用和减少行政审批等结合起来，在法律规定的行政许可范围内最小化新创企业的负担。

（2）其他领域规制的放松。既然创业活动本质上是一种市场行为，那就会涉及更多的方面。因此，在降低创业过程壁垒的同时，还应改革其他领域的规制。目前探讨研究较多的是降低市场准入门槛，扩展发现市场机会的空间，减少对劳动力市场的干预，放松对金融体系的严格限制等，以形成对创业活动共同激励的局面。

3）以商业支持为核心的创业服务平台

（1）以创业过程为基础构建创业服务机构

以创业服务机构为平台和载体，创业政策对创业活动的支持能够转化为现实的创业服务，这对于改变创业项目预期收益、提高新创企业的成功率和成长性具有重要意义。

创业活动是一个过程行为，在整个过程中，创业服务能够形成有效的激励。因此，创业政策以创业过程为基础，根据创业者的需要构建创业服务机构，既可以建立能够为整个创业过程提供创业支持服务的综合性服务机构，也可以建立只针对创业活动某个环节的专业性创业服务机构，如专门提供信息服务、项目交易平台等服务的机构。

（2）以分类指导原则推进创业服务机构的发展

按照我国有关规定，创业服务机构是公益性的，社会效益目标优先。随着时间的推移，政府逐渐由干预的角色演变为支持与引导的角色，创业服务机构的发展呈现出多元化的方向，出现了营利型创业服务机构。

对于公益型创业服务机构，由于不以营利为目的，为创业活动提供的服务更具“公共产品”的性质，因而创业政策必须进行持续的资源投入和扶持，以保证其正常运转。同时，还要积极鼓励投资主体的多元化，吸引其他投资者的进入，以放大创业政策扶持的效果。营利型创业服务机构，在向创业活动提供创业服务的过程中，重视对创业项目的筛选，强调创业项目的质量和收益预期。对于这类创业服务机构，不应该对创业政策作过多干预，而是应该强调社会效益目标，实行以社会效益目标为中心的管理方式。

（3）提升创业服务机构的规模与质量

在通常情况下，创业服务机构的规模越大、数量越多，能够获得创业支持服务的创业者就越多，因而也会有更多创业者的创业行为在此激励之下发生。所以，创业政策的改进应该大力支持创业服务机构在量上的扩张。相对于数量和规模来说，创业服务机构的培育能力更为重要，这种培育能力直接体现为其向创业者的创业过程所提供创业服务的质量，服务质量越高，激励的效果越明显。因此，创业政策的改进更应该将提高服务质量作为关键。支持创业服务机构服务质量的提升，要鼓励其服务的内容由传统的行政、后勤服务向价值增值服务方向转变，从单纯的硬件服务向管理辅导、市场开拓、信息咨询和协助融资服务方向转变。

（4）促进创业服务与金融支持结合下的融资平台建设

创业服务机构为创业活动提供的服务，通常包括投融资服务等内容，创业服务机构在其中扮演着中介的角色，进一步的发展趋势是创业服务机构与投资机构相结合，成为创业活动的融资平台。

创业政策应该注重创业服务与金融支持之间的结合，积极鼓励金融机构、创业投资机构与创业服务机构之间的联系。这样，一方面有利于发挥创业服务机构在支持创业活动方面的甄别功能；另一方面有利于为创业者的融资活动提供便利，形成创业活动融资平台。

4）我国创业政策的主要内容

现行的创业政策主要集中在以下六大板块：

（1）税费减免的政策

税费减免的政策主要集中在四个方面：一是商贸型、服务型新创企业的优惠政策；二是高校毕业生创业方面的税收优惠政策；三是失业、协保人员、农村富余劳动力从事个体创业的优惠政策；四是劳动就业服务企业的税收优惠政策。

（2）融资服务的政策

融资服务的政策包括劳动部门、中小企业服务中心等部门制定和发布的各项创业政策，主要有劳动保障部门的创业贷款担保政策、中小企业担保基金专项贷款政策、中小企业贷款信用担保政策等。政策优惠主要涉及创业贷款、担保及贴息等。

（3）鼓励科技创业的政策

鼓励科技创业的政策主要包括大学生科技创业基金政策、科技型中小企业创业基金政策和高新技术成果转化相关政策等。高新技术成果转化的相关政策则包括立项、注册登记、税费减免、贷款扶持、风险投资支持等。

（4）场地扶持的政策

场地扶持的政策重点有两个方面：一是都市型工业园区的政策；二是创业园区的房租补贴政策。这两大类园区各自都有针对新创企业的房租补贴政策。其中，在创业园区之内，除了房租补贴之外，还有一些相关的配套指导服务，如提供代理记账、专家指导、贷款直接申请的渠道等。

（5）非正规就业的政策

非正规就业政策是一种小企业的孵化器，如果个人在创业过程暂时不具备申办小企业的条件或是担心申办小企业成本太高，特别是有意向从事一些劳动密集型、有利于吸纳就业的社区服务业的话，可以向申办非正规就业劳动组织申请，享受有关扶持政策。非正规就业的新创企业能够享受到的政策包括无须办理工商登记、减免地方税费、社会保险缴纳优惠、免费技能培训，从业风险的综合保险等。

（6）创业能力提升的政策

首先，政府通过印发关于进一步支持大学生创新创业若干措施的通知，优化大学生创新创业环境。其次，国务院办公厅印发的《促进创业投资高质量发展的若干政策措施》中提出，要培育多元化创业投资主体，加快培育高质量创业投资机构，支持专业性创业投资机构发展，发挥政府出资的创业投资基金作用，以支持科技创新和中小企业成长。最后，政府还加强了创业投资政府引导和差异化监管。

7.3.3　大学生创业的现状及误区

随着经济的不断发展，大学生创业者的人数也在逐年增加。然而对于刚毕业的大学生而言，创业并不是轻而易举的事情。下面将对大学生创业的现状及误区进行分析，帮助大学生少走弯路，增加其创业成功的概率。

1）大学生创业现状

我国大学生创业情况近年来处于逐步发展中。一方面大学生有创业热情，敢于尝试；另一方面国家的政策扶持也改善了大学生创业的环境，让更多的大学生投身创业并获得成功。但是，创业成功者毕竟还是极少数，多数大学生创业者很快就遭遇了失败。其失败原因主要有以下5点。

（1）人脉不足。大学生创业者在创业前长时间生活在校园里，与社会接触较少，缺乏社交经验导致其人脉资源比较薄弱，因此，在业务拓展方面的能力欠缺。

（2）选择的创业项目竞争激烈。服务业是大学生创业的首选领域。近年来，大学生自主创业最为集中的行业依次为中小学教辅、互联网、综合餐饮等。但这些行业的市场饱和度高，竞争比较激烈，大学生创业者又缺乏社会经验，很容易在激烈的市场竞争中败下阵来。

（3）高校的创业教育不足。受传统高等教育体制的影响，部分高校的大学生创业教育仅限于思想上的引导和精神上的鼓励。从学生的思想认知来看，由于缺乏必要的心理准备和文化环境上的支持，学生的观念难以从传统的就业观转变为创业观；从高等教育的方法来看，创业教育尚处于起步阶段，绝大多数高校还缺乏统一的标准，师资队伍也缺乏创业经历和实践能力，所以创业教育的质量难以得到保证。

（4）心理特质和能力水平储备不足。很多大学生创业者仅凭一腔热血开始创业，但缺乏相应的储备，包括专业知识、基本技能、管理能力、心理承受力等方面。对外部环境的敏感度不够，对社会的认知不全面，抗打击能力不强，这些都是导致大学生创业失败的原因。

（5）资金不足。很多大学生都有不错的创业项目或设想，但由于资金匮乏难以付诸实践。启动资金以及后续经营资金的不足也是大学生创业者面临的一大难题。

2）大学生创业误区

大学生创业有知识上的优势，但缺乏社会经验，因此容易陷入各种创业误区。下面就对这些误区进行具体介绍。

（1）单打独斗。在强调团队合作的今天，团队精神已成为创业成功的关键，投资者也更青睐那些凝聚力强、有合作能力的创业团队。因此，对打算创业的大学生来说，强强合作，取长补短，要比单打独斗容易得多。

（2）盲目选择不熟悉的行业。大学生创业者最好选择自己擅长或了解的项目，并具备从事该行业所需的相关专业知识和技能。如果大学生创业者只顾着选择赚钱的行业，而不考虑自己能否胜任，那么创业失败的概率就会大大增加。

（3）太过于冒失与激进。一般来说，大学生创业者由于是第一次创业，难免会表现出冒失、激进的倾向，加大了创业的风险。建议大学生创业者尽量把每一步走好，稳扎稳打，以保证创业的顺利进行。

（4）纸上谈兵。不少大学生创业者不重视产品或项目的市场调研，只进行理论上的推断。这样的推断很可能是不切实际的，常会起到误导作用。因此，大学生在创业初期，一定要做好市场调研，避免纸上谈兵。

（5）眼高手低。目前，互联网等高科技行业成为大学生眼中的创业金矿，以至于不少大学生不屑于从事服务业或技术含量较低的行业。其实，高科技创业项目的创业风险和压力都非常大，一开始起点太高，反而容易失败。因此，大学生创业者不妨放平心态，深入了解市场和自身，从小事做起，从实际出发，不要眼高手低。

阅读材料： 苏州工业园区对入驻企业的扶持

苏州工业园区始终走在高质量发展的前列，2016年以来，园区在全国经开区综合排名中实现五连冠，在国家高新区综合排名中上升至第四位，跻身建设世界一流高科技园区行列，在经济建设、科技创新、社会治理等方面都取得了显著的成果。

展望未来，苏州工业园区在其“十四五”规划和“2035年远景目标纲要”中提到将进一步围绕建设世界一流高科技园区、世界一流自贸试验区和苏州城市新中心，打造链接全球的全方位开放高地、引领前沿的国际化创新高地、享誉全球的高端化产业高地和系统高效的现代化治理高地。苏州工业园区对入驻企业的扶持政策包括以下方面：

1.科研创新平台。高等院校与科研机构的集聚，从科研资源和人才培养等多方面为高新技术行业的发展提供了基础支撑。对于苏州工业园区来说，材料科学姑苏实验室的落户、国家生物医药技术创新中心、国家第三代半导体技术创新中心、国家新一代人工智能创新发展试验区等的建立和获批，为园区入驻企业提供了科研创新平台。

2.完善的产学研合作体系。在市场需求的刺激下，园区高技术产业的关键技术和核心技术实现了突破，确立了自主知识产权，奠定了发展高技术产业的技术基础。通过产学研结合，企业具备强大的技术后，在市场开拓、基本建设、规模生产、质量控制等方面将发挥更重要的作用；同时企业可以吸收新的科研成果和新的技术力量，不断增强技术创新能力，在高技术产业的征途上更好地发挥主体作用。鼓励企业、科研院所和高校建设产业孵化器、众创空间等创新创业载体。在产业发展方面以主导产业为核心，向产业链的上下游拓展，引进培育产业链产业，如生产性服务业、总部经济等。

3.完善的中介服务体系。苏州工业园区拥有政府综合服务平台，如提供金融服务的“园易融”和苏州综合金融服务平台等，另外还有会计师事务所、律师事务所、资产评估机构、知识产权服务机构等各类专业服务机构。

4.鼓励风险资本行业发展。园区现有产业引导基金，与私募股权、创新投资、风险投资等基金公司开展平台共建，聚焦重点产业集群，分别设立行业专项基金，同时吸引各类社会资本加入，放大了政府产业基金的杠杆撬动规模。探索通过天使投资、创业投资、知识产权质押、研发保险等方式，引导各类资金共同支持重点产业发展。

5.通过大型活动推动国际交流合作。园区定期举办高层次国际学术交流论坛，分享最新科研成果，并通过举办生物医药、第三代半导体、和人工智能等重点产业领域的品牌活动，汇集行业内顶级科学家、企业家、国际组织、投资人、初创团队等国际创新资源，不断提升园区的技术引领性和产业影响力。

资料来源：根据网络相关资料整理所得。

7.4　本章练习

1）什么是创业者？创业者应具备哪些能力？

2）创业团队的组建程序是什么？

3）创业团队的主要管理内容有哪几方面？

第 8 章

创业机会、资源与创业风险

学习目标

➢ 掌握创业机会的内涵

➢ 掌握创业机会识别的基本方法

➢ 了解创业资源的内涵与获取途径

➢ 掌握创业资源的整合

➢ 掌握创业风险的常见评估与防范方法

素养目标

➢ 了解创业精神与资源整合的有效途径

➢ 了解创业风险评估与防范对个人和团队发展的重要性

引导案例

娃哈哈集团的创业故事

1987年，创始人宗庆后在杭州一个不起眼的校办工厂里，带领几位同事开始了创业之路。

宗庆后是一个有着远大梦想的人，他不甘心于平凡的生活，决心投身商海，用自己的智慧和勤劳开辟一片新天地。他的创业梦想源于对解决儿童营养问题的关注，希望开发出一种能够满足儿童营养需求的饮品。

然而，创业的道路充满了挑战。资金紧张是他们面临的第一个难题，宗庆后四处奔波，从亲朋好友那里筹集启动资金，每一次的拒绝都让他的心更加坚定。技术问题也接踵而至，他们夜以继日地实验，不断调整配方，直到那个能够满足儿童营养需求的产品诞生。

当时的中国市场上，外国品牌占据主导地位，本土品牌难以立足。宗庆后和他的团队不畏艰难，深入农村、学校，一家家推销，一次次被拒之门外，却始终不放弃。他们的坚持终于得到了回报，娃哈哈AD钙奶一经推出，便风靡市场，销量节节攀升。

在这个过程中，宗庆后的领导力和对产品质量的坚持，为娃哈哈集团奠定了坚实的基础。他的故事，不仅是对个人梦想的追求，更是中国改革开放初期创业精神的真实写照。随着娃哈哈AD钙奶的成功，娃哈哈集团迎来了快速发展期。然而，随之而来的是更为激烈的市场竞争和不断扩大的管理挑战。宗庆后意识到，要想在市场中站稳脚跟，必须进行品牌建设和市场扩张。

面对资金短缺的问题，宗庆后采取了大胆的决策——引入外资。这一决策在当时引起了不小的争议，但宗庆后坚信这是品牌发展的必经之路。外资的引入不仅解决了资金问题，更为娃哈哈带来了先进的管理经验和技术。在产品研发上，娃哈哈集团不断创新，推出了一系列符合市场需求的新产品。每当新产品问世，宗庆后总是亲自站在第一线，带领团队进行市场调研，倾听消费者的声音，确保每一款产品都能满足消费者的需求。

在营销策略上，娃哈哈采取了多元化的策略。他们在电视上投放广告，让娃哈哈的品牌形象深入人心；在渠道建设上，娃哈哈建立了广泛的销售网络，将产品送到每一个角落。这些策略的实施，使得娃哈哈的品牌影响力迅速扩大，市场份额稳步提升。宗庆后的决策智慧和团队的执行力，使得娃哈哈在短短几年内，从一个校办工厂成长为国内知名的饮料品牌。这不仅是对娃哈哈集团的挑战与突破，更是对中国品牌崛起的生动诠释。

随着娃哈哈品牌在国内市场的稳固地位，宗庆后开始着眼于更长远的未来。他深知单一产品线的风险，因此决定实施多元化战略，拓展企业的发展边界。娃哈哈集团开始涉足食品、日化、医药等多个领域，力图构建一个综合性的商业帝国。在这一过程中，宗庆后的决策再次显示出他的前瞻性。他不仅关注国内市场，还将目光投向了国际舞台。娃哈哈的产品开始出口到海外，与世界级的企业竞争。这一战略的转变，虽然充满了不确定性，但也为娃哈哈带来了新的增长点。

为了适应多元化战略，娃哈哈集团加强了内部管理体系的建设，引进了国际先进的管理模式和技术。宗庆后亲自参与制定了严格的质量控制标准，确保每一件产品都能达到最高标准。同时，他还注重人才培养，吸引和培养了一批高素质的管理人才和技术人才，为企业的持续发展提供了强有力的支撑。娃哈哈的创新步伐从未停歇。在新产品开发上，娃哈哈不断探索消费者的需求，推出了多款深受市场欢迎的新产品。在营销上，娃哈哈利用互联网和新媒体，开拓了线上销售渠道，与年轻消费者建立了更紧密的联系。

在宗庆后的领导下，娃哈哈集团的多元化战略取得了显著成效。企业的营收和利润持续增长。

资料来源：王子扬. 宗庆后，“布鞋老总”白手起家的传奇人生［EB/OL］.（2024-02-25）. https：//baijiahao.baidu.com/s？id=1791849843636110515&wfr=spider&for=pc.

讨论：

机会识别是创业的开端，也是创业的前提。创业机会识别，是创业过程中最关键的一步，如何识别真正有价值的创业机会，既需要创业者的天赋等主观个体特质又需要识别创业机会本身的客观特征，创业者可以通过特别的关注和方法对此予以把握。

8.1 创业机会

8.1.1 创业机会的概念

创业机会主要是指具有较强吸引力的、较为持久的有利于创业的商业机会，创业者据此可以为客户提供有价值的产品或服务，并同时使创业者自身获益。

那么如何判断一个好的商业机会呢？被誉为“世界创业学之父”的杰弗里·蒂蒙斯教授总结了商业机会的以下特征：第一，它很能吸引顾客；第二，它能在你的商业环境中行得通；第三，它必须在机会之窗（机会之窗是指商业想法推广到市场上去所花的时间，若竞争者已经有了同样的想法，并把产品已推向市场，那么机会之窗也就关闭了）存在的期间被实施；第四，你必须有资源（人、财、物、信息、时间）和技能才能创立业务。

8.1.2 创业机会的内涵

1）创业机会的定义

创业过程真正开始于创业机会的发现，简单来说，即能够产生价值的清晰的目的。美国著名经济学家约瑟夫·熊彼特认为，创业机会就是把资源创造性地结合起来，从而达到满足市场需要的预期效果，它是创造价值的一种可能性。而美国纽约大学教授伊斯雷尔·柯兹纳认为创业机会是未明确的市场需求或未充分使用的资源或能力。在两种理论对创业机会的不同界定中，柯兹纳突出强调了市场的不完善所带来的创业机会，熊彼特则是强调了企业家整合各种资源对于价值创造的重要性。

小贴士

何谓有效需求？就是部分被满足或还没有被满足，有待于激发的需求，这种需求需要具有一定程度的营利能力。换句话说，创业机会一定有利益潜能，只有这样与其他产品或服务相比才具有竞争优势，才能有一定的市场前景，才能有价值并且经久不衰。

2）创业机会的特征

蒂蒙斯教授说过，创业机会不仅具有吸引力、适时性和持久性的特征，还伴随着为使用者或购买者创造或增加使用价值的产品或服务。具体来讲，我们对创业机会有以下理解和阐述。

（1）吸引力

吸引力是指顾客对未来的一种渴望和需求，所以说，创业机会必然是一个有吸引力的创意。简而言之，创业机会一定有可以吸引顾客的地方。

（2）适时性

好的创业机会必须在机会存在的时候被实施。机会存在的时间是指商业创意从产生到推广所需要花的时间，如果竞争者已经产生了相同的思想，并已经把产品推向了市场，那么机会时间也就错过了。

（3）持久性

持久性指的是创业机会在一个持续放大的机会之窗下，能在你的商业环境中行得通。创业者利用机会时，机会窗口必须是敞开的。

（4）能为客户创造价值

创业最终必须能为消费者创造服务、产品或者价值，如果创业项目无法为客户产生利益，反而会给顾客带来麻烦，那么这个项目也没有必要去实施。资源（人、财、物、信息、时间）和技能是企业创立业务的前提。

3）创业机会的产生过程

创业机会产生的起点是创意。何谓创意？它是一种新的想法和意图，创业机会产生于创意，没有创意就更别谈创业机会了。但是，不是所有的创意都可以转化并且发展为创业机会，一个创意只有满足有吸引力、适时性、时效性和能为客户创造价值四个特点的时候，才能产生创业的潜在机会。最后，需要对资源进行分析并对动机展开确认，从而充分保证潜在机会的利用，进而产生创业机会。

8.1.3 创业机会的来源

创业机会的来源主要有以下几点：市场本身的特点、新技术的发明与应用、市场结构与产业的变化、政治和制度变革、宏观环境的变化，如图8-1所示。

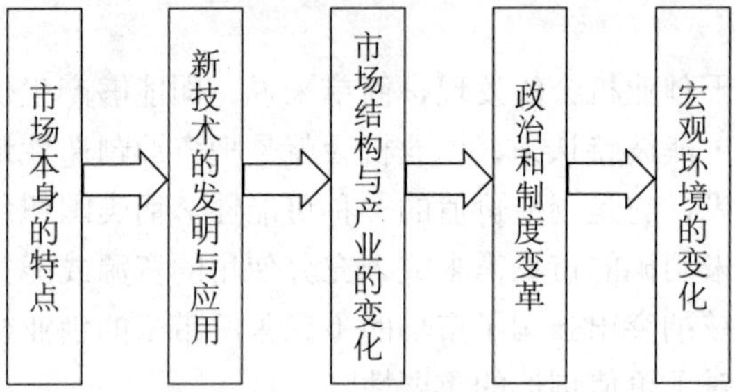

图8-1 创业机会的来源

1）市场本身的特点

如果把市场比喻成一张网，那么市场主体就是网上的一个个节点。由市场主体之间的交易把一个个节点联系起来。然而，分工是有两面性的，它在带来专业化优势的同时也导致了市场知识的分散化，进而使得许多交易在市场上无法实现，或使市场交易出现断点，而这个断点与价格机制的缺陷就创造出了创业机会。

2）新技术的发明与应用

企业的生产过程、市场，以及对资源的组织方式会由于新技术与知识的出现而发生变化，从而为市场带来创业机会。

技术变革也会带来创业机会。一般而言，技术上的任何变化和组合都会给创业者带来一定的创业机会。技术上的变革可以让人们做到以前不可能做到的事情，完成以前不可能完成的任务，或者可以更有效率地做事情。技术变革在很大程度上改变了企业之间的竞争方式，导致创办企业的机会越来越多，创办企业也越来越容易。

3）市场结构与产业的变化

市场结构与产业的变化无疑会使企业成长，在此我们引入决定市场机会的美国迈克尔·波特的五力竞争模型，“五力”包括：潜在进入者、供给方、需求方、现有企业间的竞争、替代品。根据产品的生命周期理论，任何一种产品都要经历的四个阶段有：导入期、成长期、成熟期、衰退期。在产品的不同阶段，存在着不同的竞争力和市场结构，创业机会也就出现了。

4）政治和制度变革

随着经济的发展以及社会的变革，政府必须调整自己的政治制度以适应变革。例如，专利技术的严格执行，把价值通过专利费用的形式转移到拥有专利的大公司，使得缺乏核心技术的企业逐渐被市场所淘汰。再比如，保护环境和治理政策的出台，将那些产生大量污染并且严重破坏生态环境的企业的资源转移到保护自然生态环境的创业机会上来。所以说，良好准确的政策分析可以有效地帮助创业者发现机会。

5）宏观环境的变化

经济全球化对市场机会的产生和发现也有重大影响。经济全球化又称世界经济国际化，是指世界各国经济在生产、分配、交换和消费环节的全球趋同化趋势。经济全球化可以看作是通过贸易、资金流动、技术涌现、信息网络和文化交流，世界范围的经济高速融合。世界范围的经济高速融合，亦即世界范围各国成长中的经济通过正在增长中的大量与多样的商品劳务的广泛输送，国际资金的流动、技术被更快捷广泛地传播，而形成的相互依赖的现象。其表现为贸易、直接资本流动和转让。经济全球化从根源上来看是国际分工和生产力的高度发展，生产要素在全球范围内流动，生产过程所涉及的地域范围也在不断地向全世界扩展，是世界各国经济的依赖性增强的过程。在经济全球化这个过程中，会滋生出很多创业机会。

8.1.4 创业机会的类型

创业活动因创业者发现和利用创业机会的方式的差异，产生了不同的创业成果。创业机会的类型通常分为以下几种：

创新型机会。通过技术的创新为人们带来方便，比如苹果、微软，核心竞争力在别人短时间内没有的技术上。机会在需求中找到，根据需求创新技术。

模仿型机会。通过模仿别人的技术，优化产品，降低成本形成竞争力，或者利用自己已有的用户群。例如，腾讯利用已有的庞大用户群对其依赖盈利。机会在优化资源配置中寻找。

识别型机会。通过已有技术和已知需求成为供给方，比如婚恋网站利用中国的庞大人口基数和现代找伴侣难的契机，结合科学心理分析，将生活背景、兴趣爱好、性格气质、学历知识水平、世界观价值观接近甚至相同的人搭配在一起，提高配对率。

发现型机会。将新技术应用到不同领域，与其他行业融合，例如，阿里巴巴将网络和商业买卖融合到一起，改变了我们的消费观念。

8.1.5 创业机会的来源

创业机会的来源，大致可归纳为以下几种：

顾客需求。创业的根本目的是满足顾客需求，而顾客需求在没有满足前就是问题。寻找创业机会的一个重要途径是善于去发现和体会自己和他人在需求方面的问题或生活中的难处。把问题解决了，就可以转化为创业的机会。

市场变化。创业的机会大都产生于不断变化的市场环境，环境变化了，市场需求、市场结构必然发生变化。著名管理大师彼得·德鲁克将创业者定义为那些能“寻找变化，并积极反应，把它当作机会充分利用起来的人”。这种变化主要来自产业结构的变动、消费结构升级、城市化加速、人口思想观念的变化、政府政策的变化、人口结构的变化、居民收入水平提高、全球化趋势等方面。

创造发明。创造发明提供了新产品、新服务，更好地满足了顾客的需求，同时也带来了创业机会。

市场竞争。如果你能找到竞争对手的问题，弥补竞争对手的缺陷和不足，这也将成为你的创业机会。

新知识、新技术的产生。一些新知识和新技术的产生，也为创业者提供了创业的机会。例如，现在的手机不仅能打电话，短信、微信、上网、照相、支付等功能也纷纷出现，这些功能的市场需求，就给提供这种技术的人创造了市场创业机会，于是有了利用短信、微信、上网、支付等功能来创业的人，有人把它称为"拇指经济"，这一切都来源于新知识和新技术的产生。

虽然大量的创业机会可以经由系统的研究来发掘，但最好的点子还是来自创业者长期的观察与生活体验。

8.1.6 创业机会识别的方法

创业机会识别是指创业者识别新的创业机会的过程，是创业的初始阶段。创业机会识别的一般过程，也是创业者与外部环境互动的过程。创业机会识别可采用多种方法，其中常用的方法如下：

通过系统分析发现机会。现实中，绝大多数的机会都可以通过系统分析得到发展。创业者可以从企业的宏观和微观环境中，借助趋势的力量发现机会，也可以利用自身具备的行业经验、敏锐的观察力或者是庞大的社会资源，从中发现规律并进行预测，来抓住市场机会。

通过问题分析和顾客建议发现机会。问题分析从一开始就找出个人或组织的需求，以及面临的问题。顾客的多种建议、多样的抱怨，都会成为开启新创企业新机会的契机。

通过创造获得机会。新技术行业中最依赖的就是此种方法，它始于明确拟满足的市场需求，积极探索相应的新技术和新知识，探索新科技的商业价值。需要正视的是，通过创造获得机会的方法，比其他任何方式的难度都大，风险也更高。但是如果取得成功，其回报也更大。索尼公司觉察到人们渴望随身携带一个随身音乐试听设备，利用公司微缩技术的核心能力，开发出划时代的产品随身听，取得了巨大成功。

8.1.7 创业机会识别的主要因素

创业机会识别是指察觉有利润的新业务、新产品或服务可能性的过程。影响创业机会识别的影响因素主要有以下4种：

创造性。创造性是产生新奇或有用创意的过程。从某种程度上讲，机会识别是一个创造过程，是不断反复的创造性思维过程。在听到更多趣闻轶事的基础上，你会很容易看到创造性包含在许多产品、服务和业务的形成过程中，这对创业者挖掘、把握创业机会，大有裨益。

认知因素。认知因素也称创业警觉，是指不必周密调查便可察觉事物的能力。具有创业警觉性的创业者能发现别人没发现的机会，这是可以通过训练得到的一种习惯性行为。机会识别可能是一项先天技能或一种认知过程。有些人认为，创业者有"第六感"，使他们能看到别人错过的机会。

先前经验。在特定产业中的先前经验有助于创业者识别出商业机会，这被称为走廊原理。它是指创业者一旦创建企业，他就开始了一段旅程，在这段旅程中，通向创业机会的“走廊”将变得清晰可见。这个原理提供的见解是，某个人一旦投身于某产业创业，这个人将比那些从产业外观察的人，更容易看到产业内的新机会。

社会关系网络。社会关系网络决定了创业者对机会的判断力，建立良好的社会关系与专家网络的精英，比那些社交面狭小、足不出户的人，更容易获得商业机会和创意。社会关系网络可以让创业者了解更多的商业方法，其构成的社会联系和资源可以使创业者更自由地配置外部资源。

8.1.8 创业机会识别的过程

创业机会的识别过程很复杂，创业机会的识别可分为5个阶段：

准备阶段，指知识和技能的准备，这些知识和技能可能来自于创业者的个人背景、工作或学习经历、爱好以及社会网络。

沉思阶段，指创业者的创新构思活动，这一过程并非有意识地解决问题或系统分析，而是对各种可能和选择的无意识考虑；

洞察阶段，指创意从潜意识中迸发出来，或经他人提点，被创业者意识到，这类似于问题解决的领悟阶段，可以用“豁然开朗”来形容；

评估阶段，指有意识地对创意的价值和可行性进行评定和判断，评估的方式包括初步市场调查、与他人进行交流以及对商业前景的考察；

经营阶段，指对创意进一步细化和精确，使创意得以实现。

阅读材料：　返乡创业排头兵——大连市瓦房店市老虎屯镇缘来聚家庭农场

瓦房店市老虎屯镇缘来聚家庭农场位于辽宁省大连市瓦房店市老虎屯镇大四川村，是一家以大樱桃种植为主、池塘养鱼为辅的综合型家庭农场。2015年年末，在外经商多年的农场主石春与妻子冯园园经多方考察，决定返乡创业发展经济效益高、市场需求量大的大樱桃产业，注册成立了瓦房店市老虎屯镇缘来聚家庭农场。农场经过几年发展，现经营土地面积202亩，建有樱桃温室大棚8栋，棚内移栽6年生的美早樱桃树，年产大棚樱桃两万多斤，露地栽植美早、俄罗斯八号、佳红、萨米托等品种的大樱桃苗6 000余株。农场现有办公及仓储用房建筑面积1 200平方米，水、电、交通、通信设施齐全，配有小型铲车、小型挖掘机、小金刚翻斗车、机动三轮车、发电机及打药机等设备。农场同时发展多种经营，建有10亩鱼塘，养殖鲤鱼、鲢鱼、草鱼、鲫鱼等淡水鱼两万多尾。

1）适度经营规模，实现最佳效益

农场创建之初，石春夫妇也曾想过要把农场的规模办得越大越好，经营面积达到500亩以上，直接投建30栋以上的樱桃大棚，自己家庭成员干不过来，可以雇用大量农民工种植，以期取得更大的经济效益。但向当地农业主管部门咨询及参加农场主相关培训后了解到，农场生产经营一定要以家庭成员为主，经营规模要与资源条件、农业行业特征和大樱桃种植本身特点相适应，更要与家庭成员的数量及经营管理能力相符，而不是越大越好。经多方了解，综合考虑生产经营成本和家庭成员管理能力等多方面因素后，石春夫妇最终决定将农场的经营面积确定在200亩左右，首期投建8栋樱桃大棚。经过几年的发展，在3名家庭成员、2名长期雇工和10多名临时雇工的共同经营管理下，农场现年收入已达百万元以上，且效益逐年提升，实现了最佳的规模效益。

2）运用农业科技，打造名优品质

在目前的樱桃市场上，同一品种的大樱桃，形状、颜色和口感都不一样，主要是肥料、水分、温度、湿度等多方面因素造成的。石春夫妻二人通过参加培训、查找资料、聘请专家指导等多种方式，来提升自家樱桃的产品竞争力。当前市场上的农资肥料品种繁多，质量差别也很大，农场摒弃“一刀切”的粗放型施肥方法，根据不同地块、不同果树长势，合理施肥。为保证果品质量，农场使用生物有机菌肥和秸秆农家肥，及时补充果树生长的微量元素，还原樱桃原有的味道，同时保证了果品食用安全。另外，农场根据作物不同生长阶段的需求，对温度、湿度、光照时间等作出相应的调整，保证产出高质量的果品。

3）注重品牌建设，拓宽销售渠道

为打造品牌效益，农场2018年注册“樱仙子”商标；2020年5月，“樱仙子”品牌被中国樱商大会认定为“中国樱桃产业榜样100品牌”；2020年6月获得中华人民共和国农产品地理标志使用授权，并通过中国安全食品绿色认证。此外，农场还专门定制带有“樱仙子”商标和相关认证标识的包装箱和封箱胶带，不断增强产品的辨识度。同时，在采摘大樱桃时，按照果品质量不同分箱包装，实行差价销售。在销售方式上，采用商超直供、批发零售、网络直销、微信销售等多种方式相结合，大樱桃产品远销大连、沈阳以及北上广等一线城市，且供不应求，取得了良好的效益。

4）健全管理制度，严把产品质量

为不断规范生产经营行为，农场结合自身实际，按照绿色食品生产标准制定了《瓦房店市老虎屯镇缘来聚家庭农场绿色食品质量控制规范》《瓦房店市老虎屯镇缘来聚家庭农场绿色食品樱桃生产技术操作规程》等管理制度和生产操作规程，将质量意识贯穿于生产的各个环节。安排专人负责肥料、农药等投入品的采购和配送；生产过程、销售过程有详细的记录档案，质量可追溯，健全的《财务管理制度》使农场取得更好的发展。

5）发挥带动作用，实现共同致富

石春夫妇返乡发展这几年，除为本村多名农民带来了就业机会外，还使他们每年的收入增加近两万元，并通过栽植大樱桃打造绿色食品的实践，对本村村民改变生产观念和产业结构调整起到了示范作用。几年来，在他们的带动下，周边多户菜农把原有的蔬菜大棚改造成樱桃大棚，夫妻二人也主动上门，为他们搞好技术指导和服务工作，做到了统一种植标准、统一销售模式。邻村对栽植大樱桃感兴趣的村民经常到农场参观，夫妻二人悉心指导，知无不言，积极带动周边农户开展大樱桃产业发展，促进周边群众增收，为乡村振兴发展贡献力量。

8.1.9 创业机会的评估

机会评估是创业成功的关键内容，贯穿机会搜寻到建立新企业的整个过程，评借的主体是人，包括创业者，客体是机会。创业机会的评估主要包括市场评估和效益评估。

1）市场评估

(1) 市场定位：一个好的创业机会，必然具有特定的市场定位，专注于满足顾客需求，同时能为顾客带来增值效应。因此在评估创业机会的时候，可由市场定位是否明确、顾客需求分析是否清晰、顾客接触通道是否流畅等，来判断创业机会可能创造的市场价值。

（2）市场结构：针对创业机会的市场结构进行6项分析，包括进入障碍、供货商、顾客、经销商的谈判力量、替代性竞争产品的威胁，以及市场内部竞争的激烈程度。由市场结构分析可以得知新企业未来在市场中的地位，以及可能遭遇竞争对手反击的程度。

（3）市场规模：市场规模大小与成长速度，也是影响新企业成败的重要因素。一般而言，市场规模大者，进入障碍相对较低，市场竞争激烈程度也会略为下降。只要进入时机正确，必然会有获利的空间。

（4）市场渗透力：对于一个具有巨大市场潜力的创业机会，市场渗透力（市场机会实现的过程）评估将会是一项非常重要的影响因素。聪明的创业者知道在最佳时机进入市场。

（5）市场占有率：从创业机会预期可取得的市场占有率目标，可以推测出这家新创公司未来的市场竞争力。

（6）产品的成本结构：产品的成本结构，也可以反映新企业的前景是否亮丽。例如，从物料与人工成本所占比重之高低、变动成本与固定成本的比重，以及经济规模产量的大小，可以判断企业创造附加价值的大小以及未来可能的获利空间。

2）效益评估

（1）合理的税后净利：一般而言，具有吸引力的创业机会，需要能够创造15%以上的税后净利。如果创业预期的税后净利是在5%以下，那么这就不是一个好的投资机会。

（2）达到损益平衡所需的时间：合理的损益平衡时间应该能在两年以内达到，如果三年还达不到，那么就不是一个值得投入的创业机会。不过有的创业机会确实需要经过比较长的耕耘时间，通过这些前期投入，创造进入障碍，可以保证后期持续获利。在这种情况下，可以将前期投入视为一种投资，这样才能容忍较长的损益平衡时间。

（3）投资回报率：考虑到创业可能面临的各项风险，合理的投资回报率应该在25%以上。一般而言，如果投资回报率在15%以下，创业机会就不值得考虑。

（4）资本需求：投资者一般欢迎资金需求量较低的创业机会。事实上，许多个案显示，资本额过高其实并不利于创业成功，有时还会带来稀释投资回报率的负面效果。

（5）毛利率：毛利率高的创业机会，相对风险较低，也比较容易取得损益平衡。反之，毛利率低的创业机会，风险则较高，遇到决策失误或市场产生较大变化的时候，企业很容易遭受损失。

（6）资本市场活力：当新企业处于一个具有高度活力的资本市场时，它的获利回收机会相对也比较高。一般而言，如果新创企业的资本市场比较活跃的话，容易创造增值效果，因此资本市场的活力也是一项可以被用来评价创业机会的外部环境指标。

（7）退出机制与策略：所有投资的目的都在于回收，因此退出机制与策略就成为一项评估创业机会的重要指标。企业的价值一般也要由具有客观鉴价能力的交易市场来决定，而这种交易机制的完善程度也会影响新企业退出机制的弹性。由于退出的难度普遍要高于进入，因此一个具有吸引力的创业机会，应该要为所有投资者考虑退出机制，以及退出的策略规划。

8.2 创业资源

8.2.1 创业资源的内涵

创业资源是指新创企业在创造价值的过程中需要的特定资产，包括有形与无形的资产，它是新创企业创立和运营的必要条件，主要表现形式为：创业人才、创业资本、创业机会、创业技术和创业管理等。

创业成功需要诸多的资源整合，创业资源在于整合而不是拥有。在创业实践中，不同的创业活动具有不同的创业资源需求，创业者应该根据创业活动的需要，认识到不同类型创业活动的资源需求差异，并对自身所拥有的资源进行合理的开发和利用，以满足不同企业的具体需求。

8.2.2 创业资源的分类

创业资源通常可以按照如下方式进行分类：

按照资源的表现形态分为有形资源、无形资源和人力资源。

（1）有形资源。有形资源又称实体资源，是指有实体形态，能够量化的资产，具体包括创业者的固定资产和金融资产。其中，固定资产包括房屋、机器设备、运输工具等资产；金融资产包括创业者的创业资金、股票和债券等筹资和借贷款。

（2）无形资源。无形资源又称虚拟资源，主要是指那些不具有独立实物形态的但是能够创造价值的资源。无形资源可归为技术资源和商誉资源两大类，具体包括知识、技巧、信息文化、关系、品牌、声誉、管理以及能力等。与无形资源相比，有形资源会越用越少，边际效应会递减；无形资源则不会越用越少，并且边际效应会递增。因此，无形资源用于价值创造的潜力更大，一些学者认为，无形资源是撬动有形资源的重要杠杆，能够为企业带来无法想象的竞争优势。

（3）人力资源。人力资源包括创业者、创业团队与雇员的知识、经验、能力以及个人的社会关系网络，它既涵盖个体的判断力、创造力、洞察力、视野和才智，又包括社交技能和社会关系。而人力资本是指在创业过程中对识别商机、价值创造起重要作用，甚至创造超额价值的人力资源。由于其重要性，经济学家将其视为经济增长的内生变量，作为企业极为重要的战略资源，能为企业带来持久的竞争优势。

按照资源的重要性程度可以分为必备资源、支撑资源和外围资源。

（1）必备资源。创业者必须自己拥有或者借助外力才能够支撑的创业资源，主要包括资金资源、产品资源及人力资源。

（2）支撑资源。创业者直接控制范围之外的资源，但是可以通过自主开发、自行组建、联合合作者等方式获取。

（3）外围资源。创业者身处其中就能够感受到的资源，不受创业者主观控制的一种外部共有性资源，包括创业环境、社会创业文化、政府创业政策和市场信息。

8.2.3 创业资源的作用

尽管创业资源的划分目前并没有公认的标准，但创业者获取创业资源的最终目的是组织这些资源并以此实现创业机会，提高创业绩效和获得创业成功，这一点是毋庸置疑的。无论哪种资源，无论是否直接参与企业的生产，它们的存在都会对创业绩效产生积极的影响，但其影响程度不同。

1）人力和技术资源是决定性资源

创业团队自身的人力资源是创业期最为关键的因素。因为创业者及其团队的洞察力、知识、能力、经验及社会关系影响到整个创业过程，同时，在企业新创时期，专门的知识技能往往掌握在少数人手中，因而此时的技术资源在事实上和人力资源紧密结合，并且上述两种资源可能成为企业竞争优势的重要来源。拥有技术和人力这两项核心资源，就有办法获得财务资源了。

同时，也有研究者指出，在创业初期，技术资源是最关键的创业资源之一。其主要原因有三：一是创业技术决定了创业产品的市场竞争力和获利能力；二是创业技术决定了所需创业资本的大小，对于一些在技术上非根本创新的新创企业来说，创业资本只要保持较小的规模就可以维持企业的正常运营：三是就创业阶段而言，新创企业是否掌握“核心技术”或“根部技术”，是否拥有技术的所有权，决定着创业成本以及能否在市场中取得成功。技术资源对依托高科技进行创业的企业而言更为关键。

2）资金是不可缺少的创业条件

有无资金，决定着创业行动能否及时展开。创业资金储备的多少，决定着创业规模的大小与进展速度。资金资源对于任何一个企业都非常重要，充足的资金将有助于加速新创企业的发展。新创企业无论是进行产品研发还是生产、宣传和销售，都需要大量的资金。而且，新创企业往往由于资产不足而缺乏抵押能力，很难从银行得到足够的贷款，这更使得资金资源成为企业高速发展的瓶颈。因此，如何有效地吸收资金资源是每个创业者都极为关注的问题。

没有资金，显然无法推动创业项目起步。不少创业者受困于缺少创立企业和起步项目所需的资金。即便一些企业已起步，也常常受困于创业资金的短缺。因此，资金是创业不可缺少的资源条件。

小贴士

创业者的社会资本

社会资本是相对于物质资本和人力资本的一种无形资源形式，是建立在信任和合作基础上的社会关系网络，更多地着眼于一种社会关系、一种文化环境。它以社会关系中的信任、规范和网络为载体，既包括社会关系中的制度、规范和网络化等组织结构特征，又包括公民所拥有的信任、威望、社会声誉等人格网络特征。创业者的社会资本和其识别创业机会、开辟新途径、创造新产品或服务、创立新组织并解决社会问题等是紧密联系在一起的。创业者的社会资本是个人拥有的社会资本的一种，表明创业者拥有什么样的社会关系；它依附于创业者个体，以创业者为中心构成网络体系；它建立在企业群体范式上，由信誉、规范所引导，由创业者与新组织之外的社会成员、创业者与社会组织以及创业者与新组织内部成员所构成，是创业者动员内部和外部资源的能力。社会资本会对创业者的创业机会识别、交易费用、个人特质等产生重要影响，而这些变量又直接影响创业活动的绩效。

8.2.4　创业资源获取的途径

创业资源获取的途径通常包括技术资源的获取途径、人力资源的获取途径、营销网络的获取途径、外部资金的获取途径。

1）技术资源的获取途径

技术资源的获取途径有：①吸引技术持有者加入创业团队；②购买他人的成熟技术并进行市场寿命分析等；③购买他人的前瞻性技术，再通过后续的完善开发，使之达到商业化要求；④购买技术并吸引技术持有者；⑤自己研发，但耗时长、耗资大。

2）人力资源的获取途径

这里的人力资源是指创业者及其团队拥有的知识、技能、经验、人际关系、商务网络，而不是企业成立以后需要招募的员工。获取人力资源的途径有打工、模拟公司运作、参加“互联网+”创新创业大赛或挑战杯大赛、与优秀的人共事等。

3）营销网络的获取途径

营销网络能帮助新创企业的产品或服务走向市场。一般情况下，新创企业可以通过以下途径拥有未来的营销网络：①借用他人已有的营销网络，并使用公共流通渠道；②自建营销网络与借用他人营销网络相结合，扬长避短，使营销网络更符合新创企业的要求。

4）外部资金的获取途径

①依靠亲朋好友筹集资金，双方形成债权债务关系；②抵押、银行贷款或企业贷款；③争取政府某个计划的资金支持；④所有权融资，包括吸引新的拥有资金的创业同盟者加入创业团队，吸引现有企业以股东身份向新企业投资、参与创业活动等；⑤拟订详尽可行的创业计划，吸引一些大学生创业基金甚至风险投资基金的目光。

8.2.5 创业资源的整合

创业资源获取之后，创造性使用、策略性推动是必要环节，资源整合指创业者对不同来源、不同层次、不同结构、不同内容的创业资源进行识别与选择、汲取与配置、激活和有机融合，使其具有较强的柔性、条理性、系统性和价值性，并创造出新资源的复杂的动态过程。资源整合是企业战略调整的手段，也是企业经营管理的日常工作，对于新创企业而言，其作用尤为关键。通过资源整合，创业者能够发现企业自身的优势和劣势，清楚哪些事情是可以做并且能够做的，哪些是市场的空白点，企业在哪些领域具有较强的市场竞争力。

在社会生态大系统中，新创企业作为一个有机体处在不断与外界环境动态交换资源的过程，创业资源整合正是协调各种资源力量，优势互补，提升企业资源利用率和效能的关键步骤。创业资源整合的常用方法有以下几种：

1）善用资源整合技巧

（1）借鸡下蛋，通常指新创企业的创业者手中暂无资金、实物、场地等现有资源，但可以通过“置换、代售”的方式先获取利润再偿付成本的做法。

（2）东拼西凑，通常伴随新创企业初期，由于资源的匮乏，创业者和创业团队的成员，有钱出钱，有力出力，众志成城凑齐新企业在发展初期所需的基本资金、实物、场地资源，以满足企业的基本营运条件，渡过难关。

（3）借船出海，指的是新创企业在已具备基本雏形的前提下，利用某种平台和趋势，借力而为的发展策略。

（4）以小博大，针对的是资源有限的企业，意图达到“小投入、大回报”的效果。例如，创业初期，没有足够资金购买先进的设备，但是可以通过租赁设备等方式解决这一难题，这在某种程度上即为“以小博大”策略的体现。

（5）纵横捭阖，指的是新创企业在实力尚且单薄的时候，可以联合其他众多小企业，整合各种资源，构建战略协作生态圈，互惠互赢。

2）发挥资源的杠杆效应

尽管存在资源约束，但创业者并不会被当前控制或支配的资源所限制，成功的创业者善于利用关键资源的杠杆效应，利用他人或者别的企业的资源来完成自己创业的目的：利用一种资源补足另一种资源，产生更高的复合价值；或者利用一种资源撬动和获得其他资源。

3）设置合理的利益机制

资源通常与利益相关，创业者在整合资源时，就一定要设计好有助于资源整合的利益机制，借助利益机制把潜在的和非直接的资源提供者整合起来，借力发展。因此，在整合资源时需要关注有利益关系的组织或个人，要尽可能多地找到利益相关者。同时，要分析清楚这些组织或个体和自己的利益关系，利益关系越强、越直接，整合到资源的可能性就越大，这是资源整合的基本前提。

8.3 创业风险

8.3.1 创业风险的概念

创业风险，即创业中存在的风险，是指由于创业环境的不确定性，创业机会与创业企业的复杂性，创业者、创业团队与创业投资者的能力与实力的有限性，而导致创业活动偏离预期目标的可能性及其后果。

8.3.2 创业风险的特征

创业风险对企业的生存和发展影响很大，要想规避风险，必须先了解其特征。创业风险一般具有以下几个特征：

客观性。创业风险客观存在，无法逃避。创业风险不仅存在，而且存在于企业成长的全过程。人们只能在一定的时空范围内改变风险存在和发生的条件，尽量降低风险发生的概率和损失程度，但是从总体上而言，风险是无法彻底消除的。

不确定性。创业风险随着环境的变化而出现，也随着环境的变化而消失，虽然有其发生的具体原因，但发生的时间及影响力是难以预知的，这种难以预知性便造成了风险的不确定性。风险是创业过程中各种不确定性因素的伴随物。不确定性有很多种表现形式包括可测定的不确定性、不幸事件发生的不确定性、损失发生的不确定性等。

潜伏性。创业风险往往被许多外在现象所掩盖，从而不容易被发现。创业者要透过纷繁复杂的表面现象去发现本质，透过偶然看到必然，甚至透过假象发现真象。

可预测性。尽管风险具有不确定性和潜伏性，但创业者还是可以根据以往发生的一系列类似事件的相关资料进行分析，对各类风险发生的概率及其造成的经济损失程度进行客观判断，从而对可能发生的风险进行预测和防范。风险的预测过程就是对风险的分析过程，它对风险的控制与防范具有十分重要的作用。

可控制性。创业风险虽然存在于创业的各个阶段或环节，但是利用科学的管理方法、管理流程、管理技术，可以适当地规避、减缓风险导致的不利影响。

可逆性。风险与机会并存，风险会随着创业环境的变化而改变，会随着时间的推移减弱和消失甚至转变为机会。创业者要正确认识风险并充分利用风险，使风险最大程度地受到控制，并转化为新的创业机会。

8.3.3 创业风险的分类

按风险来源的主客观性划分，创业风险可分为主观创业风险和客观创业风险。主观创业风险是由创业者的心理、自身素质导致的创业失败的可能性。客观创业风险是由于市场、政策、经济发展和竞争对手等客观因素导致的创业失败的可能性。

按创业风险的内容划分，创业风险可分为市场风险、技术风险、管理风险和经济风险。

按创业投资的影响程度划分，创业风险可分为安全性风险、收益性风险和流动性风险。安全性风险指创业者投入的财产，以及预期实际收益可能会存在损失的风险；收益性风险指投资方和创业者投入的资产不会蒙受损失，但预期实际收益存在损失的可能性；流动性风险指投资方的资本、其他财产以及预期实际收益不会蒙受损失，但资金有可能不能按期转移或支付，造成资金运营的停滞，使投资方蒙受损失的可能性。

按创业过程划分，创业风险可分为时机的识别与评估风险、准备与撰写创业方案风险、确定并获取创业资源风险和新创企业管理风险。时机的识别与评估风险，指创业者由于信息获取量不足、信息不准确或推理错误等各种主客观因素导致的风险；准备与撰写创业方案风险，指计划撰写准备不充分、信息细分与整合不合理、计划规划不科学、撰写计划不全面等风险；确定并获取创业资源风险，指因为资源的有限性，获取资源的成本较高而带来的创业活动风险；新创企业管理风险，指管理方式、战略制定、企业文化建设等管理环节存在的风险。

按创业与市场和技术的关系划分，创业风险可分为改良型风险、杠杆型风险、跨越型风险和激进型风险。改良型风险，是创业风险最低的，指利用现有的市场、技术来进行创业而存在的风险；杠杆型风险，指利用新的市场、现有的技术进行创业而产生的风险；跨越型风险，指利用现有市场、新技术进行创业而产生的风险，体现在创新、技术的替代上；激进型风险，指利用新市场、新技术进行创业而产生的风险，市场大、机会多，但是风险也最大。

按创业结果的风险属性划分，创业风险可分为沉船风险和丢船风险。沉船风险，指创业企业没有达到满意的绩效水平的可能性，它与追随错误机会的成本有关，在企业初创期处于最高水平，随着创业企业运营逐渐下降；丢船风险，指没有从事正确的项目，背离企业成功运营方向产生的风险。它与不追随最佳机会或不采取潜在行动的机会成本有关，随着时间的推进而不断上升。

8.3.4 创业风险管理程序

目前，风险管理已经形成了一般的管理原则，成熟企业通常依此来管理其所面临的风险。风险管理的程序一般包括以下几个环节：风险识别、风险评估、风险管理方法的选择和风险管理效果评价（如图8-2所示）。每个步骤要实时监控、反馈，以保证创业活动按既定计划不断推进。

图8-2　风险管理的程序

1）风险识别

创业过程会面临许多潜在的风险。风险识别是管理这些风险的第一步，是指对创业面临的现实以及潜在的风险加以判断、归类并鉴定风险性质的过程。存在于创业之中的风险多种多样，这些风险在一定时期和某些特定条件下是否会存在，存在的条件是什么以及损害发生的可能性等都是风险识别阶段应当回答的问题。风险识别主要包括感知风险和分析风险两个方面。风险识别对传统的经营管理有至关重要的意义，识别创业风险有助于创业目标的实现，也有助于创业的健康发展。

2）风险评估

风险评估是指在风险识别的基础上，对所收集的大量的详细损失资料所进行的分析评估。这一阶段可按照相关损失发生的概率来分类，进行损失概率的评估，同时对损失的规模与程度进行分析，从而使风险分析定量化。应该把风险发生的概率、损失的程度与其他综合因素结合起来考虑，确定系统发生风险的可能性及其危害程度，通过比较管理风险所支付的费用，决定是否需要采取风险控制措施，以及控制措施执行到什么程度，从而为管理者进行风险决策、选择最佳风险管理技术提供可靠的科学依据。

3）风险管理方法的选择

在风险评估的基础上，为实现风险管理的目标，选择最佳的风险管理技术是风险管理的实质性内容。风险管理技术分为控制型与财务型两大类。前者的目标是降低损失发生的概率和减少损失的程度，重点在于改变引起意外事故和扩大损失的各种条件；后者的目的是以提供基金的方式消化发生损失的成本，即对无法控制的风险进行财务安排。

4）风险管理效果评价

在做出风险管理方法选择的决策后，创业者必须实施其所选择的方法。风险管理应该是一个持续的过程，对实施效果进行评价是必需的。有时新出现的风险暴露或预期的损失概率、损失程度发生了显著的变化，需要对原有决策进行重新评价。风险管理的效果评价是指对风险管理技术的适用性及收益情况进行的分析、检查、修正和评估，这是由风险的动态性所决定的。通过效果的评价，以保证具体管理方法与风险管理目标相一致，并使方案具有可操作性和有效性。

8.3.5　创业风险的防范

创业总是有风险的，不敢承担风险，就难以求得发展。关键是创业者要树立风险意识，在经营活动中要尽可能预防风险，降低风险、规避风险。大学生创业应在各个环节做好风险的防范。

1）防范策略

创业风险主要有管理风险、技术风险、市场风险、资金风险和环境风险五种常见类型，不同的风险有不同的诱因、表现形式和影响力，需要创业者制定相应的防范策略。

(1) 防范管理风险。主要应注意决策风险防范和组织风险防范。

① 防范决策风险：指对于创业者而言，决不能仅根据自己的喜怒哀乐和不切合实际的个人偏好或仅凭个人经验、运气进行决策。

② 防范组织风险：指创业者从创业一开始就应该注意组织结构的设置，包括建立和健全各种规章制度、人力资源的甄选、考评与薪酬设计，并逐步建立相应的企业文化与价值观。

(2) 防范技术风险。可以从延伸创新、无缺陷管理、搜集情报、过程性控制等四个方面入手。

① 延伸创新：指在别人技术资源的基础上，投入较少资金，对该项技术进行改良和完善，无论是发达国家，还是发展中国家，延伸创新都是一种极普遍的技术创新手段，在一定程度上可以有效防范来自技术方面的创业风险。

② 无缺陷管理：指所谓产品和服务的零缺陷，这些是在人的无缺陷行为中实现的，依赖于个人和集体的无缺陷行为。实现产品最终零缺陷的主要手段并非技术，而是充分调动和发挥科技人员的积极性与责任心，再好的技术也有误差率，而通过加强人的责任心和积极性，就有可能将技术的误差率消灭在零状态。

③ 搜集情报：指通过专利文献、科技报告、技术标准文献、产品样本等，查阅行业技术创新的最新动态和进展，这有利于创业者节省研发时间和资金。

④ 过程性控制：指在技术研发过程中，密切关注技术进展和技术难题的破解程度，遇到企业无法破解的技术难题，可以通过组建研发联合体来控制风险。技术开发初步完成后，要进一步检验此项技术是否便于设计和制造。技术开发成功后要及时申请专利，以获得法律保护。

(3) 防范市场风险。需要考虑市场的需求量、接受度及竞争性。

① 防范市场需求量的风险：很多创业者会高估市场的需求量，如果一个项目投入巨大，但产品的市场需求量较小或短期内不能被市场接受，那么产品的市场价值就无法实现，投资无法收回从而导致创业失败。

② 防范市场接受度的风险：新产品要打开市场需要一定的过程和时间，如果企业产品不被市场接受或很长时间才被市场接受，会不可避免地出现产品积压，使得企业资金周转困难。创业者对市场风险的理解和警惕性直接关系到创业顺利与否，如果一个企业做好市场预测，且销售渠道广泛、不依赖局部市场，相比那些没有准备的企业所面临的风险会小得多。

③ 防范市场竞争的风险：任何企业都面临市场竞争，垄断市场的局面已不复存在。大学生创业者可能要面对社会上多家同类企业，能否立足，要看对竞争者的分析是否全面、对市场信息的掌握是否及时、对竞争劣势的处理是否恰当，这些都会影响市场竞争的成败。

(4) 防范资金风险。应该重点关注贷款成本，并加强财务管理。

① 关注贷款成本：当发生通货膨胀的时候，政府一般会采取紧缩银根的金融政策，使利率上升。但利息过高会给企业带来过重负担，如果资金使用效益低于资金的利息，贷款成本将随之增加。同时，通货膨胀一旦出现，会拉动设备、材料等成本上升，使得资金入不敷出。创业者可以通过银行贷款和民间融资来融资，也可以通过出让股份来融资。

② 加强财务管理：创业者没有较好的财务计划也是造成资金瓶颈的常见因素，财务管理会造成流动资金被挪用，缺乏后续资金，创业者要重视对现金流的掌控，使资金合理流动，以便解决这种情况。

（5）防范环境风险。大学生创业者要对创业政策进行研判、预测，避免被虚假的利好消息所误导。创业前仔细咨询当地政府或招商办，政策是否有保证，可以通过签订合约以法律形式保障自己的合法权益。创业者要有预防突发事件的措施，如参加财产保险、制定预防突发事件预案等，把突发事件可能造成的损失降到最低。

2）防范机制

防范创业风险的最好办法，就是建立风险的防范机制，从根本上对创业风险进行合理规避，主要包括事前防范和事后防范。

（1）事前防范。注意事前的风险防范，更有可能规避和控制风险，甚至阻止风险的发生。在事前防范方面，大学生创业者应做好以下四点准备。

① 学习市场营销知识：对于创业者而言，拥有丰富的营销知识和较强的营销能力，能够快速打开市场，发现和获取竞争优势及利润机会，创造良好的业绩。创业者要会分析影响市场营销的宏观和微观环境，具备市场调研与预测、选择目标市场、市场定位和市场细分等知识。

② 慎重选择创业项目：选择创业项目要因时而异、因环境而异、因人而异。要建立项目筛选机制，形成科学合理的项目评估程序和评价指标体系。如果项目选择不合理，投入再多的时间和金钱，企业注定会失败。

③ 实施环境检测：创业者需要通过分析和研究创业环境，进行战略思考和决策，寻找适宜的创业环境，把握有利的时机规避风险，从而实现企业目标。

④ 加强风险预测：大学生在创业过程中，要对每项重大决策中可能存在的风险进行科学预测。对创业项目实施后风险发生的概率和程度进行评估，并为创业过程中各种不确定因素建立预警和应急机制，不断提升处理突发事件的能力。

（2）事后防范。建立风险出现后的防范机制很重要，能有效降低风险带来的影响和损失。

① 自力救济：当风险发生后，创业者首先要有战胜创业风险的信念，坚信办法总比困难多，再充分利用一切可以利用的资源，发挥团队的智慧和力量，共同抵御风险和危机。找准风险源头，尝试干预引发风险的各种因素，尽一切努力降低风险可能对企业造成的危害。

② 法律救济：一旦发生创业风险，创业者可以求助于法律，最大限度地减少甚至消除风险损失，切实维护创业者自身的合法权益。

③ 保险救济：参加保险是创业者合法、有效转移不可抗拒性风险的一项重要措施。购买保险时要全面了解保险合同条款，明确合同条款所赋予保险双方的权利和义务，尤其是免责条款。当保险责任事故发生后，要在规定期限内向保险人提出赔偿申请，并提供相关证明。

阅读材料：　　　　　　乐高公司的转型与创新

乐高公司在20世纪90年代面临了严重的破产危机。由于市场竞争激烈，传统产品线销量下滑，公司陷入了财务困境。面临的风险主要包括：

市场风险：传统玩具市场竞争激烈，乐高公司面临市场份额下降的风险。

创新风险：开发新产品线需要投入大量资源，且不一定能保证成功。

品牌风险：新产品线的推出可能会影响乐高的品牌形象和忠实用户群。

经公司研究讨论，制定以下防范与应对措施：

转型与创新：乐高公司决定转型，开发新的产品线，如乐高忍者系列等，以吸引新的消费者群体。这一策略成功吸引了年轻消费者的关注，提升了销量。

多元化合作：乐高与电影、游戏等品牌合作，推出联名产品，扩大品牌影响力。这种多元化合作不仅提升了乐高产品的曝光度，还增加了收入来源。

保持核心产品吸引力：在推出新产品的同时，乐高公司没有忽视其核心产品线的吸引力。通过不断改进和创新，乐高保持了其在传统玩具市场的领先地位。

经过转型和创新，乐高公司成功应对了破产危机，并实现了业务的快速增长。乐高忍者系列等新产品线成为了公司的明星产品，吸引了大量忠实消费者。同时，通过与电影、游戏等品牌的合作，乐高进一步提升了品牌影响力，巩固了其在玩具市场的领先地位。

8.4 本章练习

1）简述创业机会的来源和类型。

2）如何对创业机会进行评价？

3）简述创业资源的获取途径、整合方法。

4）如何防范创业风险？

第 9 章

创业计划、商业模式与创业项目的选择

学习目标

- 掌握创业计划的整体要求
- 了解创业计划的信息收集和市场调查方法
- 了解商业模式
- 了解选择创业项目的基本原则与策略
- 掌握选择创业项目应避免的误区

素养目标

- 通过创业计划书编撰及创业项目选择，引导大学生学会选择、经营自己的人生

引导案例

华为成功的商业模式

1.技术创新与研发投入

持续投入研发：华为视产品质量为企业生命，每年保证销售额的10%作为研发经费。这一举措使得华为在通信领域能够持续领先，并在5G、云计算等关键技术上取得重要突破。

专利数量：华为在技术创新上取得了显著成果，其新申请专利数量庞大，如2009年华为新申请专利6 770件，累计申请专利达到42 543件。华为在LTE/EPC领域的核心专利数也位居全球前列。

2.客户需求驱动与产品策略

客户需求驱动：华为以客户需求为驱动，定位为通信设备领域的系统集成服务商与量产型公司。这一策略使得华为能够为客户提供有竞争力的端到端通信解决方案。

产品线丰富：围绕通信设备领域的产品生命周期，华为形成了完整的产品线，包括交换网络、传输网络、无线及有线固定接入网络和数据通信网络、无线终端产品等。

3. 商业模式与盈利模式

盈利模式：华为的盈利模式主要依靠通信产品的生命周期，通过企业规模效益、低耗与高效的供应链管理、非核心环节外包、流程优化等挖掘出的成本优势，打压在成本上处于劣势的其他竞争对手。

“华为优势”：华为的创新性在于以暂时的亏损为代价，将投入市场的新产品按两三年后量产的模型定价，快速抢夺国际市场份额。

4. 全球市场布局与合作伙伴关系

全球市场：华为的产品和解决方案已经应用于全球100多个国家，服务全球运营商50强中的45家及全球1/3的人口。

合作伙伴：华为与众多全球主流运营商建立了紧密的合作关系，如与MTN在非洲的广泛合作，为尼日利亚、乌干达等地区提供GSM网络设备。

5. 数字化转型与未来展望

数字化转型：华为在数字化转型过程中采取了多种形式，包括数字业务体验类、数字业务使能类和ICT基础设施类。这些转型使得华为能够更好地适应数字时代的需求。

未来展望：华为致力于通过持续的技术创新和市场拓展，成为全球领先的信息与通信技术（ICT）解决方案供应商，为电信运营商、企业和消费者等提供有竞争力的ICT解决方案和服务。

华为通过技术创新、客户需求驱动、独特的商业模式和盈利模式、全球市场布局与合作伙伴关系以及数字化转型等多方面的努力，成功构建了其独特的商业模式，并取得了显著的商业成就。

资料来源：小时寻美记．一文看懂“华为”！从一家小企业到国际巨头：揭秘华为的成功之道［EB/OL］.（2023-11-10）. https：//baijiahao.baidu.com/s？id=1782145904390710403&wfr=spider&for=pc.

讨论：

华为的成功给我们的启示有哪些？

9.1 创业计划

对于创业者而言，创业计划可以帮助其梳理并有序开展相关创业活动，增加事业运营的成功概率，创业计划不仅是创业过程中必不可少的书面文件成果，而且创业计划书的好坏直接关系到创业项目成败。

9.1.1 创业计划的概念

创业计划是由创业者准备的一份书面创业计划，用以描述创办一个创业企业所有相关的内部及外部要素，包括人员、资金、商业前景各种资源的整合，以及经营理念、营销策略等，从而为创业项目制定一份具体、完整、深入的行动指南，又称创业商业计划。

创业计划涵盖新创企业的营销、生产运营、产品研发、财务管理、完成进度等方面，通过分析新创企业的当前现状、预期需求及结果预测，展示新创企业的清晰面貌以及企业的经营内容、发展方向、预期目标。

9.1.2 创业计划的作用

创业计划是创业的行动导向和路线图，为创业者行动提供指导和规划，也为创业者与外界沟通提供基本依据。

1）明确创业目标

创业者在创业之初，应明确自己的创业目标，并将创意以创业计划书的形式表现出来，有助于创业者冷静地分析和识别创业机会，明确自己的创业理想，规划自己的创业蓝图，使创业者对自己的创业目标更加明晰。

2）体现创业行动

创业计划能较全面地反映创业者对项目的认识及取得成功的概率，展示出创业者的核心竞争力；最大限度地反映创业者如何创造自己的竞争优势，如何在市场中脱颖而出，如何争取较大的市场份额，如何发展和扩张，如何形成创业计划的说服力。

3）整合作用

创业计划的整合作用是最重要的。在创业的过程中，各种生产要素是分散的，各种信息是凌乱的、各种工作是互不衔接的。我们通过编写创业计划书，梳理思路，进行调研，完善信息，能找到各种程序之间的衔接点，最终把各种资源有序地整合起来，调动起来、围绕着创造和形成商业利润，进行最佳要素的组合。这种整合，可以把各种分散的资源聚拢起来，形成一种增量资源，明显地提高经济效益。

4）募集外部资金支持的作用

资金是企业的血液，是创业企业能够获得快速发展和崛起的前提。创业企业要获得风险投资的支持，其中重要的途径就是从审验你的创业计划书开始。因此，好的创业计划书具有获得风险投资支持的不可替代的作用。

9.1.3　创业计划的内容

创业计划的内容不同，行业的创业计划形式也有所不同，但所有创业计划的总体结构都应该包括计划摘要、主体和附录三个部分。

1）计划摘要。计划摘要是对整个计划的高度概括，应采用最精练的语言浓缩计划书的精华。一般要在所有内容编制完毕后，再提炼主要的结论性内容摘录，以求在短时间内给使用者留下一目了然的深刻印象。在概述中企业必须回答以下问题：企业所处的行业、企业经营的范围和性质；企业主要产品的内容介绍；销售市场在哪里，目标客户是谁，这些客户有哪些需求；企业的合伙人和投资人是谁；企业的竞争对手是谁，竞争对手对企业发展有何影响；企业的竞争优势在哪里；如何投资、投资的数量和方式是什么；投资回报收益和安全保障如何等。语句要清晰流畅且富有感染力，要反复推敲，力求精益求精，以引起投资人对创业计划书的兴趣。特别需要详细说明的是创业企业的不同之处和企业获取成功的市场因素。

2）主体。主体是整个计划书的核心。主体部分的内容要翔实，在有限的篇幅内充分展示创业者要说明的所有内容。主体部分按照顺序一般包括企业（项目）介绍与战略、技术产品（技术，服务）介绍、行业和市场分析预测、市场营销策略、生产计划（运作分析）、团队管理介绍、财务分析与预测融资计划、风险分析九个方面。

（1）企业（项目）介绍与战略：企业（项目）介绍与战略是向战略合伙人或风险投资人介绍融资企业或项目的基本情况。如果项目处于种子期，目前仅是一个好的商业创意，应着重介绍创业者的成长经历、求学过程，并突出其性格、兴趣爱好、特长和创业者的追求、独立创业的原因，以及创意如何产生；如果企业处于成长期，应简明扼要地介绍公司的发展历史、经营现状及未来规划。

（2）技术产品（技术、服务）介绍：投资人最关心的问题之一就是企业的产品、技术或服务能否在一定程度上解决现实生活中的问题；企业的产品（技术、服务）能否帮助顾客节约开支增加收入，这是市场销售业绩的基础。在这一部分，要对产品（技术、服务）做出详细、准确、通俗易懂的说明，让非专业的投资者快速了解产品。

（3）行业和市场分析预测：行业和市场分析预测主要对企业所在行业的基本情况、企业的产品或服务的现有市场情况、未来的市场前景进行分析预测，使投资者对产品或服务的市场销售状况有一定的了解。

（4）市场营销策略：企业的盈利和发展最终都要以市场来检验，营销策略的成败将直接决定企业的生存命运。营销策略的内容应包括营销机构和营销团队的建立；营销渠道的选择和营销网络的构建；广告和促销策略；价格策略；市场渗透和开拓计划；市场营销中意外情况的应急对策等。

（5）生产计划（运作分析）：这旨在使投资者了解产品的生产经营状况，这一部分应尽可能把新产品的生产制造和经营过程展示给投资者。同时，为了增大企业的评估价值，应尽量呈现更加详细、可靠的生产制造计划。

（6）团队管理介绍：投资者非常看重团队管理，这部分主要是向投资者展现企业团队管理的结构、管理能力和水平、职业道德和素质，使投资者了解团队管理的能力，增强投资信心。

（7）财务分析与预测：财务分析与预测包括公司过去若干年的财务状况分析，今后三年详细的投资计划及发展预测。其旨在使投资者据此判断企业未来的财务经营状况，进而判断其投资能否获得理想回报，因而它是决定投资决策的关键要素之一。

（8）融资计划：融资计划主要是根据企业的经营计划，提出资金需求数量、融资的方式和工具、投资者的权益、财务收益及其资金安全保证、资金退出方式等。它是对资金供求双方共同合作前景的计划分析。

（9）风险分析：风险分析指向投资者呈现企业可能面临的各种风险隐患、风险的大小及融资者将采取何种措施来降低或防范风险以增加收益。融资者最好采取客观的态度，不能因为风险发生的可能性小而忽视风险，也不能为了增加获得投资的机会而故意缩小或隐瞒风险因素，应该对企业所面临的各种风险都认真地加以分析，并针对每一种可能发生的风险提出相应的防范措施，这样才能获得投资者的信任。

3）附录。附录包括媒体对公司产品的报道、公司产品的样品图片和说明，以及有关公司产品的其他资料。根据公司（项目）具体情况的不同，创业者可以在此基础上结合实际情况进行增添或删改。对不同公司而言，附录的重点有所不同，应视情况而定。

投资者一般关心的问题主要有两点：一是创业者的商业创意、产品、技术和服务是否具有唯一性：二是企业管理层能否胜任。因此创业者在编制创业计划书时一定要重点对这两方面进行分析。另外，获取利益是投资者的根本目的，及早收回资金是其投资的前提，所以对于未来收益的预测、设计和风险资金的退出之路也是计划书应该分析的重点。

9.1.4 创业计划书的编制

创业计划书通常应该包括创业的种类、资金规划和来源、资金总额的分配比例、阶段目标、财务预估、行销策略、可能的风险评估、创业动机、股东名册、预定员工人数等。

具体内容一般包括以下方面：

1）封面

封面的设计要美观，有艺术性。一个好的封面会使投资者产生最初的好感，形成良好的印象。封面应该包括下面这些内容：

（1）公司名称；

（2）公司地址；

（3）联系方式（电话、电子邮箱等）；

（4）公司网址；

（5）法定代表人；

（6）保密须知（如有需要时可以具体说明）。

2）计划摘要

计划摘要应该是浓缩了创业计划书的精华。计划摘要涵盖了计划的要点以求一目了然，让投资者在最短的时间内评审计划，并做出判断计划，摘要一般包括以下内容：

（1）公司介绍；

（2）管理者以及团队成员的优势背景；

（3）主要产品和业务范围；

（4）投资事业项目或产品的背景与特性说明；

（5）市场规模与预期占有率；

（6）拥有的核心竞争优势；

（7）营销策略；

（8）销售计划；

（9）生产管理计划；

（10）财务计划；

（11）资金需求状况等。

计划摘要要尽量简明、生动，不要长篇大论，要把你所创立企业的不同之处和企业获取成功的市场因素展现出来。

3）企业介绍

这部分的目的不是描述整个计划，也不是提供另外一个概要，而是介绍你的公司，因而重点是你的公司理念以及如何制定公司的战略目标。你要让投资者对其所投资的公司有一个大致的了解。

4）产品（服务）分析

产品分析应该包括以下内容：产品的概念、性能及特性、主要产品介绍、产品的市场竞争力、产品的研究和开发过程、发展新产品的计划和成本分析、产品的市场前景预测、产品的品牌和专利等。

产品（服务）分析要阐明你的产品或者服务到底是什么；有什么特色；能带给客户哪些利益；如果产品或服务是创新的、独特的，如何让顾客有购买欲望；如果产品或服务并不突出，为什么顾客还会购买；在产品（服务）分析部分，创业者要对产品（服务）做出详细的说明，而且说明要准确、通俗易懂，即便不是专业的投资者也能明白。一般情况下说明还要附上产品原型、照片或其他介绍。

5）行业分析

所谓行业分析，就是正确评价所选行业的基本特点、竞争状况以及未来的发展趋势等内容。关于行业分析的基本问题主要包括下面几个方面：

（1）该行业的发展程度如何，现在的发展动态如何？

（2）创新和技术进步在该行业扮演着怎样的角色？

（3）该行业的总销售额有多少，总收入为多少，发展趋势怎样？

（4）价格趋向如何？

（5）经济发展对该行业的影响程度如何，政府是如何影响该行业的？

（6）什么因素决定发展？

（7）竞争的本质是什么，你将采取怎样的战略？

（8）进入该行业的障碍是什么，你将如何克服，该行业一般的投资回报率有多少？

6）竞争分析

当要创业或要进入一个新市场时，必须先作竞争分析。竞争有时是来自直接的竞争者，有时是来自其他行业，所以当一个新竞争者进入你所经营的市场时要作竞争分析，而且需要随时随地作竞争分析。竞争分析可以从下面5个方向去展开：

（1）谁最接近的竞争者？

（2）他们的业务如何？

（3）你和他们业务的相似程度如何？

（4）你从他们那里学到了什么？

（5）你如何做得比他们好？

7）人员和组织结构

在企业的生产活动中，存在着人力资源管理、技术管理、财务管理、作业管理、产品管理等。而人力资源管理是其中最重要的一个环节。作为创业者，一定要考虑以下几个关于人力资源的问题：

（1）现在、半年内、未来三年内的人事需求是什么？

（2）还需要引进哪些专业技术人才？

（3）有专业技术的人才在哪里可以招聘到？

（4）是需要全职的，还是非全职的人员？

（5）薪水是算月薪还是时薪？

（6）提供的福利有哪些？

（7）如果需要加班，加班费怎么支付？

在创业计划书中，你还要对主要管理人员加以阐明，介绍他们所具有的能力、在本企业中的职务和责任、过去的详细工作经历和背景。此外，还应对公司的结构做一些简要介绍，包括公司的组织结构、各部门的功能与责任、各部门的负责人和主要成员、公司的报酬体系、公司的股东名单、公司的董事会成员、各位董事的背景资料等。

8）团队管理

要在创业计划书中明确你的团队管理相关事宜。其主要包括以下几个方面：

（1）创业团队成员之间如何互补？

（2）创业团队成员之间的职务及责任如何划分？

（3）职责是否界定明确？

（4）除了团队本身，是否有其他资源可分配和利用？

中小企业98%的失败来自管理的缺失。对此，创业者要有深刻的认识，一定要做好充分的准备工作，以应对投资者的“刁难”。

9）市场预测

市场预测就是预测你的产品要卖给谁，界定目标市场，包括客户的年龄层，是在既有的市场去服务既有的客户，还是在既有的市场去开发新客户，或是到新市场去服务既有客户、开发新客户。

不同的市场、不同的客户需要不同的营销方式。在做创业计划书的时候，创业者一定要注意以下几个方面：

（1）真正的客户在哪里？

（2）产品能给客户带来什么样的利益？

（3）要用哪种营销方式？

（4）通路是直销还是要找经销商？

10）营销策略

营销策略是企业经营好坏的主要因素。在创业计划书中，营销策略应包括以下内容：

（1）市场机构和营销渠道的选择；

（2）营销队伍和管理；

（3）促销计划和广告策略；

（4）价格决策；

（5）产品策略；

（6）价格策略；

（7）渠道策略；

（8）促销策略。

具体来说，创业者要说明产品定位和品牌策略；现在和未来五年内的营销策略，包括销售和促销的方式、销售通路和销售点的设置方式、产品定价策略、不同销售量水平下的定价方法，以及广告和销售计划的各项成本；还要说明顾客服务体系的构想和顾客关系管理的运作方式等。

11）制造计划

创业者要在创业计划书中详细提到产品制造计划。例如：建厂计划；制造流程、生产方法、质量管理方法，以及制造设备的需求；物料需求结构，原料、零组件来源和成本管理、委托外制与外包管理情况；产品各项固定成本与变动成本的说明，以及详细生产成本的预估；生产计划等。

12）财务规划

财务规划的重点是现金流量表、利润表和资产负债表的制备。

（1）流动资金是企业的生命线，因此企业在初创或扩张时，对流动资金需要预先有周详的计划和进行过程中的严格控制；

（2）利润表反映的是企业的盈利状况，它是企业在运作一段时间后的经营结果；

（3）资产负债表则反映在某一时刻的企业状况，投资者可以用资产负债表中的数据得到的比率指标来衡量企业的经营状况以及可能的投资回报率。

13）融资说明

从企业的自身发展出发，说明对未来三年资金的需求，以及如何满足这些资金需求，包括：融资、借贷、信用融资等。

创业者还要说明这次募资的资金需求、获利保障或限制条款；说明这次融资前后的股权结构变化，需要指出一些关键投资人和经营团队在募资前后的股权数量变化情形；说明这次融资的使用计划，应尽量明确资金的具体用途；说明这次融资未来可能的投资报酬，包括回收方式、时机以及获利情形。

14）风险管理

经营企业会有一定的风险。在创业计划书中对风险进行分析，就是为了确认投资计划可能附随的风险，并以数据的方式衡量风险对投资计划的影响，目的是向投资者说明风险的具体来源，创业者有义务告诉投资者公司在市场、竞争和技术方面都有哪些基本的风险；创业者准备怎样应对这些风险；在最好和最坏的情形下，五年计划的表现如何；如果创业者的风险估计不那么准确，应该估计出误差范围到底有多大。如果可能的话，对关键性参数做最好和最坏的设定。

15）结论

这一部分就是综合前面的分析和计划，最终说明你所创立的企业的整体竞争优势，并再次强调投资者投资你的企业所能够预见的远大前景。

16）附录（证明资料）

在创业计划书中，还要列出一些证明资料。例如，能够证实前述各项计划的详细制造流程与技术方面的数据；各种具有公信力来源的佐证资料；创业者详细的经历等。

在编制创业计划书时，可以根据具体情况进行安排，有些内容可以适当整合。

9.1.5　创业计划书的编写步骤

一般来说，创业计划书的编写步骤如下：

第一阶段是经验学习阶段。在这个阶段，创业者要广泛地学习别人的经验，为已所用。

第二阶段是创业构思阶段。在学习别人经验的基础上，开始构思自己的企业计划。

第三阶段是市场调研阶段。在这个阶段，要把创业者的构思付诸实践，通过市场调研去证明。

第四阶段是方案起草阶段。调研完市场，就可以正式撰写创业计划书了。

第五阶段是修饰完善阶段。这一阶段主要是提炼出摘要；设计封面，编写目录。

第六阶段是最后的检查阶段。可以从以下几个方面加以检查：

（1）创业计划书是否显示创业者具有管理公司的经验；

（2）创业计划书是否显示创业者有能力偿还借款；

（3）创业计划书是否显示创业者已进行过完整的市场分析；

（4）创业计划书是否容易被投资者所领会；

（5）创业计划书是否将计划摘要放在了最前面，并且写得引人入胜；

（6）创业计划书的文法是否全部正确；

（7）创业计划书能否打消投资者对产品（服务）的疑虑。

关于创业计划书的篇幅问题，没有固定要求，主要取决于创业内容。如果所创立的企业处于一个全新的行业，那么创业计划书一般会比较长；如果所创立的企业，已经有很多成熟的案例，那么篇幅可相对精简一些。

小贴士

创业计划书的“十要”与“三忌”

1.十要

一要精简。执行大纲2～3页，主题内容7～10页，注重内部经营计划和预算；

二要第一时间让读者知道公司的业务类型，不能在最后一页才提及经营性质；

三要声明公司的目标；

四要阐述为达到目标所制定的策略与战术；

五要陈述公司需要多少资金，用多久，怎么用；

六要有一个清晰和符合逻辑的让投资者投资的策略；

七要提交企业的经营风险；

八要有具体资料，有根据和有针对性的数据必不可少；

九要将企业计划书附上一个吸引人且得体的封面；

十要预备额外的拷贝件以作快速阅读之用，还要准备好财务数据。

2.三忌

一忌用书面的用词形容产品或生产营运过程，尽量通俗易懂，容易被接受；

二忌用含糊或无根据的陈述或结果表达；

三忌隐瞒事实的真相。

9.2　商业模式

9.2.1　商业模式的定义

商业模式是一个比较新的名词。尽管它第一次出现在20世纪50年代，但直到20世纪90年代才开始被广泛使用和传播。商业模式是一个非常宽泛的概念，包括运营模式、盈利模式、B2B模式、广告收益模式等，目前相对比较贴切的说法是：商业模式是一种为实现客户价值最大化，把能使企业运行的内外各要素整合起来，形成一个完整的高效率的具有独特核心竞争力的运行系统，并通过最优实现形式满足客户需求、实现客户价值，同时使系统达成持续盈利目标的整体解决方案。

9.2.2　商业模式的构成要素

商业模式的构成要素通常概括为：战略定位、业务系统、关键资源能力、现金流结构、盈利模式、企业价值这六个维度，如图9-1所示：

1）战略定位

战略定位是企业战略选择的结果，也是商业模式体系中其他几个部分的起点。战略定位需要考虑三个方面：长期发展、利润增长、独特价值。商业模式中的“定位”更多的是作为整个商业模式的支撑点，同样的定位可以有不一样的商业模式，同样的商业模式也可以实现不一样的定位。

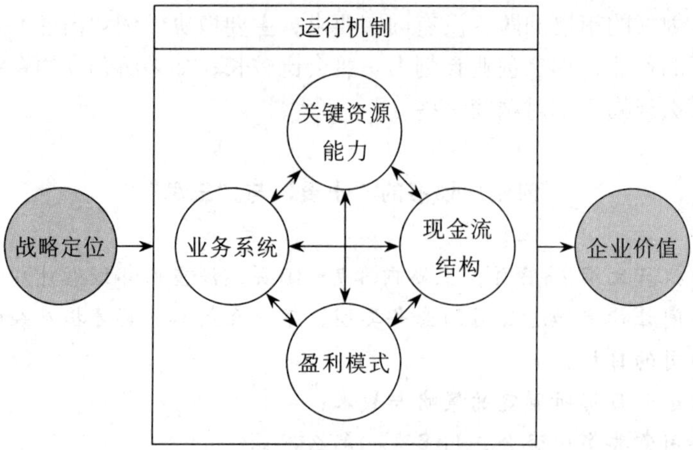

图9-1　商业模式六要素的相互关系

2）业务系统

业务系统是指企业达到战略定位所需要的业务环节、各合作方扮演的角色以及利益相关者的合作方式。企业围绕战略定位所建立起来的业务系统形成了一个价值网络，明确了客户、供应商/其他合作方在通过商业模式获得价值的过程中扮演的角色。

3）关键资源能力

关键资源能力是指业务系统运转所需要的重要资源和能力，任何商业模式构建的重点工作之一就是了解业务系统所需要的重要资源和能力有哪些，如何分布，以及如何获取和建立。不是所有的资源和能力都同等珍贵，也不是每一种资源和能力都是企业所需要的，只有和战略定位、业务系统、盈利模式、现金流结构相互契合并强化的资源和能力，才是企业真正需要的。

4）现金流结构

现金流结构是指企业经营过程中产生的现金收入扣除现金投资后的状况。不同的现金流结构反映了企业在战略定位、业务系统、关键资源能力以及盈利模式方面的差异，决定了企业投资价值的高低、投资价值递增的速度以及受资本市场青睐的程度。

5）盈利模式

盈利模式是指企业获得收入、分配成本、赚取利润的方式。盈利模式是在给定业务系统价值链所有权和价值链结构的前提下，相关方之间利益的分配方式。良好的盈利模式不仅能够为企业带来利益，还能为企业编织一张稳定、共赢的价值网。例如，同样是制造、销售手机，那些通过专卖店、零售终端销售手机的企业，其销售成本结构主要是销售部门的管理费用、销售人员的人工成本等，而与通过捆包服务收费直接给用户送手机的制造商的销售成本结构则完全不一样，尤其是在当今的移动互联网时代，这种例子屡见不鲜。

6）企业价值

企业价值是指企业的投资价值，是企业预期未来可以产生的现金流的贴现值。企业的投资价值由其成长空间、成长能力、成长效率和成长速度等因素共同决定。

商业模式的六个要素是互相作用、互相影响的。相同的战略定位可以通过不一样的业务系统实现，同样的业务系统也可以有不同的关键资源能力、盈利模式和现金流结构。

9.2.3 成功的商业模式的特征

虽然商业模式因行业、企业类型等因素的不同而不同，但成功的商业模式一般具有以下5个特征。

（1）具有创新性

一个商业模式成功的关键不一定是在技术上作出了突破，也可能是在某一个环节进行了改进或是对原有模式进行了重组、创新。商业模式的创新贯穿企业经营的整个过程，贯穿企业资源的开发方式、制造方式、营销体系等各个方面，也就是说，在企业经营的每一个环节中的创新都可能造就一个成功的商业模式。

（2）能提供独特的价值

企业通过确立自己的独特价值来保证市场的占有率。有时候独特的价值可能是新的思想，而更多的时候是产品和服务的独特性组合。这种组合要么可以向消费者提供附加的价值，要么可以使消费者用更低的价格获得同样的利益，或者用同样的价格获得更多的利益。例如，近年来流行的经济型连锁酒店入住率常年能达到90%以上，正是利用这种区别于传统酒店的模式，其取得了成功。

（3）难以模仿

企业通过确立自己的与众不同（如对消费者的贴心关照、强大的实施能力等）来提高行业的进入门槛。例如，直销模式，人人都知道其如何运作，也都知道戴尔公司是直销行业的标杆，但很难复制戴尔公司的商业模式，其原因就在于直销模式的背后是一整套完整的、极难复制的资源和生产流程。商业模式难以模仿意味着企业的经营是可持续的，但难以维持企业较快的成长速度。

（4）具有利润空间

成功的商业模式可以让企业在激烈的市场竞争中成功进入利润区，并在利润区内停留较长时间，创造出可持续的、高于行业平均水平的利润。企业经营的根本目的在于获取利润，不能盈利的企业是无法长久生存的。

（5）脚踏实地，认真分析客户

企业要做到量入为出、收支平衡。这个道理看似简单，但如果想要持续长久地做到并不容易。现在有很多企业，不管是传统企业还是新型企业，对资金从何处来，消费者为什么看中自己企业的产品和服务，乃至有多少消费者都不甚了解。原因就是这些企业在生产经营过程中，没有做到脚踏实地、认真分析客户。

9.2.4 典型的商业模式

典型的商业模式通常分为以下三种类型：

1）免费商业模式

在免费商业模式中，至少有一个关键的客户群体是可以持续免费地享受服务的。新的模式使得免费提供服务成为可能。不付费的客户所得到的财务支持来自商业模式中的另一个客户群体。

常见的三种免费商业模式，每一种都有一套不同的潜在的经济逻辑，但这三种都有一个共同点：至少有一个客户群体会持续获得免费的商品。它们是：（1）基于多边平台的免费商品（基于广告的）；（2）免费的基本服务，可选的增值服务（被称作“免费增值”模式）；（3）钓鱼模式，以免费或者很便宜的初始价格吸引客户，并诱导客户重复购买。

阅读材料：　某航空公司与某品牌汽车合作

策略：某航空公司一次性从某品牌汽车订购了150台MPV休闲车，以此为乘客提供免费的接送服务。

盈利方式：航空公司的目的是挑选高品质的商务车作为旅客航空服务班车，从而提高在陆地服务的水准。航空公司要求汽车公司以较低的价格（原价每台14万元，现价每台9万元）出售，提供给汽车公司的条件是司机在载客途中向乘客介绍车辆，从而帮助汽车公司进行广告宣传。通过这种方式，航空公司不仅提供了增值服务，还通过广告获得了额外的收入。

效果：由于每天多趟次的接送服务，广告受众人数超过200万人，为航空公司带来了上亿元的利润。

2）长尾商业模式

长尾商业模式在于少量多种地销售自己的产品，它致力于提供相当多种类的小众产品，而其中的每一种卖出量相对很少。将这些小众产品的销售汇总，所得收入可以像传统模式销售所得一样可观。它不同于传统模式，以销售少数的明星产品负担起绝大部分的收益。长尾商业模式要求低库存成本以及强大的平台，以保证小众商品能够及时被感兴趣的买家获得。

阅读材料：　抖音

抖音的长尾商业模式是指平台上存在着大量小众、细分的内容和创作者，这些内容和创作者虽然单个的影响力较小，但总体上能够汇聚成庞大的流量和商业价值。

抖音长尾商业模式的特点和方式如下：

1.内容多样性：抖音上有各种各样的内容，包括音乐、舞蹈、美食、旅游、生活技巧等。这些小众内容能够满足不同用户的兴趣和需求，吸引了大量的用户关注和参与。

2.创作者生态：抖音为创作者提供了平台和机会，让他们能够展示自己的才华和创意。许多小众创作者通过抖音积累了粉丝和影响力，实现了商业变现。

3.品牌合作：品牌可以与抖音上的小众创作者合作，进行产品推广和营销活动。这些合作可以针对特定的目标受众，提高品牌的曝光率和销售效果。

4.电商带货：抖音上的一些创作者通过直播或视频推荐商品，引导用户进行购买。这种电商带货模式为小众品牌和特色商品提供了销售渠道。

5.数据分析和精准营销：抖音通过对用户数据的分析，能够了解用户的兴趣和行为，为广告主提供精准的营销服务。广告主可以针对特定的长尾受众进行投放，扩大广告效应和提高回报率。

点评：抖音的长尾商业模式为小众内容和创作者提供了发展空间，同时也为品牌和商家带来了更多的营销机会。这种模式的成功在于充分发挥了平台的社交互动性和用户生成内容的力量，满足了用户多样化的需求。

3）多边平台商业模式

多边平台商业模式是将两个或更多独立但相互依存的客户群体连接在一起。这样的平台对于平台中某一群体的价值在于平台中其他客户群体的存在。平台通过促进不同群体间的互动而创造价值。这种商业模式的核心资源就是平台，三项关键活动通常是平台管理、服务实现以及平台升级。

多边商业平台是一种特殊的商业模式，有两个或更多的客户细分群体，每个客户群体都有各自的价值主张和各自的收入来源。而且，这些客户群体之间相互依存，哪一个也无法独立存在。选择什么样的客户群体作为补贴对象是一个关键的定价决策，这决定着该多边平台的商业模式能否成功。

例如，"淘宝"连接了商家、消费者、广告商、金融机构等多方参与者，同时满足这些参与者交易资金安全及信息分析的需要，因而获得了巨大的成功。

阅读材料：　天津博迈科海洋工程股份有限公司——深耕海工实业 站稳国际市场

从几个人打拼的"小作坊"到上万人扎根的"名企业"，产品从打开国内市场到覆盖全球各地……1996年落地天津滨海新区的博迈科海洋工程股份有限公司（以下简称博迈科），是怎样一步一步扩大版图，又是如何逆势突围"出海"的呢？

博迈科创业之初满是艰辛，爬坡过坎的日子以年来计算。面对宏伟目标，博迈科深知这条路关卡重重。怎么过关？对于博迈科来说，除了毅力，更多的是敢闯敢试的开拓精神。

正如预期，2001年，博迈科拿下第一个国际客户——阿帕奇赵东油田生活楼模块和电气模块的建造合同，迈入国际市场。从那以后，博迈科每次交付产品时，都好像收获了一股力量，博迈科如虎添翼，不断突破自我，向更高层级跃进。

每年，博迈科团队启动10余项课题技术研发，打造的产品渐渐从浅海向深海、从温带向极地转变，单一的生活楼模块也逐步发展为集海洋油气开发、矿业开采、天然气液化为一体的生产模式，业务范围随之扩大。

2016年，博迈科迎来高光时刻：完成主板上市，年模块产量近10万吨，成为国际海工行业专业模块生产商。

随着羽翼渐丰，博迈科乘势而上，将生产建造场地由50万平方米扩建至67万平方米，在400米深水码头的基础上再扩建300米，提高模块储运能力，并将其作为浮式生产设备总装泊位。2020年，博迈科与SBM公司签署MERO2项目合作协议，至此，两大FPSO（海上浮式生产储卸油船）总包方均收入囊中，我们正式挺进浮式生产设备总装业务领域，填补了天津地区在这一领域的空白。

拥有着创新基因的博迈科从未止步。眼下，进入能源生产领域，将产品辐射到石油化工、石油炼制、天然气液化层面，创造新利润增长点，已提上日程。最终立足海洋船舶制造业最高技术水平的FLNG（浮式液化天然气生产装置）领域，打造覆盖设计、建造、安装的全产业服务链；同时，引入国外先进的海洋风电设备设计、制造公司，与本土企业合作，提升天津地区石油天然气开发、石油化工、海上风电等高端装备制造的水平和规模。

资料来源：王睿. 博迈科海洋工程股份有限公司董事长彭文成：深耕海工实业 站稳国际市场［N］. 天津日报，2003-07-06（3）.

9.2.5　商业模式的演变与创新

1）商业模式的演变

商业模式不是静态的，而是不断演变和发展的。为了维护商业模式结构的稳定性，更好地应对其他竞争对手的挑战，企业倾向于用各种方式来发展自身的商业模式。商业模式的演变方式有以下4种。

（1）店铺式

店铺模式是最古老也是最基本的商业模式，它是指在具有潜在消费者群体的地方开设店铺并展示其产品或服务。商业模式是对一个组织如何行使其功能的描述，它定义了企业的消费者、产品、服务及业务流程。将商业模式与企业战略结合在一起，便可主导企业的主要决策。

（2）饵“与钩”模式

随着时代的进步、商业模式也变得越来越精细。“饵与钩”模式也称为“剃刀与刀片”模式，或“搭售”模式。在这种模式里，基本产品的售价很低，但与之相关的消耗品或者服务的价格十分昂贵。例如，剃须刀（饵）和刀片（钩），打印机（饵）和墨盒（钩）等。

（3）硬件+软件模式

小米采用了“互联网+手机”的商业模式，通过在线销售和粉丝经济的运营方式，实现了软硬件的高度整合。小米不仅生产智能手机，还开发了一系列与手机紧密相关的软件和互联网服务，如MIUI操作系统、小米云服务等。小米凭借这种商业模式，成功降低了产品价格，提高了性价比，吸引了大量用户。小米的智能手机在中国市场占据了重要地位，并逐渐拓展至全球市场。

（4）其他商业模式

其他商业模式的演变历程如下。

市场经济改革的商业模式。商业活动逐渐由政府主导转变为市场主导，人们有了更多的选择空间，商业活动逐渐走向多元化和专业化。传统的集市和个体商贩逐渐被各种商场、超市等现代零售形式替代，商品交易模式从简单的货币交换向货币交换和信用交换相结合的复合交易模式转变。

互联网时代的商业模式。电子商务、网络零售等新型商业模式不断涌现，共享经济、O2O等新的商业模式改变了人们的生活方式和消费习惯。美团外卖、饿了么等在线订餐平台，通过线上平台引导用户到线下实体店进行消费，实现了线上线下的融合。

未来的商业模式。随着科技的不断发展和市场的不断变化，中国商业模式还将继续演变。

云计算、大数据、人工智能等新技术的运用将进一步推动商业模式的创新。例如，云计算模式提供存储、运算等服务，使企业能够更高效地利用资源；VR/AR技术将提供更丰富的产品体验和交互方式。

2）商业模式的创新

商业模式的创新是改变企业价值创造的基本逻辑，是提升消费者价值和企业竞争力的活动，其最终目标是让企业以新的方式盈利。商业模式的创新和其他类型的创新（如技术创新）一样，也会经历原始创新、被模仿、再创新的生命周期。处于不同创新阶段的商业模式创新，其过程特点和设计方法是不一样的。下面将介绍两种创新模式，即商业模式的原始创新与商业模式的模仿创新。

（1）商业模式的原始创新使用前所未有的商业模式为消费者提供产品和服务，这种商业模式创新就是原始创新。它既可以发生在现存的企业中，也可以伴随新生企业或者新一代企业的成长而出现。原始创新又可分为构成要素创新、系统性创新和逆向思维创新3种。

①构成要素创新。构成要素创新是指创新必须具有的实质或本质组成部分，包括疑问、设想、设计、实现。这些要素共同作用，构成了创新活动的核心。前面介绍的精益创业画布工具就可以帮助初创企业的创业者们设计一个前所未有的商业模式框架，也就是进行原始创新，它的作用是帮助追踪到目前为止的创业者的所有“创业假设”。

例如，企业认为18~30岁的城市女青年（目标人群）应该会喜欢用精致的小饰品来打扮自己（价值主张），然后企业开始尝试在最低成本状态下验证这种设想。每一次尝试都会得到更多市场信息进而帮助企业不断调整自身的商业模式，直到“城市女青年喜欢用小饰品来打扮自己”这一创新设想得到验证为止。

②系统性创新。系统性创新是指通过整体的思维和方法，对现有的系统进行改进和设计，已达到提高效率、降低成本，创造新价值等目标。系统性创新从整体出发对商业模式进行创新和建构，往往伴随着产品、合作网络、价值主张等元素的创新，最终达到为企业利益相关者带来利润的目的。

③逆向思维创新。逆向思维创新是一种反其道而行之的创新方法。使用该方法进行原始创新，需要注意以下几个方面：a. 找到行业领导者或行业主流商业模式的核心点，以此制定逆向商业模式。b. 只有在确保可以提供更高的消费者价值的前提下，企业才能选择逆向思维创新，防范行业领导者的报复行为，评估其可能的反制措施，并采取相应的对策。

（2）商业模式的模仿创新。并非所有的商业模式创新都属于原始创新，更多的商业模式创新属于模仿创新。模仿是商业模式创新的基础，模仿创新可以分为全盘复制和借鉴提升两种。

①全盘复制。顾名思义就是指对优秀企业的商业模式进行直接复制。在一些知名企业身上几乎都可以找到与之对应的原型。

同一行业的企业，尤其是同属一个子市场或拥有相同产品的企业间更容易产生互相模仿的效应。企业在进行商业模式的全盘复制时，需要注意以下两点。

第一，不能生搬硬套，要对企业或市场进行细节调整。

第二，捕捉优秀的商业模式信息，快速复制以取得先机。

②借鉴提升。依靠全盘复制的方法而成功的商业模式是很少的，几乎所有成功的模仿创新都是通过将模仿得来的商业模式与其他的商业模式和资源结合在一起，赋予其全新的形式或内容。例如，腾讯的商业模式就是在对其他商业模式的不断模仿中成长、成熟起来的，最终腾讯成为我国成功的互联网公司之一。企业在进行商业模式的借鉴提升时应注意以下两点。

第一，企业要能够迅速洞察消费者的需求，在商业模式上迅速做出反应，从而抢占市场先机。

第二，通过不断改进工艺、再造流程等方法，提高产品效用，使消费者对产品的需求增大，同时随着成本的不断降低，获取更多收益。

9.3　大学生创业项目选择

1）创业项目选择应考虑的因素

创业项目选择应考虑可行性、盈利性、市场发展前景和潜力。

（1）可行性。可行性是指确定和准备一个项目可以实施的各种条件，确保项目可以按照计划顺利进行。例如，一个创业团队需要50万元的创业初始资金，但是团队想尽了各种融资办法，只能凑到35万元，那么这个项目最终只能放弃。再如，有些项目因为受到国家政策或法律的限制而不能实施。

创业项目是否可行因人而异，如对学习语言专业的大学生来说，创办一家软件公司是十分困难的，因为不具备相应的专业基础和技术技能，但对于软件编程专业的大学生来说情况则恰恰相反。所以，在进行创业项目可行性判断时，一定要充分考虑创业环境、创业基础和创业者自身的能力。

（2）盈利性。盈利性是指创业项目在正式运转以后要能够为创业企业带来利润，即项目实施后的预期收入要大于创业投入。一般来说，企业的基本使命可概括为为股东获取利润、为员工谋求福利、为客户创造价值、为社会作出贡献，而这些都是建立在企业盈利的基础上的。如果创业项目不能盈利，也就失去了创办的意义。创业者可以采用项目评估的方法，预测创业项目未来的投资回报率，以此作为判断其可否盈利的依据。

（3）市场发展前景和潜力。一个可以实施的盈利项目并不代表是一个值得创业的好项目，因为这种盈利有可能只是暂时性的而不具有持续性。因此，创业者还应关注市场的发展前景。良好的市场前景或巨大的市场潜力可以帮助创业企业获得长期稳定的发展。所以在选择创业项目时，一定不能忽视对市场发展前景和市场潜力的评估。

2）适合大学生创业的常见项目

（1）大学生创业的传统项目

创业其实就是创业者利用和整合资源对市场机会进行识别与捕捉，为市场提供产品和服务，通过创业项目实现自我价值和收益的过程。从观念上，可以将创业项目分为传统项目和新兴项目。按照创业领域和途径，又可以将传统项目划分为自主经营型创业项目、孵化器型创业项目、网络销售型创业项目和创意服务型创业项目。

①自主经营型创业项目。自主经营型创业项目主要指那些传统的餐饮服装、图书、商品的零售和开发等行业。自主经营型创业项目在创业初期一般都是自行筹措创业初始资金的，是需要创业者付出必要劳动的项目，该项目领域内的行业都需要创业者自负盈亏。这种项目对创业者的创新能力和科技敏锐度要求不高。自主经营型创业项目的风险小，相应的收益偏低。

②孵化器型创业项目。孵化器型创业项目是指创业者通过参加国家、地方政府或学校组织的创业比赛将自己的创业设想变为现实，通过大赛平台模拟创业的过程，帮助创业者积累实践经验，提升个人能力和创业素养。孵化器型创业项目可以充分利用国家和高校的创业资源，帮助大学生进行创业。创业园区的设立为大学生创业提供了免费场地，还可以及时对大学生创业项目提供创业风险评估、创业项目咨询等服务和帮助，并对好的创意进

行孵化和催熟。这种项目一般对创业者自身的要求比较高，要求其创业构思具有一定的新颖性、可行性，还要具有一定的科技水平。这种项目的风险小、成本低，同时可以享受国家、政府和高校提供的政策优惠与帮助。

③网络销售型创业项目。网络营销型创业项目需要大学生依靠现代网络工具，通过淘宝、微信、抖音等新媒体平台进行线上营销。这种类型的创业项目可以销售特产、化妆品、日用品等一系列商品，其优点是准入门槛低，技术含量不高，只要会操作使用网络工具即可。因为是线上销售，经营成本较低，所以可能存在规模小、创新性差、经营方式被动等问题。

④创意服务型创业项目。创意服务型创业项目需要大学生依靠自身的专业素养和艺术性思维，通过提供创意、设计、构思、策划、安排获取报酬。这种类型的项目主要涉及家装设计、婚庆策划、会议设计、艺术装饰等行业。这类项目对创业者的审美设计、创新思维有一定的要求，同时要求大学生具有一定的美术和音乐素养。

（2）大学生创业的新兴项目

随着科学技术的进步和网络的不断发展，国家关于大学生的创业扶持政策不断出台并得到修正完善。高校对于创业教育模式的探索也在逐渐深入，大学生的创业项目从传统项目不断向新兴项目演化。下面介绍三类比较适合大学生创业的新兴创业项目。

①依托竞赛类的创业项目。全国大学生电子商务“创新、创意及创业”挑战赛（以下简称“三创赛”）是其中之一，该赛事是由教育部高等学校电子商务专业教学指导委员会（以下简称“教指委”）面向全国高校（含港澳台地区）举办的大学生竞赛项目，是教育部、财政部“高等学校本科教学质量与教学改革工程”重点支持项目。电子商务是一门实践性很强的新兴交叉复合专业学科，我国经济社会的发展也对创新型电子商务人才培养提出了迫切的需求。“三创赛”为大学生理论联系实际，学以致用，强化网络交互能力、团队协作能力、项目组织开发能力等大学生创新创业素质培养，在实践中学习、在实战中成长，提供了施展才华的广阔空间。“三创赛”在教育部高等教育司的指导下，探索和建立全国大学生电子商务竞赛的长效机制，努力使“三创赛”成为培养人才和发现人才的重要途径，把“三创赛”打造成我国高等教育中的品牌赛事。

另外还包括“创青春”全国大学生创业比赛，“挑战杯”全国大学生课外学术科技作品竞赛等。

②科技成果转化型创业项目。科技成果转化型创业项目需要大学生对市场需求具有敏锐的辨别能力，依靠高校实验室等科研场所研究出来的科技成果或核心技术，并将这些科研成果转化为产品开展创业。科技成果转化型创业项目具有科技含量高、准入门槛高、创新性的特点，不过一旦成功，创业者将会获得较高的回报。科技成果转化型创业项目除了要求大学生创业者具有敏锐的市场观察能力外，还要求具有较高的收益、科研水平和专业技术素养。科技成果转化型创业项目可以促进高新技术成果由科研项目向商业化转变促进国家制造业的发展和优化，是值得鼓励的一类大学生创业项目。

③公益型创业项目。公益型创业项目是指大学生改变原有公益项目的运营模式，将其市场化、商业化，通过商业运营模式帮助公益项目获得可持续发展的一种创业活动。公益型创业项目作为一种新兴的创业项目，既可以带动国家公益事业的发展，又可以通过公益组织促进大学生就业，从侧面拉动我国的经济增长。目前，这种创业项目因具有较强的创

新性和社会意义而被国家、政府、高校及各类非营利性组织所重视。公益型创业项目需要大学生有爱心、有恒心，并且要有较强的社会责任感和奉献精神。

公益型创业项目的主要特点有社会性、实践性和创业性。这三个特点是公益型创业项目运营的主要依据。社会性是开展公益型创业项目的最终目的，这就需要大学生创业者对社会上存在的问题进行深入的观察、分析和探讨，制订具体可行的方案去解决这些社会问题，以帮助企业获取收益；实践性是指大学生创业者通过公益型创业项目可以获得创业实践的经验，这要求大学生提出的社会问题解决方案要切实可行、高效便捷；创业性是公益型创业项目得以运营的重要保障，应将商业化的运营模式引入公益型创业项目，并根据市场变化对商业运用模式进行不断的修改、调整，促进项目的可持续发展。此外，大学生选择的公益型创业项目必须符合社会发展的要求。

3）项目选择的常用方法

项目选择的常用方法有：基于解决实际问题的目的选择创业项目；利用细分市场选择创业项目；从商品不完美的细节处发现项目；基于市场供求差异选择项目。

阅读材料：　跨界务农　创业把家还

小程毕业于江西一所大学，学习市场营销专业的他，却在大学毕业后选择了回乡当“农民”。与父亲传统的农业种植思路不同，他更加关注农业新技术和政策新方向，回到家乡做的第一件事，就是引进了工厂化水稻育秧生产线。

随着“70后不愿种地，80后不会种地，90后甚至不提种地，大片的农田常年被撂荒甚至废弃……”现实中鲜少有人知道的是，返乡种地的“种子”，其实早在年幼时就已深埋在小程心中。父亲是乡里的“老农技”，从小耳濡目染，他早早便对种粮的辛劳和重要性有了理性认识。

2015年，他创办了江西××现代农业科技有限公司。然而，“新农民”并没有他想象中那么好当。

“起步时最难的是资金和农户观念转变。”小程回忆，刚开始，缺乏启动资金和先进的农业技术支持。“刚引进的现代工厂化育秧技术、推广的机插秧苗作业方法，老百姓们都还不够认可。”农户在短时间内对该技术了解不深，产生了怀疑。为了引进这项工厂化育秧技术，小程通过贷款和借款欠下了300多万元债务。“自己走的路到底是不是对的？这样做到底值不值得?”这些声音时常在小程的脑海中回荡。

购置新机械、请教专业技术人员、学习农业新技能……8年的时间，小程出没在田间地头，学习农业知识。卷起裤脚，下到地里按照规范的种植方法，给工人做示范。秧苗种下后，又仔细检查，浇水、施肥……每一次，他都自己跟着学习。

很快，公司也随着发展壮大，先后承接带动周边水稻种植企业快速发展，土地流转面积扩大到5 000余亩，年作业服务面积100 000余亩。

“只有亲身下地才知道，实践和教科书是不一样的，要根据实际情况随时调整。”多年的实践，小程深刻认识到，农业并非许多人偏见中的技术低、没门槛，反而是“小小一粒粮，藏着大学问”。

小程积极对接种业企业，接种订单粮，购入先进的农业生产机械，增强公司服务能力。2020年开始，小程为本地农民提供粮食生产社会化服务，架起了小农户与现代农业发展的桥梁。小程既帮农民种好了粮食，为村集体经济创造了收益，又解决了更多农户外出打工的问题。

小程在公司推行5G智慧服务模式，使国家撂荒的耕地得到了复耕；带动当地贫困户脱贫致富、解放了农村劳动力，有效缓解了当前农业生产劳力严重不足的困难；带领全县小农户实现科学种田、科学育秧、科学耕作和管理，并且带动周边小农户3 000余户，示范带动当地村民就业17人，创造固定岗位50余个，季节性岗位200余个。小程带动周边县市等水稻种植企业10多家。省、市、县领导多次莅临公司视察和指导工作。央视、省、市、县媒体多次对公司事迹进行了宣传和报道；小程带领公司获得部级荣誉3项、省级荣誉3项、市级荣誉2项。

全国大学生创业大赛金奖、江西省农村青年致富带头人、江西省乡村振兴青年先锋……一个个荣誉的背后，无不浸透着小程种粮爱农、为农服务的初心使命。“对于老一辈人来说，务农是繁重的体力活，但对于我们这一代‘新农人’而言，务农更是一份有创造性和挑战性的事业。”小程说，对自己的选择他从没后悔过，在家乡他找到了梦想与现实的支点。

小程，用自己鲜活的事迹告诉人们，广阔的农村也可以是大学生创业的舞台、荒芜的田地也可以开出绚丽的青春之花。下一步公司将培养更多的年轻主力军，掌握工厂化育秧技术，未来几年，能够实现工厂化育秧、机插全覆盖。为乡村振兴建设、农业供给侧结构性改革深入推进创造条件；为农业农村现代化、农村生产结构优化、农民获得感、幸福感的提升作出贡献。

9.4　本章练习

1）创业计划的主要内容有哪些？
2）如何编制创业计划书？
3）常见的创业类型有哪些？

第10章

新企业的开办

学习目标

➢ 了解新企业的组织形式及架构

➢ 了解企业注册的流程及相关法律

素养目标

➢ 引导创业大学生开办具有家国情怀的企业

引导案例

××农业科技有限公司的开办

小王决定在2024年注册一家科技公司，名为“××农业科技有限公司”。他要按照以下流程具体操作：

确定公司名称

选择反映公司定位和形象，并能吸引客户的名称。

检查该名称是否已被注册或使用，特别注意音似或读音类似的名称。

确定公司法律形式

小王选择以有限责任公司的形式进行注册。

根据公司的性质和经营范围决定股东的比例和投资额。

准备注册资料

注册申请书：详细填写公司名称、注册资本、经营范围、股东出资情况等。

股东出资情况：注明出资金额、方式及时间。

公司章程：规定公司的组织结构、经营范围、股东关系、股东会议等。

其他资料：包括法定代表人、监事、股东的身份证原件及复印件，以及注册地址证明等。

名称预先核准

前往市场监督管理部门进行名称预先核准。

核准通过后，领取“企业（字号）名称预先核准通知书”。

递交申请

将准备好的资料递交至当地市场监督管理部门。

等待审核，审核通过后领取注册证书。

刻章

凭注册证书前往刻章店刻制公章、财务章等。

开设银行账户

凭营业执照等，去银行开立基本账户。

办理税务登记

领取执照后，到当地税务局开通税务相关服务。

其他行政许可和执照

根据经营范围，可能需要办理商业许可证、卫生许可证、消防许可证等。

另外，小王也可以选择使用专业代办机构来协助完成注册流程，以减少时间和精力成本。

利用“认缴制度”和“优化营商环境”等国家或地方优惠政策，减少注册资本和验资报告的要求，降低开办成本。

通过明确的开办流程和专业的协助，小王能高效、顺利地完成新企业的注册和开办。这为他后续的商业活动和经营奠定了坚实的基础。

资料来源：作者根据相关资料整理所得。

讨论：

了解本地区企业的开办流程，分析与本案例开办流程的异同点。

10.1　企业组织形式

企业组织形式是指企业财产及其社会化大生产的组织状态，它表明一个企业的财产构成、内部分工协作与外部社会经济联系的方式。对于新创企业而言，选择何种组织形式是必须考虑的首要问题。

对创业者而言，应在对不同组织形式特点进行科学分析的基础上，决定选择最符合新企业需求的组织形式。创业者在选择企业组织形式时，应考虑资金分配、资产保护、有限责任、财务管理、税收、企业环境、个人关系等因素。

创办新企业的企业组织形式通常分为个人独资企业、合伙企业和公司制企业（有限责任公司和股份有限公司）三类。

10.1.1　个人独资企业

《中华人民共和国个人独资企业法》规定，个人独资企业是指由一个自然人投资，财产为投资人个人所有，投资人以其个人财产对企业债务承担无限责任的经营实体。个人独资企业的设立应当具备一定的条件和程序。设立的基本条件包括：投资人为一个自然人；有合法的企业名称；有投资人申报的出资；有固定的生产经营场所和必要的生产经营条件；有必要的从业人员。

申请设立个人独资企业的程序如下：

其一，应当由投资人或其委托的代理人向个人独资企业所在地的登记机关提交设立申请书、投资人身份证明、生产经营场所使用证明等文件。委托代理人申请设立登记时，需要出具投资人的委托书和代理人的合法证明。

其二，申请设立个人独资企业的申请书应载明下列事项：企业的名称和住所、投资人的姓名和居所、投资人的出资额和出资方式、经营范围。另外，登记机关收到设立申请文件之日起15日以内，对符合规定条件的予以登记并发给营业执照，营业执照的签发日期为个人独资企业的成立日期。

10.1.2　合伙企业

《中华人民共和国合伙企业法》规定，合伙企业是指由合伙人订立合伙协议，共同出资、合伙经营、共享收益、共担风险，并对合伙企业债务承担无限连带责任的营利性组织。

合伙企业的设立需具备下列条件：有两个以上合伙人；有书面合伙协议；有各合伙人实际缴付的出资；合伙企业的名称；有经营场所和从事合伙经营的必要条件。

合伙企业的设立程序如下：

① 应由全体合伙人指定的代表或者共同委托的代理人向企业登记机关提交登记申请书、合伙协议书、合伙人身份证明等文件。

② 合伙企业确定执行合伙企业事务的合伙人或者设立分支机构的，登记事项还应当包括执行合伙企业事务的合伙人或者分支机构的情况。

③ 应当向企业登记机关提交以下文件：全体合伙人签署的设立登记申请书；全体合伙人的身份证明：全体合伙人指定的代表或者共同委托的代理人的委托书；合伙人的书面协议；出资权属证明；经营场所证明。

另外，营业执照的签发之日为合伙企业成立日期。合伙企业领取营业执照前合伙人不得以合伙企业名义从事经营活动。

10.1.3　公司制企业

公司制企业是按所有权和管理权分离，出资者按出资额对公司承担有限责任创办的企业，主要包括有限责任公司和股份有限公司。

1）有限责任公司

有限责任公司是一种比较普遍的企业法律形式。《中华人民共和国公司法》（简称《公司法》）规定，有限责任公司是指由50人以下的股东共同出资，每个股东以其所认缴的出资额为限对公司承担责任，公司以其全部资产对其债务承担责任的企业法人。

按照《公司法》规定，设立有限责任公司应当具备下列条件：①股东符合法定人数，即由50人以下股东共同出资设立。②股东出资达到法定资本的最低限额。《公司法》将有限责任公司的最低注册资本额一律降为3万元，其中货币出资额不得低于公司注册资本的30%，并允许按照规定的比例在两年内分期缴清出资。公司全体股东的首次出资额不得低于公司注册资本的20%，也不得低于法定的注册资本最低限额，其余部分由股东自公司成立之日起两年内缴足。其中，投资公司从宽规定可以在5年内缴足。③股东共同制定公司章程。有限责任公司章程由股东共同制定，所有股东在章程上签名、盖章。④有公司名称，建立符合有限责任公司要求的组织机构。⑤有固定的生产经营场所和必要的生产经营条件。

2）股份有限公司

通常认为，股份有限公司以其全部资本为等额股份，股东以其所持股份为限对公司承担责任，公司以其全部资产对公司的债务承担责任。股份有限公司因其设立程序复杂，对注册资本要求高，所以一般不适合创业者选择。

设立股份有限公司应包括以下条件（与有限责任公司基本一致的内容在此省略）：

①发起人符合法定人数，应有2~200人为发起人，其中须有过半数的发起人在中国境内有住所。②发起人认购和向社会募集的股本达到法定资本最低限额，《公司法》规定为500万元。发起人的出资方式可以是货币，也可以用实物、工业产权、非专利技术、土地使用权作价出资。发起人以工业产权、非专利技术作价出资的金额不得超过股份有限公司注册资本的20%。③股份发行、筹办事项符合法律规定。④发起人制定《公司章程》。如公司是采用募集方式设立的，《公司章程》须经创立大会通过。⑤有公司名称，建立符合公司要求的组织机构。⑥有固定的生产经营场所和必要的生产经营条件。

股份有限公司发起人承担公司的筹办事务，应当签订《发起人协议》以明确各自在公司设立过程中的权利和义务，并选择发起设立和募集设立两种方式中的一种。一是发起设立，指由发起人认购公司应发行的全部股份而设立的公司。采取发起设立的，注册资本应是在公司登记机关登记的全体发起人认购的股本总额。首次出资额不得低于注册资本的20%，其余部分由发起人自公司成立之日起两年内缴足。其中，投资公司可以在5年内缴足。在缴足前不得向他人募集股份。二是募集设立，指由发起人认购公司应发行股份的一部分，其余股份向社会公开募集或者向特定对象募集而设立公司。采取募集方式设立注册资本应为在公司登记机关登记的实收股本总额。法律、行政法规对股份有限公司注册资本的最低限额有较高规定的，以募集方式设立的股份有限公司，发起人认购的股份不得少于公司股份总数的30%；但是，法律、行政法规如另有规定的，则从其规定。设立股份有限公司，董事会应当于创立大会结束后3日内向公司登记机关申请设立登记。

10.2　成立新企业

企业注册是指创业者根据国家法律法规相关规定获得合法经营手续的行为。具体内容如下：

10.2.1　新企业名称查询、核准

新企业名称是生产某类产品或提供某类服务企业的专有名称，常用文字形式表示的企业区别于其他企业或组织的特定标识。新企业名称应按照《企业名称登记管理规定》和《企业名称登记管理实施办法》的相关规定，只准使用一个名称，登记主管机关辖区内不得与已登记注册的同行企业名称相同或相似。

（1）申办人提供法人和股东的身份证复印件（或身份证上姓名即可）；

（2）申办人提供公司名称2~10个，写明经营范围，出资比例；

（3）由各行政区市场监督管理局统一提交到市市场监督管理局查名，由市市场监督管

理局进行综合审定和注册核准，并向合格者发放盖有市市场监督管理局名称登记专用章的“企业名称预先核准通知书”。

10.2.2　提供证件

新注册公司申办人提供一个法定代表人和全体股东的身份证各一份；相关行政机关如有新规定，由相关部门和申办人按照国家规定相互配合完成。

10.2.3　前置审批

前置审批是在办理营业执照前需要先去审批的项目，也就是在查完公司名称后就要去有关部门审批，审批完后再办理工商营业执照。前置审批的目的是确保企业在开展经营活动前，已经满足了相关法律法规的要求，以保障公共利益和社会秩序。

10.2.4　验资

验资即按照《公司法》规定，企业投资者需按照各自的出资比例，提供相关注册资金的证明，通过审计部门进行审计并出具“验资报告”。

10.2.5　办理营业执照

办理营业执照需到市场监督管理局领取新企业设立登记的各种表格，包括设立登记申请表、股东（发起人）名单、董事经理监事情况、法定代表人登记表、指定代表或委托代理人登记表等。填好后，连同企业核名通知、公司章程、注册办公地点、房产证复印件等文件一并递交市场监督管理局。通常办理时间需要5个工作日，营业执照签发日期为公司的成立日期。

特别强调：营业执照、组织机构代码、税务登记证等已“五证合一”，一证一码，称为统一社会信用代码。

10.2.6　办理印章

企业在办理工商注册登记过程中，需要使用图章，要求通过公安部门刻章，如公章、财务章、法人章、全体股东章、公司名称章等。

10.2.7　税务登记

创业者必须在营业执照核发后30日内到当地税务机关申报办理税务登记，到税务局办理税务登记时，需要填写《税务登记表》，并提交所需证件和资料。税务机会对提交的资料进行审核，如果资料齐全且符合规定，税务机关会及时办理税务登记并发放税务登记证件。

10.2.8　开立基本账户

基本账户是指存款人为办理日常转账结算和现金收付而开立的银行结算账户。企业营业活动的日常资金收付以及工资、奖金和现金的支取均可通过该账户办理，存款人只能在银行开立一个基本存款账户。开立基本存款账户是开立其他银行结算账户的前提。企业开立基本账户的名称，应按照营业执照上的单位名称设置，具体可在企业属地任一家具有对公业务的银行金融网点开立基本存款账户。

10.2.9　社会保险登记

社会保险通常是指企业员工的“五险一金”，即医疗保险、养老保险、失业保险、生育保险、工伤保险和住房公积金。新创企业应在领取营业执照起1个月内到纳税地所管辖的社会保险经办机构办理社会保险登记手续，参保单位必须为与其发生事实劳动关系的所有人员办理社会保险，聘用的退休人员除外。

10.3 大学生创业优惠政策

为支持大学生创业，国家和各地方政府出台了许多优惠政策，涉及融资、开业、税收、创业培训、创业指导等诸多方面。对打算创业的大学生来说，了解这些政策，才能走好创业的第一步。

10.3.1 简化申办企业程序

凡高校毕业生（毕业后2年内，下同）申请从事个体经营或申办私营企业，可以通过各级市场监督管理部门注册大厅的“绿色通道”优先登记注册。其经营范围除国家明令禁止的行业和商品外，一律放开核准经营。对限制性、专项性经营项目，允许边申请边补办专项审批手续。对在科技园区、高新技术园区、经济技术开发区等经济特区申请设立个私企业的，特事特办，除涉及必须前置审批的项目外，试行“承诺登记制”。申请人提交登记申请书、验资报告等主要登记材料，可先予颁发营业执照，让其在3个月内按规定补齐相关材料。凡申请设立有限责任公司，以高校毕业生的人力资本、智力成果、工业产权、非专利技术等无形资产作为投资的，允许抵充40%的注册资本。

10.3.2 减免登记注册费用

除国家限制的行业外，市场监督管理部门自批准其经营之日起1年内免收其个体工商户登记费（包括注册登记、变更登记、补照费）、个体工商户管理费和各种证书费。对高校毕业生申办高新技术企业（含有限责任公司）的，注册资本最低限额为10万元，如资金确有困难，允许分期到位；申请名称可以用“高新技术”“新技术”“高科技”作为行业予以核准。高校毕业生从事社区服务等活动的，经居委会报所在地市场监督管理机关备案后，1年内免予办理工商注册登记，免收各项市场监督管理费用。

10.3.3 支持贷款

（1）适当发放信用贷款。加大高校毕业生自主创业贷款的支持力度，对于能提供有效资产抵（质）押或优质客户担保的，金融机构优先给予信贷支持。对高校毕业生创业贷款，可由高校毕业生为借款主体，担保方可由其家庭或直系亲属家庭成员的稳定收入或有效资产提供相应的联合担保。对于资信良好、还款有保障的，在风险可控的基础上适当发放信用贷款。

（2）简化贷款手续

通过简化贷款手续，合理确定授信贷款额度，在一定期限内周转使用。

（3）优惠利率

对创业贷款给予一定的优惠利率扶持，视贷款风险度不同，在法定贷款利率的基础上可适当下浮或上浮。

10.3.4 优惠缴纳税费

凡高校毕业生从事个体经营的，自当地市场监督管理部门批准其经营之日起1年内免交税务登记证工本费。新成立的城镇劳动就业服务企业（国家限制的行业除外），当年安置待业人员（含已办理失业登记的高校毕业生，下同）超过企业从业人员总数60%的，经主管税务机关批准，可免纳所得税3年。劳动就业服务企业免税期满后，当年新安置待业人员占企业原从业人员总数30%以上的，经相关主管税务机关批准，可减半缴纳所得税2年。凡高校毕业生成立有限公司后，如果税务核定为查账征收并办理微利企业认定，企业可以享受小型微利企业所得税优惠政策。

10.3.5 减免聘请和培训员工费用

对大学毕业生自主创办的企业，自市场监督管理部门批准其经营之日起1年内，可在政府人事、劳动保障行政部门所属的人才中介服务机构和公共职业介绍机构的网站，免费查询人才、劳动力供求信息，免费发布招聘广告等。参加政府人事、劳动保障行政部门所属的人才中介服务机构和公共职业介绍机构举办的人才集市或人才、劳务交流活动给予适当减免交费。政府人事部门所属的人才中介服务机构免费为创办企业的毕业生，优惠为创办企业的员工提供一次培训、测评服务。

10.3.6 减少人力成本

（1）免2年人事档案管理费用。对自主创业的高校毕业生，政府人事行政部门所属的人才中介服务机构免费为其保管人事档案（包括代办社保、职称、档案工资等有关手续）2年。

（2）有单独渠道的社会保险参保。高校毕业生从事自主创业的，可在各级社会保险经办机构设的个人缴费窗口办理社会保险参保手续。

10.4 本章练习

1）企业的组织形式有几种类型?

2）企业注册的基本流程是什么?

3）大学生创业的优惠政策有哪些?

第11章

创新创业实践活动

学习目标

- ➢ 了解大学生创新创业训练计划项目
- ➢ 了解大学生学科及创新创业大赛
- ➢ 学会利用创新方法完成竞赛项目书撰写

素养目标

- ➢ 引导大学生参加“青年红色筑梦之旅”
- ➢ 激发大学生创新创业意识

11.1 大学生创新创业训练计划项目

11.1.1 项目起源

根据《教育部财政部关于“十二五”期间实施“高等学校本科教学质量与教学改革工程”的意见》（教高〔2011〕6号）和《教育部关于批准实施“十二五”期间“高等学校本科教学质量与教学改革工程”2012年建设项目的通知》（教高函〔2012〕2号），教育部决定在“十二五”期间实施国家级大学生创新创业训练计划。

11.1.2 项目管理要求

为贯彻落实全国教育大会和新时代全国高等学校本科教育工作会议精神，根据《国务院办公厅关于深化高等学校创新创业教育改革的实施意见》等有关文件精神，结合国家大学生创新创业训练计划实施情况，日前，教育部印发《国家级大学生创新创业训练计划管理办法》（以下简称《办法》），积极引导各地各高校深化创新创业教育改革，加强大学生创新创业能力培养，全面提高人才培养质量。

2007年，教育部启动实施“国家级大学生创新创业训练计划”（以下简称“国创计划”），按照“兴趣驱动、自主实践、重在过程”的原则，倡导以学生为主体开展创新性实践，推进高校在教学内容、课程体系、实践环节等方面进行综合改革，提升大学生创新创业能力。目前，1 000余所本科高校的90万名大学生参与“国创计划”，累计22万个国家级项目获得资助，内容覆盖全部学科门类，支持经费约37亿元，“国创计划”已经成为面向全体大学生的一项创新创业人才基础培育工程。

此次《办法》的出台，坚持高起点、高标准、严要求，充分发挥“国创计划”示范引领作用，着眼于加强项目过程管理，明确交流、激励和监督考核机制，对“国创计划”主管部门职责和项目运行流程进行了系统梳理。

《办法》明确，实行“国创计划”旨在深化高校创新创业教育改革，提高人才培养能力，培养适应创新型国家建设需要的高水平创新创业人才。“国创计划”实行项目制管理，从选题要求、研究方向、团队成员、指导教师和经费支持等多个方面设立基本条件，对项目发布与立项流程进行规范。同时，规范项目结题与公布流程，并建立结题信息公开、对外服务制度。

《办法》要求，加强项目过程和后期管理，明确学校要成立由校领导牵头组建的管理协调机构，确定主管部门；强调项目团队负责人职责，规范经费使用条件，明确相关奖励激励政策。

11.1.3 申报要求

坚持以学生为中心的理念，遵循“兴趣驱动、自主实践、重在过程”的原则，旨在通过资助大学生参加项目式训练，推动学校创新创业教育教学改革，强化学生创新创业实践，培养大学生独立思考、善于质疑、勇于创新的探索精神和敢闯会创的意志品格，提升大学生创新创业能力，培养适应创新型国家建设需要的高水平创新创业人才。

申报的大学生创新创业训练计划项目（以下简称“大创计划”）分为创新训练项目、创业训练项目、创业实践项目。

➢ 创新训练项目：在导师指导下，个人或团队自主完成创新性研究项目设计、研究条件准备和项目实施、研究报告撰写、成果（学术）交流等工作。

➢ 创业训练项目：在导师指导下，团队中每个学生在项目实施过程中扮演一个或多个具体角色，完成商业计划书的撰写、可行性研究、企业模拟运行、创业报告的撰写等工作。

➢ 创业实践项目：在学校导师和企业导师共同指导下，采用创新训练项目或创新性实验等成果，提出具有市场前景的创新性产品或服务，以此为基础开展创业实践活动。

选题要求包括：

➢ 项目选题具有一定的学术价值、理论意义或现实意义。鼓励面向国家经济社会发展、具有一定理论和现实意义的选题；鼓励直接来源于产业一线、科技前沿的选题。

➢ 选题具有创新性或明显创业教育效果。鼓励开展具有一定创新性的基础理论研究和有针对性的应用研究课题；鼓励新兴边缘学科研究和跨学科的交叉综合研究选题。

➢ 选题方向正确，内容充实，论证充分，难度适中，拟突破的重点、难点明确，研究思路清晰，研究方法科学、可行。鼓励支持学生大胆创新，包容失败，营造良好创新创业教育文化。

➢ 理工类项目优先考虑其作品以实物演示，切实以提高学生实践动手能力为主。

11.1.4 国家级及省级大学生创新创业训练计划立项和结题验收要求

国家级大学生创新创业训练计划立项项目分为重点支持领域项目和一般项目。

重点支持领域项目：面向世界科技前沿、面向经济主战场、面向国家重大需求、面向人民生命健康，鼓励引导大学生围绕基础学科以及新工科、新医科、新农科、新文科等关键领域开展创新实践，设立国家级大学生创新训练计划重点支持项目（以下简称重点支持项目）。

重点支持项目本着“有限领域、有限规模、有限目标”的原则，支持具有一定创新性的基础理论研究项目和有针对性的应用研究项目持续深化研究和实践，鼓励开展新兴边缘学科研究和跨学科的交叉综合研究。研究团队要有效利用高校和社会现有的重点实验室、协同创新中心、工程研究中心、国际科技合作基地、大学科技园、技术中心、技术转移中心、实验教学示范中心等研究平台所拥有的一流学科和科研资源，积极开展前沿性科学研究、颠覆性原创性技术创新、实质性创业实践。

相关要求：

一是各高校要按照公开、公平、公正的原则，遴选国家级、省级“大创计划”项目，制定具体工作方案，组织评审、答辩，并对拟推荐的国家级、省级“大创计划”项目进行公示。

二是各高校要以校发文件形式对本校本年度“大创计划”专项资金的投入情况及项目开展情况作出承诺和说明，并由学校主要负责人签字。

三是各高校要认真组织对各级“大创计划”项目申报的评审和把关，避免出现学术不端、弄虚作假、知识产权和投资股权纠纷等问题。将组织专家对各高校确定报送的国家级、省级“大创计划”项目进行复核和审定。

四是各高校要鼓励“大创计划”项目团队积极参与“青年红色筑梦之旅”和产学合作创新创业联合基金项目申报。

结题要求：

一是加强组织领导：项目所在学校要组织评审专家对项目成果的理论意义、学术价值和应用价值等进行评价，坚持分类评价、绩效评价和过程评价相结合，确保客观真实、全面系统、科学规范。

二是强化成果总结：高校要对项目结题所产生的论文、专利、获奖、著作权、研究报告、商业计划书、开发的软件或设备、创业实体等相关成果做好梳理总结，并以一定方式进行展示、交流和推广。

三是优化项目管理：项目所在高校要对未通过验收和中止研究的项目做好情况分析，坚持问题导向和目标导向，持续优化、完善“国创计划”项目的管理体系和保障支持。

11.2　学科与创新创业大赛

11.2.1　各类竞赛类型

➢中国国际大学生创新大赛（https：//cy.ncss.cn/）

中国国际大学生创新大赛（2024）由教育部、中央统战部、中央网信办、国家发展改革委、工业和信息化部、人力资源社会保障部、农业农村部、中国科学院、中国工程院、国家知识产权局、国家乡村振兴局、共青团中央和上海市人民政府联合主办，上海交通大学和闵行区人民政府共同承办，采用校级初赛、省级复赛、全国总决赛三级赛制。

➢ “挑战杯”全国大学生系列科技学术竞赛（http：//www.tiaozhanbei.net/）

“挑战杯”全国大学生系列科技学术竞赛（以下简称“挑战杯”竞赛），是由共青团中央、中国科协、教育部和全国学联共同主办的全国性的大学生课外学术实践竞赛。“挑战杯”竞赛共有两个并列项目：一个是“挑战杯”中国大学生创业计划竞赛；另一个是“挑战杯”全国大学生课外学术科技作品竞赛。这两个项目的全国竞赛交叉轮流开展，每个项目每两年举办一届。此项竞赛被誉为中国大学生科技创新创业的“奥林匹克”盛会，是国内大学生最关注的最热门的全国性竞赛，也是全国最具代表性、权威性、示范性、导向性的大学生竞赛。

➢ 全国大学生数学建模竞赛（http：//www.mcm.edu.cn/）

全国大学生数学建模竞赛创办于1992年，每年一届，已成为全国高校规模最大的基础性学科竞赛，也是世界上规模最大的数学建模竞赛。

➢ 全国大学生电子设计竞赛（http：//nuedc.xjtu.edu.cn/）

全国大学生电子设计竞赛（National Undergraduate Electronics Design Contest）是由教育部、工业和信息化部共同发起的大学生学科竞赛之一，是面向大学生的群众性科技活动，目的在于推动高等学校促进信息与电子类学科课程体系和课程内容的改革。此项竞赛的特点是与高等学校相关专业的课程体系和课程内容密切结合，以推动其课程教学、教学改革和实验室建设工作。

➢ 全国大学生机械创新设计大赛（http：//umic.ckcest.cn/）

全国大学生机械创新设计大赛是由全国大学生机械创新设计大赛组织委员会和教育部高等学校机械基础课程教学指导分委员会主办，中国工程科技知识中心、全国机械原理教学研究会、全国机械设计教学研究会、各省市金工研究会、北京中教仪人工智能科技有限公司联合著名高校和社会力量共同承办的一项大学生机械学科创新设计大赛。

➢ 全国大学生结构设计竞赛（http：//www.structurecontest.com/home）

全国大学生结构设计竞赛是由教育部、财政部首次联合批准发文（教高函〔2007〕30号）的全国性九大学科竞赛资助项目之一，其目的是构建高校工程教育实践平台，进一步培养大学生的创新意识、团队协同和工程实践能力，切实提高创新人才培养质量。此项竞赛由中国高等教育学会工程教育专业委员会、高等学校土木工程学科专业指导委员会、中国土木工程学会教育工作委员会和教育部科学技术委员会环境与土木水利学部共同主办，各高校轮流承办和社会企业资助协办。

➢ 全国大学生广告艺术大赛（http：//www.sun-ada.net/）

全国大学生广告艺术大赛将专业教育、素质教育和职业教育贯通，首次扩大了广告教育的辐射力和影响力，拓展了广告教育的内涵。此项大赛旨在提高大学生的创新精神和实践能力，激发大学生的创意灵感，促进高校人才培养模式的改革，同时对课程设置、教学内容和方法的出新起到了推动作用，极大地提高了大学生的动手能力、实践能力、策划能力和综合能力。参赛作品分为平面类、影视类、微电影类、动画类、广播类、广告策划案类、企业公益类七类。赛事的所有选题均面向社会征集，将企业营销的真实课题引入比赛，广告实践有了更广阔的舞台。

➢ 全国大学生智能汽车竞赛（https：//smartcar.cdstm.cn/index）

全国大学生智能汽车竞赛起源于韩国，是韩国汉阳大学汽车控制实验室在飞思卡尔半导体公司资助下举办的以HCS12单片机为核心的大学生课外科技竞赛。组委会提供一个标准的汽车模型、直流电机和可充电式电池，参赛队伍要制作一个能够自主识别路径的智能车，在专门设计的跑道上自动识别道路行驶，最快跑完全程而没有冲出跑道，并且技术报告评分较高的为获胜者。其设计内容涵盖了控制、模式识别、传感技术、汽车电子、电气、计算机、机械、能源等多个学科的知识，对学生的知识融合和实践动手能力的培养，具有良好的推动作用。

➢ 全国大学生电子商务“创新、创意及创业”挑战赛（http：//www.3chuang.net/）

全国大学生电子商务“创新、创意及创业”挑战赛是由教育部委托教育部高校电子商务类专业教学指导委员会主办的全国性在校大学生学科性竞赛。根据《教育部、财政部关于批准2010年度大学生竞赛资助项目的通知》（教高函〔2010〕13号）的文件精神，此项挑战赛是激发大学生兴趣与潜能，培养大学生创新意识、创意思维、创业能力和团队协同实战精神的比赛。

➢ 全国大学生节能减排社会实践与科技竞赛（http：//www.jienengjianpai.org/）

全国大学生节能减排社会实践与科技竞赛是由教育部高等学校能源动力类专业教学指导委员会指导，全国大学生节能减排社会实践与科技竞赛委员会主办的学科竞赛。此项竞赛充分体现了“节能减排、绿色能源”的主题，紧密围绕国家能源与环境政策，结合国家重大需求，在教育部的直接领导和广大高校的积极协作下，起点高、规模大、精品多、覆盖面广，是一项具有导向性、示范性和群众性的全国大学生竞赛，得到了各省教育厅、各高校的高度重视。此项竞赛主要是激发当代大学生的青春活力、创新实践能力，承办单位一般为上届表现突出的院校，每年举办一届。

➢ 中国大学生工程实践与创新能力大赛（http：//www.gcxl.edu.cn/new/index.html）

中国大学生工程实践与创新能力大赛是列入教育部评审评估和竞赛清单（2021年版）的重要赛事，是全国大学生工程训练综合能力竞赛的升级和完善。根据《教育部高等教育司关于委托2018—2022年教育部工程训练教学指导委员会举办2021年中国大学生工程实践与创新能力大赛的通知》（教高司函〔2021〕6号），2018—2022年教育部工程训练教学指导委员会成立“2021年中国大学生工程实践与创新能力大赛组委会”，组委会将严格遵守《教育部评审评比评估和竞赛管理暂行办法》的相关要求，坚持公平、公正、公开原则，统筹考虑赛事举办要求，完善竞赛组织、运行、监管机制，保障竞赛活动安全、高效、有序运行。

➢ 全国大学生创新创业训练计划年会展示（http：//gjcxcy.bjtu.edu.cn/index.aspx）

教育部高等教育司从2008年起，委托高校举办全国大学生创新论坛（2012年更名为全国大学生创新创业年会，以下简称年会），至今已成功举办11届。年会主要内容包括：①大学生创新学术年会。遴选“国创计划”中创新训练项目的大学生学术论文，以学术报告的形式进行学术交流。②大学生创新创业项目展示。遴选“国创计划”中的创新训练项目、创业训练项目和创业实践项目，以展板和实物作品演示的形式进行项目交流。③大学生创新创业交流活动。参加年会的大学生可前往中国“互联网+”大学生创新创业大赛承办校参加相关活动。“国创计划”始终坚持“兴趣驱动、自主实践、重在过程”的原则，其实施对教育思想观念的转变、学生主体意识和创新意识的提升发挥了重要作用。

➢ 全国大学生市场调查与分析大赛（http：//www.china-cssc.org/list-57-1.html）

全国大学生市场调查与分析大赛由中国商业统计学会主办，面向海峡两岸高校大学生的一项公益性专业赛事。基于大数据时代背景，创建以市场调查与分析大赛为核心，同步开展两岸互动、学术交流、成果转换与教师培训为一体的服务体系。

➢ 全国大学生先进成图技术与产品信息建模创新大赛（http：//chengtudasai.com/）

此项大赛以“匠心筑梦，创享青春”，培养学生的大国工匠精神、合作精神，探索图学的发展方向为宗旨，以“德能兼修，技高一筹”为主题，每年举办一届。此项大赛的目的在于以赛促教、以赛促学、以赛促改、以赛促评，全面提高大学生综合素质。此项大赛围绕新工科建设的科目以及工程专业认证的学科，分设机械、土木与建筑、道桥、水利四个类别，并以尺规绘图、产品信息建模、数字化虚拟样机设计、3D打印、BIM综合应用等项目进行命题竞赛。

➢ 全国三维数字化创新设计大赛（https：//3dds.3ddl.net/）

全国三维数字化创新设计大赛，是在国家大力推进创新驱动、实现从“制造大国”到“创造大国”转变、大力发展“互联网+”和数字经济新时代的背景下开展的一项大型公益赛事，体现了科技进步和产业升级的要求，是大众创业、万众创新的具体实践。

➢ “西门子杯”中国智能制造挑战赛（http：//www.siemenscup cimc.org.cn/）

“西门子杯”中国智能制造挑战赛原为全国大学生控制仿真挑战赛，曾名为全国大学生“西门子杯“工业自动化挑战赛，是由教育部高等学校自动化类专业教学指导委员会、西门子（中国）有限公司和中国系统仿真学会联合主办的国家级A类竞赛。此项挑战赛是模拟典型工业自动化系统的设计与实现的工程科技创新类竞赛，面向全国自动化、机电一体化等相关专业的大学生和高职高专学生。从2006年发展至今，每年一届，已经成为国内工业自动化工程领域规模最大的学生类竞赛。

➢ 中国大学生计算机设计大赛（http：//jsjds.blcu.edu.cn/）

中国大学生计算机设计大赛由教育部高等学校计算机类专业教学指导委员会、教育部高等学校软件工程专业教学指导委员会、教育部高等学校大学计算机课程教学指导委员会、教育部高等学校文科计算机基础教学指导委员会、中国教育电视台联合主办，它的前身是中国大学生（文科）计算机设计大赛，始创于2008年，每年举办一次，决赛时间一般在7—8月。

➢ “蓝桥杯”全国软件和信息技术专业人才大赛（https：//dasai.lanqiao.cn/）

“蓝桥杯”全国软件和信息技术专业人才大赛是由工业和信息化部人才交流中心主办，国信蓝桥教育科技（北京）股份有限公司承办的计算机类学科竞赛。

➢ 全国大学生集成电路创新创业大赛（http：//univ.ciciec.com/）

全国大学生集成电路创新创业大赛以服务产业发展需求为导向，以提升我国集成电路产业人才培养质量为目标，打造产学研用协同创新平台，将行业发展需求融入教学过程，提升在校大学生创新实践能力、工程素质以及团队协作精神，助力我国集成电路产业健康快速发展。

➢ 全国周培源大学生力学竞赛（http：//zpy.cstam.org.cn/）

全国周培源大学生力学竞赛是由教育部委托主办的大学生科技活动，目的在于培养人才、服务教学、促进高等学校力学基础课程的改革与建设。此项竞赛有助于高等学校实施素质教育，培养大学生动手能力、创新能力和团队协作精神；有助于增进大学生学习力学的兴趣，吸引、鼓励广大青年学生踊跃参加课外科技活动；有助于发现和选拔力学创新的后继人才。

➢ 全国大学生生命科学竞赛（CULSC）（https：//www.culsc.cn/）

全国大学生命科学竞赛是由教育部高校生物科学类专业教学指导委员会、教育部高校生物技术及生物工程类专业教学指导委员会、教育部大学生物学课程教学指导委员会和高等教育出版社主办。此项竞赛旨在培养大学生的创新意识、团队精神和实践能力，拓宽科学视野，增强社会责任感，促进生命科学学科教学改革，提高生物学人才培养质量。

➢ 全国大学生物理实验竞赛（http：//wlsycx.moocollege.com/）

全国大学生物理实验竞赛是一项面向在校大学生的物理学科竞赛活动，是由教育部高等学校大学物理课程教学指导委员会、教育部高等学校物理学类专业教学指导委员会、中国物理学会物理教学委员会和高等学校国家级实验教学示范中心联席会主办，由各国家级物理实验教学示范中心组队参加的大学生物理实验竞赛活动，每两年举办一届。此项竞赛旨在激发大学生对物理实验的兴趣与潜能，培养大学生的创新能力、实践能力和团队协作意识，促进物理实验教学改革。此项竞赛分为“基础类”和“综合类”两类题目，题目事先不公布，进入赛场后抽签决定，全面考查学生物理实验基本技能和分析解决实际问题的综合能力。

➢ “学创杯”全国大学生创业综合模拟大赛（http：//www.xcbds.com/cyds/index）

“学创杯”全国大学生创业综合模拟大赛为中国高等教育学会2021全国普通高校大学生竞赛榜单的竞赛项目之一，由高等学校国家级实验教学示范中心联席会经济与管理学科组和中国陶行知研究会联合举办，赛事已持续举办八届，侧重于提升大学生创业团队初创企业运营管理能力。

➢ 辽宁省创新创业竞赛（https：//cxcy.upln.cn/）

辽宁省大学生创新创业管理共享平台面向全省60所高等院校，提供大学生创新创业项目管理以及创新创业大赛管理，实现项目的报名、审核、上报等管理以及竞赛的报名、审核、评审、上报、获奖等全流程管理，并对本省大学生创新创业情况进行汇总分析。

11.2.2 竞赛的重要性

1）提升创新思维能力

参赛学生需要在项目的策划和实施过程中面对各种挑战和问题，这促使他们独立思考并提出创新的解决方案。通过与团队成员和导师的讨论和交流，学生能够从不同的角度获取反馈和启发，进一步培养创新思维，不断追求新的思路和方法，提高解决问题的能力。

2）培养团队合作精神

创新创业大赛通常以团队形式参与，这为大学生培养团队合作精神提供了绝佳的机会。在团队中，学生们需要充分发挥各自的优势，有效地进行分工协作，共同面对挑战并解决问题。通过团队合作，学生们能够学会倾听和尊重他人的意见，培养沟通和协调能力，提高团队协作效能，从而为未来的创业项目打下坚实的基础。

3）增强创业实践经验

创新创业大赛为大学生提供了一个宝贵的实践平台，在实际项目中应用所学知识，增强创业实践经验。学生们需要进行市场调研，分析竞争对手，设计商业模式，制定营销策略等，通过实际操作和经验积累，促使学生掌握实际操作技能，并提高动手能力。在实践过程中，学生不仅能够学到理论知识，更能够将其应用到实际项目中，加深对知识的理解和应用，使他们能够更好地理解创业过程中的挑战和机遇。

4）培养创业意识和创业精神

参与创新创业大赛让学生有机会接触到创业的实际案例和成功经验，激发他们对创业的兴趣和热情。通过与其他创业者交流和分享，学生们能够深入了解创业的挑战和机遇，逐渐形成积极的创业意识和坚韧的创业精神。他们将对创业过程的风险和奖励有更为清晰的认识，愿意主动追求创新和突破，勇于探索未知领域。

5）提供资源支持和创业机会

创新创业大赛为大学生创业提供丰富的资源支持，这些资源包括专业导师的指导和反馈、创业资金的获得、创业培训的机会等。学生们可以借助这些资源进一步完善自己的创业项目，解决创业过程中遇到的问题，并实现创业理念的落地。这些资源的支持和创业机会的提供，为大学生提供了一个更加有利的环境，增加了他们创业成功的机会。

6）拓宽创业网络和人脉资源

参与创新创业大赛让大学生能够结识来自不同领域的创业者、企业家和专家。通过与这些创业者、企业家和专家的交流和互动，学生们能够建立起广泛的创业网络和人脉资源。这些人脉资源可以为将来的创业发展提供有力的支持。学生们可以借助人脉资源获取行业的最新动态和市场信息，寻找合作伙伴或投资机会，甚至得到专业导师的指导和支持。这种创业网络和人脉的扩展，为大学生的创业之路打开了更多的可能性和机遇。

7）培养持续学习和适应变化的能力

创新创业大赛是一个充满变化的过程，参赛大学生需要不断学习和适应新的情况，需要不断学习和探索创新理念、新兴技术和市场趋势，及时调整和改进自己的创业项目。这个过程培养了大学生的持续学习能力和适应变化的能力，使他们能够更好地适应创业环境中的不确定性和快速变化，保持敏捷和灵活性，为成功创业奠定基础。

11.3　中国国际大学生创新大赛

11.3.1　大赛的要求

为贯彻落实党的二十大精神，深入贯彻落实习近平总书记关于教育的重要论述和给“青年红色筑梦之旅”大学生重要回信精神，“三位一体”统筹推进教育、科技、人才工作，把创新教育贯穿教育活动全过程，加强拔尖创新人才自主培养，培育新质生产力发展新动能，为教育强国建设支撑引领中国式现代化作出更大贡献，教育部定于每年的4月至

10月举办中国国际大学生创新大赛。

总体目标：更中国、更国际、更教育、更全面、更创新、更协同，落实立德树人根本任务，传承和弘扬红色基因，聚焦“五育”融合创新创业教育实践，开启创新创业教育改革新征程，激发青年学生创新创造热情，打造共建共享、融通中外的国际创新盛会，让青春在全面建设社会主义现代化国家的火热实践中绽放绚丽之花。

更中国。更深层次、更广范围体现红色基因传承，充分展现新发展阶段高水平创新教育的丰硕成果，集中展示新发展理念引领下创新人才培养的中国方案，提升新时代中国高等教育的感召力。

更国际。深化创新教育国际交流合作，汇聚全球知名高校、企业和创业者，服务以国内大循环为主体、国内国际双循环相互促进的新发展格局，搭建全球性创新创业竞赛平台，提升新时代中国高等教育的影响力。

更教育。推动思想政治教育、专业教育与创新教育深度融合，弘扬劳动精神，加强学生创新实践能力培养，造就敢想敢为又善作善成的新时代好青年，提升新时代中国高等教育的塑造力。

更全面。推进职普融通、产教融合、科教融汇，鼓励各学段学生积极参赛，形成创新创业教育在高等教育、职业教育、基础教育、留学生教育等各类各学段的全覆盖，打通人才培养各环节，提升新时代中国高等教育的引领力。

更创新。积极开辟发展新领域、新赛道，不断塑造发展新动能、新优势，丰富竞赛内容和形式，激发全社会创新创造动能，促进高校创新成果转化应用，进一步服务国家重大战略需求和经济社会高质量发展，提升新时代中国高等教育的创造力。

更协同。充分发挥大赛平台纽带作用，促进优质资源互联互通，推动形成开放大学、开放产业、开放问题的良好氛围，助推大赛项目落地转化，营造支持青年大学生创新创业、共同合作、互相包容、互相支持的良好生态。

主要任务：以赛促教，探索人才培养新途径。全面提高人才自主培养质量，强化高校课程思政建设，深入推进新工科、新医科、新农科、新文科建设，深化创新创业教育改革，引领各类学校人才培养范式深刻变革，形成新的人才培养质量观和质量标准，切实提高学生的创新精神、创新意识和创新能力。

以赛促学，培养创新创业生力军。着力造就拔尖创新人才，激励广大青年扎根中国大地了解国情民情，在创新创业中增长智慧才干，怀抱梦想又脚踏实地，敢想敢为又善作善成，做有理想、敢担当、能吃苦、肯奋斗的新时代好青年。

以赛促创，搭建产教融合新平台。把教育融入经济社会发展，推动成果转化和产学研用融合，促进教育链、人才链与产业链、创新链有机衔接，以创新引领创业、以创业带动就业，推动形成高校毕业生更高质量创业就业的新局面。

大赛内容：包括高教主赛道、“青年红色筑梦之旅”赛道、职教赛道、产业命题赛道和萌芽赛道。

参赛要求：

➢ 参赛项目能够紧密结合经济社会各领域现实需求，充分体现高校在新工科、新医科、新农科、新文科建设等方面取得的成果，培育新产品、新服务、新业态、新模式，促进制造业、农业、卫生、能源、环保、战略性新兴产业等的转型升级，促进人工智能、数字技术与教育、医疗、交通、金融、消费生活、文化传播等的深度融合。

➢ 参赛项目应弘扬正能量，践行社会主义核心价值观，真实、健康、合法。不得含有任何违反《中华人民共和国宪法》及其他法律法规的内容。所涉及的发明创造、专利技术、资源等必须拥有清晰合法的知识产权或物权。参赛项目如有涉密内容，参赛前必须进行脱敏处理，参赛团队如有抄袭盗用他人成果、提供虚假材料等违反相关法律法规或违背大赛精神的行为，一经发现即刻丧失参赛资格、所获奖项等相关权利，并自负一切法律责任。

➢ 参赛项目只能选择一个符合要求的赛道报名参赛，根据参赛团队负责人的学籍或学历确定参赛团队所代表的参赛学校，且代表的参赛学校具有唯一性。参赛团队须在报名系统中将项目所涉及的材料如实填写提交。已获本大赛往年总决赛各赛道金奖和银奖的项目，不可报名参加今年大赛。

➢ 参赛人员（不含产业命题赛道参赛项目成员中的教师）年龄不超过35岁。

➢ 各省级教育行政部门及各有关学校要严格开展参赛项目审查工作，确保参赛项目的合规性和真实性。审查内容主要包括参赛资格以及项目所涉及的科技成果、知识产权、财务状况、运营、荣誉奖项等。其中，入围省赛的项目由各学校汇总后加盖公章报省级教育行政部门；入围总决赛的项目由各省级教育行政部门汇总后加盖公章报教育部高等教育司。

比赛赛制：

➢ 大赛主要采用校级初赛、省级复赛、总决赛三级赛制（不含萌芽赛道以及国际参赛项目）。校级初赛由各院校负责组织，省级复赛由各地负责组织，总决赛由各地按照大赛组委会确定的配额择优遴选推荐项目。大赛组委会将综合考虑各地报名团队数量（含邀请国际参赛项目数量）、参赛院校数量、往年获奖项目情况和创新教育工作情况等分配总决赛名额。

➢ 大赛共产生4 250个项目入围总决赛（港澳台地区参赛，名额单列）。其中，高教主赛道 2 300 个（包括国内项目 1 800 个、国际项目 500个）、“青年红色筑梦之旅”赛道650个、职教赛道650个、产业命题赛道450个、萌芽赛道200个 。

➢ 高教主赛道每所高校入选总决赛项目不超过5个，“青年红色筑梦之旅”赛道每所院校入选总决赛项目不超过3个，职教赛道每所院校入选总决赛项目不超过3个，产业命题赛道每道命题每所院校入选项目不超过3个，萌芽赛道每所学校入选总决赛项目不超过 2 个。

赛程安排：

➢ 参赛报名（每年 5—8 月）。参赛团队通过登录全国大学生创业服务网（https：//cy.ncss .cn）进行报名，在“资料下载”板块中下载学生操作手册指导报名参赛。通过微信公众号（名称为“全国大学生创业服务网”或“中国国际大学生创新大赛”）进行赛事咨询。评审规则将于近期公布，请登录全国大学生创业服务网查看具体内容。

➢ 报名系统开放时间为每年5月15日，报名截止日期由各地根据复赛安排自行决定，但不得晚于 8 月 1 日。国际参赛项目通过全球青年创新领袖共同体促进会官网（www.pilcchina .org）进行报名，具体安排另行通知。

➢ 初赛复赛（每年 6—8 月）。各地学校登录 https：//cy.ncss.cn/gl/login 进行大赛管理和信息查看。省级管理用户使用大赛组委会统一分配的账号进行登录，校级账号由各省级管理用户进行管理。初赛、复赛的比赛环节、评审方式等由各校、各地自行决定。各地应在 8 月 31 日前完成省级复赛，并完成入围总决赛的项目遴选工作（推荐项目应有名次排序，供总决赛参考）。国际参赛项目的遴选推荐工作另行安排。

➢ 总决赛（每年 10 月）。大赛设金奖、银奖、铜奖，另设省市组织奖、高校集体奖及若干单项奖。入围总决赛的项目将通过评审，择优进入总决赛现场比赛，决出各类奖项。大赛组委会通过全国大学生创业服务网、国家大学生就业服务平台（https：//www.ncss.cn）为参赛团队提供项目展示、创业指导、人才招聘、资源对接等服务，各项目团队可登录上述网站查看相关信息，各地学校可充分利用网站资源，为参赛团队做好服务。

11.3.2　中国国际大学生创新大赛高教主赛道方案

1）参赛项目类型

（1）新工科类项目：大数据、云计算、人工智能、区块链、虚拟现实、智能制造、网络空间安全、机器人工程、工业自动化、新材料等领域，符合新工科建设理念和要求的项目。

（2）新医科类项目：现代医疗技术、智能医疗设备、新药研发、健康康养、食药保健、智能医学、生物技术、生物材料等领域，符合新医科建设理念和要求的项目。

（3）新农科类项目：现代种业、智慧农业、智能农机装备、农业大数据、食品营养、休闲农业、森林康养、生态修复、农业碳汇等领域，符合新农科建设理念和要求的项目。

（4）新文科类项目：文化教育、数字经济、金融科技、财经、法务、融媒体、翻译、旅游休闲、动漫、文创设计与开发、电子商务、物流、体育、非物质文化遗产保护、社会工作、家政服务、养老服务等领域，符合新文科建设理念和要求的项目。

（5）“人工智能+”项目：聚焦于人工智能深度融合经济社会各领域发展、赋能千行百业智能化转型升级，符合“人工智能+”发展理念和要求的项目。

参赛项目团队应认真了解和把握新质生产力的内涵及要求，结合以上分类及项目实际，合理选择参赛项目类别，根据“四新（即新工科、新医科、新农科、新文科）”“人工智能+”建设内涵和产业发展方向选择相应类型。

2）参赛组别和对象

根据参赛申报人所处学习阶段的不同，项目分为本科生组、研究生组。根据项目发展阶段的不同，本科生组和研究生组均设有创意组、创业组，并按照新工科、新医科、新农科、新文科、“人工智能+”设置参赛项目类型。

具体参赛条件如下：

（1）本科生组。

A. 创意组：

➢ 参赛项目具有较好的创意和较为成型的产品原型或服务模式，在大赛通知下发之日前尚未完成各类登记注册。

➤参赛申报人须为项目负责人，项目负责人及成员均须为普通高等学校全日制在校本专科生（不含在职教育）。

➤学校科技成果转化项目不能参加本组比赛（科技成果的完成人、所有人中参赛申报人排名第一的除外）。

B.创业组：

➤参赛项目须已完成各类登记注册（在大赛通知下发之日前注册）。

➤参赛申报人须为项目负责人，且为参赛企业的法定代表人，须为普通高等学校全日制在校本专科生（不含在职教育），或毕业5年以内的全日制本专科学生（即2019年之后的毕业生，不含在职教育）。企业法定代表人在大赛通知发布之日后进行变更的不予认可。

➤项目的股权结构中，企业法定代表人的股权不得少于10%，参赛团队成员股权合计不得少于1/3。

（2）研究生组。

A.创意组：

➤参赛项目具有较好的创意和较为成型的产品原型或服务模式，在大赛通知下发之日前尚未完成各类登记注册。

➤参赛申报人须为项目负责人，且为普通高等学校全日制在校研究生。项目成员须为普通高等学校全日制在校研究生或本专科生（不含在职教育）。

➤学校科技成果转化项目不能参加本组比赛（科技成果的完成人、所有人中参赛申报人排名第一的除外）。

B.创业组：

➤参赛项目须已完成各类登记注册（在大赛通知下发之日前注册）。

➤参赛申报人须为项目负责人，且为参赛企业的法定代表人，须为普通高等学校全日制在校研究生，或毕业5年以内的全日制研究生学历学生（即2019年之后的研究生学历的毕业生）。企业法定代表人在大赛通知发布之日后进行变更的不予认可。

➤项目的股权结构中，企业法定代表人的股权不得少于10%，参赛团队成员股权合计不得少于1/3。

11.3.3 中国国际大学生创新大赛“青年红色筑梦之旅”活动方案

1）主要目标

不断拓展“青年红色筑梦之旅”活动的时代内涵，推动习近平新时代中国特色社会主义思想入脑入心，使广大青年学生深刻领悟“两个确立”的决定性意义，自觉增强“四个意识”，坚决做到“两个维护”，坚定不移听党话、跟党走，厚植家国情怀、扎根中国大地，用创新实践服务国家、服务人民，将个人奋斗融入强国建设、民族复兴伟业，成为社会主义合格建设者和可靠接班人，为全面建设社会主义现代化国家贡献青春力量。

2）“青年红色筑梦之旅”赛道安排

参加“青年红色筑梦之旅”赛道的项目，须为参加“青年红色筑梦之旅”活动的项目；否则，一经发现，取消参赛资格。根据项目的性质和特点，可分为公益组、创意组、创业组。

（1）公益组。

参赛项目不以营利为目标，积极弘扬公益精神，在公益服务领域具有较好的创意、产品或服务模式的创业计划和实践。

参赛申报主体为独立的公益项目或社会组织，注册或未注册成立公益机构（或社会组织）的项目均可参赛。

（2）创意组。

参赛项目基于专业和学科背景或相关资源，解决农业农村和城乡社区发展面临的主要问题，助力乡村振兴和社区治理，推动经济价值和社会价值的共同发展。

参赛项目在大赛通知下发之日前尚未完成各类登记注册。

（3）创业组。

参赛项目以商业手段解决农业农村和城乡社区发展所面临的主要问题、助力乡村振兴和社区治理，实现经济价值和社会价值的共同发展，推动共同富裕。

参赛项目在大赛通知下发之日前已完成各类登记注册，项目负责人须为法定代表人。

项目的股权结构中，企业法定代表人的股权不得少于10%，参赛成员股权合计不得少于1/3。

11.3.4　中国国际大学生创新大赛产业命题赛道方案

1）目标任务

（1）发挥开放创新效用，打通高校智力资源和企业发展需求，协同解决企业发展中所面临的技术、管理等现实问题。

（2）引导高校将创新创业教育实践与产业发展有机结合，促进学生了解产业发展状况，培养学生解决产业发展问题的能力。

（3）聚焦发展新质生产力，立足产业需求，深化新工科、新医科、新农科、新文科建设，校企协同培育产业新领域、新市场，推动大学生更高质量地创业就业。

2）参赛项目类型

（1）产教协同创新组：聚焦国家重大战略需求，深度推进产教融合、科教融合，基于“四新”建设的内涵和要求，推动解决制约产业高质量发展的各类难题，加速产业转型升级与迭代创新。

（2）区域特色产业组：服务区域经济社会发展，聚焦举办地上海的三大先导产业——集成电路、生物医药、人工智能及其相关的各类产业，提出具有创新性的技术解决方案，助力构建具有竞争力的区域产业生态。

3）命题征集

（1）本赛道针对企业开放创新需求，面向产业代表性企业、行业龙头企业、专精特新企业等征集命题。

（2）企业命题应聚焦国家“十四五”规划战略性新兴产业方向，倡导新技术、新产品、新业态、新模式，围绕新工科、新医科、新农科、新文科对应的产业和行业领域，基于企业发展真实需求进行申报。

（3）命题应健康合法，弘扬正能量，知识产权清晰，无任何不良信息，无侵权违法等行为。

11.3.5 大赛PPT模板

LOGO+企业名称

项目名称+一句话描述

（例如，小米电视：打造年轻人的第一台互联网电视）

参赛组别
参赛省份
所属高校
联系信息（姓名/联系方式）

正文

网评PPT第一部分项目概要
路演PPT不需要本部分

- 主要内容：
项目最牛的、最亮眼的内容。最好为数字。

正文

第一部分（1-3页）
政策背景、市场现状、行业背景与痛点分析

1．政策背景分析，落实国家需要

2．讲清楚项目相关的行业背景（细分行业）、市场发展趋势、市场空间，规模（用数字说明一切。注意行业市场分析要具体且有针对性，与所要做的事要紧密相关，避免空泛论述）

3．描述在目前的市场背景下，你发现了一个什么样的痛点，或需求点/机会点（在分析这个痛点时，如已有解决相关痛点的产品或服务，可能需要简要分析已有的产品或服务存在的不足，表明当前的商业机会）

4．说明目前正是做这件事情的最正确的时间

正文

第二部分（1页）
产品介绍：讲清楚你要做什么

讲清楚你准备干一件什么事，你要做的事应该是一两句话就能说清楚

讲清楚你有什么样的解决方案，或者什么样的产品，能够解决第一部分发现的痛点（你的方案或者产品是什么，提供了怎样的功能，功能参数的介绍，如提升行业水平20%）

最好能配上简单的上下游图或功能示意图或简要流程框图，让人对项目一目了然。不要整页PPT都是大段文字。
关于内容，有两点需要注意：
1．不要追求大而全，要专注聚焦，表明你就想做一件事，而且就想解决这件事中的某一个关键问题
2．不建议盲目跟风，追随投资热点

正文

第三部分（10页左右）
优势，优势，最重要就是优势

1．技术优势：国内国际排名，业内排名。什么样的技术产生什么样的功能，用数字说明，如提升25%效率，降低10%能耗等
用专利、论文、软著、商标、著作权、科研立项、经费投入等等支撑

2．资源优势：这件事情你能做，而别人不能做，或者为什么你能比别人干得好？你的核心竞争力是什么？你与众不同的地方是什么？比如，学校支持的大创立项，重点实验室、政府支持啊，行业垄断等）

3．成果优势：目前已经达成里程碑、技术落地、产品有雏形、生产工艺落地、有自主的生产基地等

正文

第三部分（10页左右）
优势，优势，最重要就是优势

4．各种认可：行业龙头企业认可（企业试用报告，合作合同，总裁亲自录视频），科研大牛认可（院士），别的比赛的国家级金奖、一等奖、特等奖等，政府肯定（市长录视频肯定，政府文件），媒体肯定

5．团队优势：技术科研型和资源型团队可作为优势介绍

6．横向知名竞品对比分析：做关键维度的全参数和价格等元素的对比分析。一定要客观、真实，优劣势可能都有，突出本项目的优势——性价比

正文

第四部分（3页左右）
商业模式≈运营模式≈营销模式≈盈利模式

1．说明你未来将如何挣钱，即你的商业模式，你的产品将面对的用户群是谁，针对这个用户群，你所采用的有效（结果说明一切）营销方式。营销方式要真的能落地、能执行、能赚钱、能复制
线上线下说清楚。TOB，TOC整明白

2．目前已经达成里程碑合作案例，尤其是著名企业，总共有几家，总收入、年限、产品、效果等关键环节的进展，尽量用数据

正文

第五部分（1页）
财务分析 与融资计划

1．财务分析：未来6个月至3年的财务分析，包括总收入、总支出（如场地、人员、固定成本、运营成本、生产成本等）、利润、最后持续盈利

2．融资：目前的估值（最好简述估值逻辑，是基于市盈率（5-10-40）×12个月的利润，还是基于市销率×销售收入，还是基于对标等方式算出来的）

一年或者六个月需要多少钱，释放多少股份，用这些钱干什么？达成什么目标？（不建议写未来3年，甚至5年的财务预测，除非是已经非常成熟的项目）

3．之前的融资情况（如果有的话）

正文

第六部分（2-3页）
项目团队

1．讲清楚团队的人员组成、分工和股份比例，建议项目负责人单独一页，硬实力（专利、论文等）要牛，软实力（学习成绩、保研、学团干部、党员、各种奖）也要牛

2．团队要有科学、合理分工，人尽其职，需要介绍团队主要成员的背景和特长（强调个人的能力适合该岗位，团队的组合适合创业项目）

3．团队所获各种荣誉，单独做一页PPT

4．说清楚团队的优势（要让听众相信为什么这个事情你们这个团队来做，会更靠谱，会更容易成功。如果是科技成果转化项目，有必要说明老师在团队中的角色）

正文

第七部分（4-6页）
实践部分

- 1. 引领教育
  (1) 强国有我，思政当先、价值引领，鼓舞且传帮带后面的大学生
  (2) 专创融合，专业人做专业的事，项目和个人成长，专业作为主导
  (3) 对四新的促进作用，产学研用，产教融合
  (4) 创业支撑，学校为提供便利的条件，比如：搭平台，找人才，提供场地，实验室，启动资金
  (5) 人才培养，带动创新创业教育，创业过程中，实践大学所学，影响多少学生
- 2. 带动就业，直接带动就业数，间接带动，社会正能量

正文

第八部分（4-6页）
战略规划——永不止步的未来

1. 企业的无限发展与复制的可能性，3-5年的营业收入，行业占有率，企业规模，人员规模，上市计划等。

2. 产品研发的迭代，产品可以达到的高度和广度，如部分核心功能的描述，或使用推广程度的描述。

封底

结束语
铿锵有力，紧扣内容
实力与情怀齐飞

在最后完成的第一部分
"商业计划书"执行摘要

- 用一两句最具诱惑力的话概括公司的经营内容，也就是投资亮点。
- 用一两句话来介绍公司的产品或服务，及其为用户了解决了什么问题。
- 用一两句话来清晰的描述公司的商业模式——盈利模型。
- 用一两句话来描述公司行业及细分领域、巨大的市场规模及美好的发展前景。
- 用一两句话来描述公司相对于竞争对手的核心竞争优势。
- 用一两句话来陈述公司本轮期望的融资金额及其主要用途。
- 用几句话来展示创业者和核心管理团队的背景及曾经取得的相关成就。
- 用一个表格来展示公司的财务状况和未来财务的预测。

说在最后的话

- 1. 该模板中的主要内容是项目的内容要素，建议务必在各自项目材料中进行体现。至于每部分（每页）的现有标题，仅供参考和说明使用，各项目可自行发挥
- 2. 投资人很看重商业计划书的PPT，以此来判断创业团队的综合素质。因此，见商业计划书如见团队，第一印象非常重要。一份逻辑清晰、文字精炼、观点鲜明、视觉美观的PPT非常重要。创业团队必须要会写和会讲PPT
- 3. 如果想提升PPT水平，建议多学习苹果、小米、华为、乐视、罗辑思维等产品发布或对外演讲的PPT，包括他们的文字和视觉等
- 4. 强烈不建议封面标题直接用公司名字（尤其是对于尚未成立公司的项目），因为看公司名并不知道你公司做什么，太不利于建立评委对项目的第一印象

Part 2
"如何做高质量的Road Show"

现场调研

- 1. 大家为最终的路演准备了文字稿吗？
- 2. 大家为最终的路演演练了多少次？
- 3. 你们的路演计划几个人上场？如果只能选一个人，选谁？

Road Show 华山论剑三大绝招

- 第一大招：多演练！
- 第二大招：继续演练！！
- 第三大招：反复的演练！！！
- 直到演讲人对路演的演讲稿熟记于心，可以脱口而出

"创业路演"准备

路演材料准备	路演产品准备	训练材料准备	路演流程准备
➢ 商业计划书-PPT	➢ 企业产品准备	➢ 30"~60" 开场话术	➢ 路演精细步骤文本
➢ 商业计划书-Word	➢ 如需展示构架可以有一个半成品	➢ 路演PPT全文字稿	
➢ VCR		➢ 项目问答数据库	

"训练材料"准备

- 开场话术
  30"~60" 在100~220字，逻辑清晰，边际价值递增话术
- 路演PPT全文字稿
  每页PPT在1分钟左右，通常在15分钟，竞赛展示多，可以增加信息展示量
  每页PPT的演讲文稿一定要全稿创作，并在开篇和结尾注重承上启下的文字
- 项目问答数据库
  投资路演答辩数据库本质上就是预想投资人可能的问题，做好准备，做出答案。通常在预判投资人可能问到的问题对创业者会有很大难度，但也不是无章可循。投资人的问题无外乎就是围绕着你的商业计划书展开的

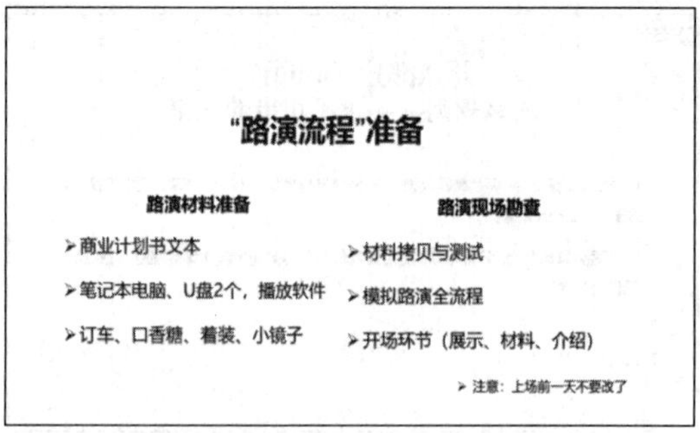

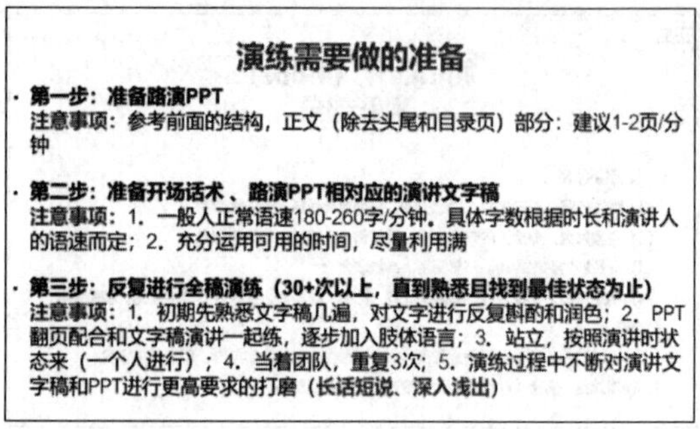

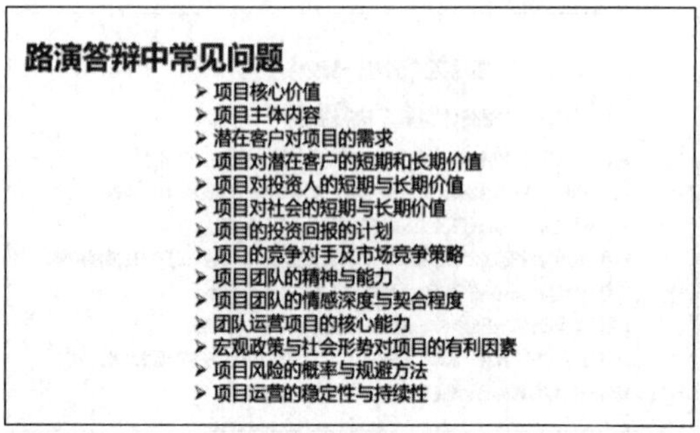

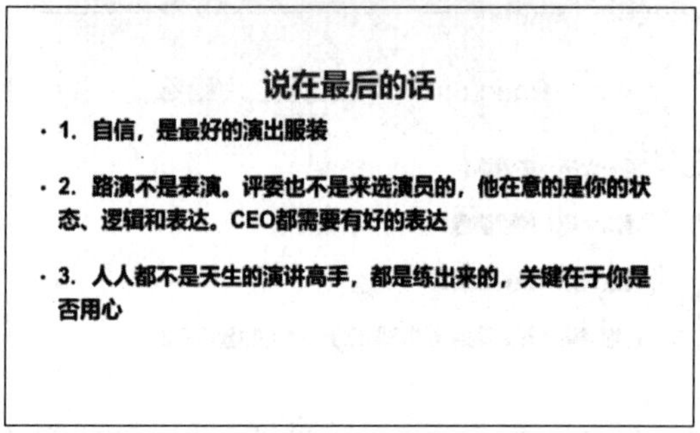

11.3.6　大赛商业策划书模板

创业项目计划书样本

✓ 按国际惯例通用的标准文本格式形成的项目计划书，是全面介绍公司和项目运作情况，阐述产品市场及竞争、风险等未来发展前景和融资要求的书面材料。

✓ 保密承诺：本项目计划书内容涉及商业秘密，仅对有投资意向的投资者公开。未经本人同意，不得向第三方公开本项目计划书涉及的商业秘密。

一、项目摘要

创业计划书摘要是全部计划书的核心之所在。

*创业项目的概念与概貌

*市场机遇与市场谋略

*目标市场及发展前景

*创业项目的竞争优势

*创业项目的营收与盈利

*创业项目的核心团队

*创业项目的股权与融资

*其他需要着重说明的情况或数据（可以与下文重复，本概要将作为项目摘要由投资人浏览）

二、业务描述

*企业的宗旨（200字左右，我们是做什么的）

*商机分析（请通过实例与数字论证）

*行业分析（应该回答以下问题）

（1）该行业发展程度如何？

（2）现在发展动态如何？

（3）该行业的总销售额有多少？总收入是多少？发展趋势怎样？

（4）经济发展对该行业的影响程度如何？

（5）政府是如何影响该行业的？

（6）是什么因素决定了它的发展？

*主要业务与阶段战略

三、产品与服务

*产品与服务概况（主要有下列内容）

（1）产品技术概况介绍。

（2）产品技术优势分析。比如，国外研究情况和国内研究情况。

（3）产品的名称、特征及性能用途。比如，介绍企业的产品或服务及对客户的价值。

（4）产品的开发过程。比如，同样的产品是否还没有在市场上出现？为什么？

（5）产品处于生命周期的哪一阶段？

（6）产品的市场前景和竞争力。

（7）产品的技术改进和更新换代计划、成本。比如，利润的来源及持续盈利的商业模式。

*生产经营计划（主要有下列内容）

（1）新产品的生产经营计划，包括生产产品的原料如何采购、供应商的有关情况、劳动力和雇员的情况、生产资金的安排等。

（2）公司的生产技术能力。

（3）品质控制和质量改进能力。

（4）将要购置的生产设备。

（5）生产工艺流程。

（6）生产产品的经济分析及生产过程。

四、市场营销

*目标市场（应解决以下问题）

（1）你的细分市场是什么？

（2）你的目标顾客群是什么？

（3）你拥有多大的市场？目标市场的份额有多大？

*竞争分析（应解决以下问题）

（1）你的主要竞争对手都有谁？

（2）你的竞争对手所占的市场份额有多少和市场策略是什么？

（3）可能出现什么样的新情况？

（4）你的策略是什么？

（5）在竞争中，你的发展、市场和地理位置的优势在哪里？

（6）你能否承受竞争所带来的压力？

（7）产品的价格、性能、质量在市场竞争中所具备的优势有哪些？

*市场营销（应说明以下问题）

（1）营销机构和营销队伍。

（2）营销渠道的选择和营销网络的建设。

（3）广告策略和促销策略。

（4）价格策略。

（5）市场渗透与开拓计划。

（6）市场营销中意外情况的应急对策。

五、创业团队

*全面介绍公司管理团队情况

（1）公司的管理机构，包括股东、董事、主要雇员、薪金、股票期权、劳工协议、奖惩制度及各部门的构成等情况，都要以明晰的形式展示出来。

（2）展示公司管理团队的战斗力和独特性及与众不同的凝聚力和团结战斗精神。

*列出企业的关键人物（如创建者、董事、经理和主要雇员等，见表11-1）

表11-1　**关键人物之一**

姓名	
角色	
专业职称	
任务	
专长	

主要经历

时间	单位	职务	业绩

续表

教育经历			
时间	学校	专业	学历

*企业共有多少全职员工（填数字）

*企业共有多少兼职员工（填数字）

*尚未有合适人选的关键职位

*管理团队优势与不足之处

*人才战略与激励制度

*外部支持

比如，公司聘请的法律顾问、投资顾问、投发顾问、会计师事务所等中介机构的名称。

六、财务预测

*财务分析

过去3年的历史数据，今后三年的发展预测，主要提供过去三年的现金流量表、资产负债表、利润表以及年度的财务总结报告书。

*投资计划

（1）预计的风险投资数额。

（2）风险企业未来的筹资资本结构的安排。

（3）获取风险投资的抵押、担保条件。

（4）投资收益和再投资的安排。

（5）风险投资者投资后双方股权的比例安排。

（6）投资资金的收支安排及财务报告编制。

（7）投资者介入公司经营管理的程度。

*融资需求

比如，创业所需要的资金、团队出资情况、资金需求计划、为实现公司发展计划所需要的资金、资金需求的时间性、资金用途（详细说明资金用途，并列表说明）。

*融资方案

公司所希望的投资人及其所占股份的说明，资金的其他来源，如银行贷款等。

*完成研发所需的投入

*达到盈亏平衡所需的投入

*达到盈亏平衡的时间

项目实施的计划进度及相应的资金配置进度表。

*投资与收益（见表11-2）

表11-2 投资与收益

项目	第一年	第二年	第三年	第四年	第五年
年收入					
销售成本					
运营成本					
净收入					
实际投资					
资本支出					
年终现金余额					

*本期风险投资的数额、退出策略、预计回报数额和时间表

七、资本结构

*目前的资本结构（见表11-3）

表11-3 目前的资本结构

迄今为止有多少资金投入企业？		
目前需要筹集多少资金？		
假如筹集成功，企业可持续经营多久？		
下一轮投资打算筹集多少资金？		
企业可以向投资人提供的权益有哪些？	□股权 □可转换债 □普通债权	
股东成分	已投入资金	股权比例

*本期资金到位后的资本结构（见表11-4）

表11-4 本期资金到位后的资本结构

股东成分	预投入资金	股权比例

*说明希望寻求什么样的投资者

比如，投资者对行业的了解，投资者在资金上、管理上的支持程度等

八、投资者退出方式

*股票上市

依照本创业计划的分析，对公司上市的可能性作出分析，对上市的前提条件作出说明。

*股权转让

投资商可以通过股权转让的方式收回投资。

*股权回购

依照创业计划的分析，公司对实施股权回购计划应向投资者说明。

*利润分红

投资商可以通过公司利润分红达到收回投资的目的，按照创业计划的分析，公司对实施股权利润分红计划应向投资者说明。

九、风险分析

*企业面临的风险及对策

详细说明项目实施过程中可能遇到的风险，如技术风险、市场风险、管理风险、财务风险及其他不可预见的风险，并提出有效的风险控制和防范手段。

11.4　本章练习

根据 11.3.6 大赛商业策划书模板的创业项目计划书样本，请回答以下问题：

1）您认为企业成功的关键因素是什么？

2）请说明为什么投资人应该投资贵企业而不是别的企业？

3）关于项目承担团队的主要负责人或公司总经理的个人简历及证明人。

4）媒介关于产品的报道；公司产品的样品、图片及说明；有关公司及产品的其他资料。

5）创业计划书内容真实性承诺。

职业生涯规划与就业指导篇

第 12 章

职业生涯规划概述

学习目标

➢ 了解职业生涯的含义和特征

➢ 了解大学生职业生涯规划及其意义

素养目标

➢ 了解职业生涯对个人发展的意义

随着高校的不断扩招，教育体制的不断改革，我国高等教育已由精英教育转向了大众化教育。尽管扩招在很大程度上增加了国民接受高等教育的机会，但是也带来了巨大的就业压力，造成许多大学生毕业即面临失业的尴尬境地。大学生缺乏自我认识、人生观错位、没有正确的职业理念、期望值过高等的一系列问题导致了“有的人找不到工作做，有的工作找不到人做”。目前，我国对大学生的系统职业规划培训正处于起步阶段，如何做好大学生的职业生涯规划与就业指导工作，是当前紧迫的要务之一。要想做好职业生涯规划，就要了解什么是生涯，什么是职业生涯规划，以及大学生职业生涯规划的必要性和重要意义。

12.1 职业生涯规划

在国外，青少年很早就接受了职业生涯教育，从学生时代起，他们就开始有目的地规划自己的未来生涯；在我国，职业生涯教育尚属新生事物，只有为数不多的高校和部分咨询培训公司开展了系统的教育指导。让我们先来了解一下职业生涯规划的相关知识：什么是职业？什么是职业生涯？什么是职业生涯规划？

12.1.1 职业的定义

正确认识职业的概念，是我们制订个人职业生涯规划的基础条件。童年时代，我们都曾满怀向往：我长大了想当个科学家（医生、建筑师、教师……）。这就是职业吗？

职业是劳动者能够稳定地从事某项有酬工作而获得的劳动角色，是一种社会劳动岗位。这个定义有三层含义：第一，并不是任何工作都能够成为职业，某项工作只有变得足够重要、足够丰富以至能吸引劳动者长期稳定地投入其中，才能够称为职业。同时，劳动者在从事这项工作时能够取得一定的经济收入。第二，职业是劳动者获得的劳动角色，这个角色是劳动者获得的一种社会角色，劳动者必须按照社会结构中这一社会角色的规定去行事。第三，职业使劳动者能够进入一个成功的组织，给劳动者一个体现个人价值的机会。

12.1.2 职业生涯

1）定义

工作（job）是指在某一行业中的具体职位，是有目的、有结果、需要投入时间和精力并持续一定时间的活动。职业（occupation）是指介于“工作”和“生涯”之间的概念，指向一系列的工作。生涯（career）是指个人一生中所经历的一系列职业与角色的总称，即个人终身发展的历程。因此，生涯不能等同于工作。有关职业生涯的概念及内涵，目前还没有统一的认识。在职业生涯理论发展之初，社会发展相对稳定，一个人进入某一职业之后，基本上不大改变。职业生涯的概念几乎与工作等同，是一个人在工作中所经历的职业或职位的总称。随着社会经济的发展和人们认识水平的提高，职业的稳定性降低，人们对职业生涯有了新的认识。20 世纪 60 年代，人们注重发展性，强调职业的变化，即一个人一生可能会多次变换职业。因此，20 世纪 70 年代后期，美国麻省理工学院教授施恩提出了职业生涯理论。

一般认为，职业生涯分为广义的职业生涯和狭义的职业生涯。国外理论界以舒伯等为代表的职业心理学家认为，职业生涯是指从职业能力的获得、职业兴趣的培养、选择职业、就业，直至最后完全退出职业劳动这样一个完整的职业发展过程，起始于人的出生，主张将人一生所经历的职业及非职业活动都视为职业生涯内容，即将“职业生涯”概念与“生涯”或“人生”的概念等同。而以霍尔等为代表的职业心理学家认为，职业生涯指的是一个人从职业学习伊始，至职业劳动结束，包括整个人生职业工作历程，即将职业生涯限定于直接从事职业工作的这段生命时光，起始于任职前的职业学习和培训。

国内的学者沈登学、孔勤认为：第一，职业生涯是个体的行为经历，而非群体或组织的行为经历。第二，职业生涯实质上是指一个人一生之中的任职经历或历程。就此意义而言，狭义的职业生涯始于工作之前的专门的职业学习和训练，终止于完全结束或退出职业工作；广义的职业生涯是由出生之始到完全结束职业工作为止。第三，职业生涯是一个包含了具体职业内容的发展概念、动态概念。

从广义的角度来讲，职业生涯是指个体一生所有的经历与活动，包括生活经历、工作（职业）经历、情感经历等，综合涵盖个体所扮演的各种角色；从狭义的角度来讲，职业生涯是指从个体有意识地进行职业准备开始到完全退出职业工作期间，所经历的与职业活动紧密联系的事件与角色的总和，包括与职业活动紧密联系的家庭生活、工作生活等部分事件与角色。

一个人一生中连续从事的职业，不仅包括过去、现在和未来那些客观观察到的职业发展过程，还包括个人对职业生涯发展的见解和期望。具体而言，职业生涯是指以心理开发、生理开发、智力开发、技能开发、伦理开发等人的潜能综合性开发为基础，以工作内容的确定和变化，工作业绩的评估，工资待遇、职称、职务的变动为标志，以满足组织和个人需求为目标的工作经历和内心体验的经历。与职业不同，职业生涯是一个动态的、发展的概念。

2）职业生涯的特征

从总体上来看，职业生涯具有以下特征：

（1）职业生涯具有独特性。

每个个体都是独特的，具有不同的特点，在职业条件、职业理想、职业选择等方面的不同，加上每个人为实现自己的职业理想所做的种种努力的不同，构成了人与人相区别的、独特的职业生涯历程。

（2）职业生涯具有终身性。

职业生涯是一种动态发展的历程，每个人在不同阶段有着不同的追求，在每个阶段都不断地作出职业生涯规划并积极地去实施，这是一个贯穿终身的活动。即使是在晚年，个人也会不同程度地扮演好自己的角色，发挥余热，“老骥伏枥，志在千里”，正是人生晚年对职业生涯的追求。

（3）职业生涯具有阶段性。

职业生涯的发展过程有着不同的发展阶段，每个阶段都有不同的目标和任务，并且各个阶段之间具有递进性，彼此之间有着各种关联。

（4）职业生涯具有发展性。

职业生涯是一种发展、渐进的动态过程，从整体上来看，每个人的职业生涯具有一定的逻辑性。在个人与他人、个人与环境、个人与社会的互动中，每个人根据自己不断充实的社会职业信息、职业决策技术，作出与该阶段相符的职业生涯规划。

3）职业生涯的基本性质

第一，职业生涯是个体的行为经历，而非群体或组织的行为经历。随着社会的发展，一个人并非终身都待在一个行业或组织内，个人的职业生涯更多地受到其职业兴趣与职业动机的影响。因此，职业生涯的主体是个人。

第二，职业生涯是个人一生中的任职经历或历程。职业是劳动者为了不断获得个人收入，较为长期、稳定地从事社会生产劳动或社会工作的过程。职业生涯强调个体在一个职业中稳定的、持续的地位，排除了各种变动情况。

第三，职业生涯是一个包含了具体职业内容的、动态的、发展的概念。职业生涯不仅表示了个体职业工作时间的长短，还表示了职业发展、变更的经历和过程，从事何种职业工作、职业发展的阶段，由一种职业转向另一种职业等具体的内容。

第四，职业生涯是一个时间概念，是指职业生涯期。狭义的职业生涯始于最初工作之前的专门的职业学习和训练，终止于完全结束或退出职业工作；广义的职业生涯则可以从个体的出生之始到完全结束职业工作为止，包括了个体的全部生命历程。实际的职业生涯期在不同个体之间有长有短。

4）职业生涯的分类

（1）外职业生涯与内职业生涯。

外职业生涯是对组织而言的职业生涯，组织努力为员工在职业生涯中确立一条有所依循、可感知的、具有可操作性的发展道路。相对于内职业生涯而言，外职业生涯是外在的、客观存在的。

内职业生涯是对个人而言的职业生涯，是个人追求的一种职业。在内职业生涯中，个人力图使工作与个人的其他需要、家庭义务及个人休闲达成平衡。内职业生涯是从业者个人追求一种职业过程中经历的道路，是其个人的职业发展道路。

职业生涯是外职业生涯与内职业生涯合理有效的结合与平衡，它使得双方的需要都得到满足，彼此受益。

（2）组织生涯和个人生涯。

组织生涯强调个人职业所隶属的组织结构，是个人经历的组织所具有的一系列社会位置，为了使员工能够不断地满足组织的要求，组织的工作主要是提供组织的职业需求信息及职业提升路线或策略，了解自己的资源储备，并有针对性地开发组织内部的人力资源。

个人生涯是由个人职业发展计划、职业策略、职业进入、职业变动和职业位置等的一系列变量构成的。个人生涯会因每个人在参与工作或职业的需要程度上的不同而呈现出差异性，而且这些需要会随着个人、家庭和生命发展经历不同的阶段而发生变化。

（3）主观生涯与客观生涯。

我们可以在生命周期的不同阶段赋予职业变动的意义，这是我们对职业的认知模式。在主观上，职业生涯堪称是一种志向，即促使一个人选择一种职业的决定因素。在客观上，职业生涯可以客观地观察到现实社会位置的变化，可以被看成是一系列由低到高的职务。

12.1.3　职业生涯规划

职业生涯规划（career planning）是指个人与组织相结合，在对个人职业生涯的主客观条件进行测定、分析、总结研究的基础上，对自己的兴趣、爱好、能力、特长、经历及不足等各方面进行综合分析与权衡，结合时代特点，根据自己的职业倾向，确定最佳的职业奋斗目标，并为实现这一目标作出行之有效的安排。

1）职业生涯规划的期限

按照规划的时间维度，职业生涯规划可分为短期规划、中期规划、长期规划和人生规划。

（1）短期规划。

短期规划为 3 年以内的规划，主要是确定近期目标，规划近期完成的任务。

（2）中期规划。

中期规划一般为 3~5 年，规划 3~5 年内的目标与任务。

（3）长期规划。

长期规划一般为 5~10 年，主要设定较长远的目标。

（4）人生规划。

人生规划时间长至40年左右，设定整个人生的发展目标和阶梯。

一个人的职业生涯是一个长期的过程，应有一个整体的职业生涯规划，但整个人生的职业生涯规划是一个笼统的概念，很难具体地实施。比如，你的职业生涯规划是成为一个上市公司的财务总监，为了达到这个目标，你先将这个规划分成几个中期规划，如什么时候成为会计师，什么时候成为财务科长；再把这些中期规划进行细分，分解为直接可操作的具体计划，如为了达到财务总监的目标，什么时候考取中级会计师、高级会计师、注册会计师。这样就可以把整个职业生涯规划分成几个长期规划，长期规划再分成几个中期规划，中期规划再分成几个短期规划，一步一步来实现它。

2）职业生涯规划的特点

（1）可行性。

规划要有事实依据，它不是美好的幻想或不着边际的梦想；否则，将会延误生涯良机。

（2）适时性。

规划是预测未来的行动，确定将来的目标，因此各项主要活动何时实施、何时完成，都应有时序上的妥善安排，以作为检查行动的依据。

（3）适应性。

规划未来的职业生涯目标，将牵涉到多种可变因素，因此规划应有弹性，以增加其适应性。

（4）连续性。

人生每个发展阶段都能够做到持续连贯的衔接。

3）职业生涯规划的评价

不同的人，其职业目标不同，对成功的理解也不一样。有的人将获得高社会地位和社会声望的职业视为成功，有的人将有一个高收入、安稳轻松的职业视为成功，有的人将有了一定的物质财富视为成功，有的人将经过勤奋努力在工作上取得一定的成绩视为成功……成功是多元的，没有贵贱之分，适合自己的、擅长的，就是最好的，也是最成功的。

职业生涯的成功是个人职业生涯目标的实现。对年轻员工来说，职业生涯的成功应在其工作上建立满足感和成就感，个人应设法扩大其工作的内容，使工作更具有挑战性，而不是一味地追求快速晋升。

对职业生涯的成功进行全面评价，必须综合考虑个人、家庭、企业、社会等各方面的因素。有人认为职业生涯的成功意味着个人才能的发挥，并为人类社会作出贡献，将职业生涯成功的标准分为自我认为、社会承认和历史判定。对企业管理人员来说，按照个人的人际关系范围，可将职业生涯成功的标准分为自我评价、家庭评价、企业评价和社会评价，见表12-1。

表 12-1 职业生涯成功评价体系

评价方式	评价者	评价内容	评价标准
自我评价	本人	①自己的才能是否充分施展； ②对自己在企业发展、社会进步方面所作出的贡献是否满意； ③对自己的职务、职称、工资待遇等方面的变化是否满意； ④对处理职业生涯发展与他人生活关系的结果是否满意	个人价值观涉及个人的知识和能力水平
家庭评价	父母、配偶、子女等	①是否能够理解和肯定； ②是否能够给予支持和帮助	家庭文化
企业评价	上级、平级、下级	①是否有下级、平级同事的赞赏； ②是否有上级的肯定和表彰； ③是否有职称、职务晋升或相同职务责权利范围的扩大； ④是否有工资待遇的提高	企业文化及总体的经营结果
社会评价	社会舆论、社会组织	①是否有社会舆论的支持和好评； ②是否有社会组织的承认和奖励	社会文明程度、社会历史进程

12.2 大学生职业生涯规划及其意义

随着我国市场经济的发展和高等院校招生规模的不断扩大，大学生就业困难的问题日趋突出，日益成为当今社会广泛关注的焦点，大学生作为我国人才的生力军，要适应信息社会的发展趋势，把握好每一个可能成功的机遇，必然要借助职业生涯规划，尽早地认识自我、发展自我、完善自我，培养个人的素质和修养，设计好职业发展路径。

12.2.1 大学生职业生涯规划的定义和特点

1）大学生职业生涯规划的定义

从大学校园中的一名学生转变为独立的成年个体加入社会之中，这一人生巨大的变化是每个大学生都必须面对的。埃里克森将这一变化称为“危机”，即发生必要变化的时刻。他认为成年期的任务在很大程度上取决于这一危机的结果。在大学阶段，职业选择在学校经历中占据越来越重要的地位，因此“危机”更大程度上反映在青年个体未来将向何处去的问题。大学生采取何种方式应对这个不可避免的危机，实际上取决于大学生如何理性地对自己未来的职业进行规划，如何一步一步地完成自己的规划。在学习期间，大学生对个人的发展规划并不明确，可通过职业生涯规划理论来指导大学生规划未来的人生发展方向，督促大学生提前准备，准确定位。

大学生职业生涯规划是指大学生通过自我评估和对环境因素的分析，结合职业理想与职业生涯的预期，在学校相关部门和人员的帮助下，规划大学学习、生活、工作，提高综合素质与就业竞争力，为未来的就业奠定良好的基础，实现大学教育与市场需求的无缝对接，实现个体全面的人职和谐。大学生职业生涯规划的实施主体是学生本人，学校应当在实施过程中给予大学生全面的辅导与条件保障。要准确理解这一概念，我们必须明白以下五点：第一，大学生职业生涯规划的前提是全面客观地认识自身和外在环境；第二，大学生职业生涯规划的首要任务是确定个人的职业生涯发展目标；第三，大学生职业生涯规划是一个连续的系统的动态过程；第四，大学生职业生涯规划的实现是渐进的，必须遵循一定的时间安排；第五，大学生职业生涯规划的最终目的是要实现最初的职业目标。

2）大学生职业生涯规划的特点

大学生职业生涯规划的好坏直接影响其一生的职业生涯发展，因此客观分析自身的优劣势，清楚认识自己的性格、能力和爱好等，对制订合理有效的职业生涯规划有着至关重要的意义。一个良好的大学生职业生涯规划应具备以下特点：

（1）连续性。

职业生涯规划是一项连续而又系统的工作。就广义而言，职业生涯贯穿于人的一生，在个体走上工作岗位之前的所有时光都是个体为职业做准备的时期，而大学阶段作为一个专业学习阶段则凸显其职业预备期的特点。因此，大学生职业生涯规划不仅是大四阶段的工作与任务，还应当贯穿于大学四年，分阶段、分任务逐级做好大学生职业生涯规划指导。

（2）可行性。

职业生涯规划要有事实依据，要充分考虑到自身的条件和外在环境的约束，制订切合实际的职业生涯规划。这就需要大学生加强自我认知能力，对自己进行全面客观的定位，并对外界条件进行仔细分析，选择适合自己并且能够实现的职业目标，而不能只是自己个人美好的愿望或不着边际的梦想；否则，将会贻误生涯良机。学校可以通过开展形式多样的活动加以启发和引导，采用行之有效的方法，以喜闻乐见的形式引导大学生对自己形成一个客观、全面的认识和定位，为职业生涯规划做好相应的准备。

（3）适时性。

职业生涯规划要根据各学期、各阶段的特点，合理安排实施。职业生涯规划是预测未来的行动，并确定将来的目标。各项主要活动何时实施、何时完成，都必须有时序上的妥善安排，以作为检查行动的依据。学校和指导老师必须依据学生不同的学习阶段进行相对应的职业生涯规划的指导。例如，在大三、大四，学校和指导老师引导学生树立终身学习的观念，在离开正规学校系统教育后，必须通过各种途径接受继续教育。与此同时，学校开展职业心理咨询活动，让学生了解自身的特点，扬长避短，只有找到适合自己的工作岗位，才有可能成为职业生涯的成功者。

（4）针对性。

职业生涯规划必须由大学生自己来主导。每个大学生的成长环境、个性类型、价值观、能力和爱好等不尽相同。一般来说，兴趣和能力可以决定职业的适应性，即职业成功和工作满意的两个最主要方面，也是职业设计和职业决策过程中应着重考虑的因素。因此，大学生在为自己设定职业目标、制订职业生涯规划时，应客观分析外界环境和自身条件，进行有针对性的个人计划，而不能盲从。

（5）前瞻性。

大学生今后的职业生涯道路是非常广阔的，高校作为教育教学单位应着眼于学生的充分发展。大学生在自我定位和选择职业生涯道路之前，必须知道摆在面前的职业生涯道路的各种可能性，了解未来的职业世界。只有这样，大学生才能在自我认知的基础上做好自我定位，并选择好一条适合自身特点的职业生涯发展道路。

12.2.2　大学生进行职业生涯规划的必要性

自 2003 年以来，高校毕业生数量节节攀升，与之相对的是，学生就业形势日益严峻，且在今后若干年内就业压力将会持续增加。如此严峻的现实，要求大学生必须做好充分的准备，以便在激烈的就业环境中求生存、求发展。大学生进行职业生涯规划将有助于大学生认识和了解自己，找出自己感兴趣的领域，确定自己的优势所在，明确切入社会的起点，从而实现成功就业。

1）我国高校毕业生面临的就业形势

近年来，随着改革的深入，我国产业结构发生了一定的调整，而产业结构的调整又直接影响到就业结构的变化。目前，我国的劳动力资源增长较快，造成劳动力供给与需求的矛盾比较尖锐；持续不断的经济结构调整、技术进步和产业升级引起就业结构性调整，造成部分行业和企业不断减少就业岗位，持续产生新的再就业问题。对大学生就业来说，高校毕业生分配制度几经变迁，从“统包分配”到“供需见面”“双向选择”，再到“一定范围内自主择业”，越来越灵活、自由，越来越尊重个人的发展意愿，用人单位可以根据自己的需要选择人才，毕业生可以根据自己的特长、爱好选择单位，在市场机制下较大程度地实现了人力资源的优化配置。可是，在经济发展状况、就业环境、就业体制、人事制度等外在客观原因与大学生个体的择业观念、就业准备、职业设计等主观因素的作用下，大学生就业形势受到极大影响，大学生就业出现多种多样的情况。当前大学生面临的就业形势主要表现在以下方面：一是学科的两极分化与专业对口观念的淡化；二是不同学历、不同院校的毕业生即时就业率存在很大差距；三是毕业生就业方向呈多元化的趋势，但就业意向厚薄不均。总之，严峻的就业形势、多样的就业趋势都要求大学生进行职业生涯规划。

2）当前高校毕业生就业存在的主要问题

当前高校毕业生就业形势严峻，高校毕业生仍存在就业心理准备不足、对人才市场的认识不足等问题。

（1）高校毕业生就业心理准备不足。

面对竞争激烈的就业市场，一些大学生已不再以天之骄子自居，相反表现出不同程度的自卑。部分大学生因所在学校名气不大，或因所学专业不景气，或因自身条件不如其他同学，或因几次求职受挫，逐渐产生自卑心理，无法准确地向用人单位展示自身所长，有时觉得自身的长处也变成了短处，使自己在就业竞争中处于劣势。这主要有以下两个方面的表现：首先，不能正确认识成功，存在侥幸投机心理；其次，缺乏应具备的心理承受能力，表现得过分焦虑和急躁。

（2）高校毕业生对人才市场的认识不足。

人才市场已经成为社会主义市场经济体制下一个重要的要素市场，基本确立了在人才资源配置中的基础性地位。人才中介服务体系已经初步形成，市场机制在人才资源配置中的基础性作用开始逐步发挥，政府对人才市场的宏观调控逐步加强。人才市场也逐渐成为大学生这一资源配置的主渠道，是给毕业生提供“供需见面”“双向选择”服务的机构和场所之一，是大学生就业必须接触的社会机构，也是完善大学生就业机制的一个重要方面，只有充分了解和认识人才市场，才能充分发挥它的作用，最大可能地为大学生就业提供服务。大学毕业生对人才市场的认识不足主要表现在四个方面：一是对社会的人才观念理解不深刻；二是没有科学的就业观；三是对人才市场的功能了解不充分，利用不够；四是对高校工作职能与人才市场职能分得不是很清楚，过分地依赖学校。

12.2.3　大学生职业生涯规划的意义

大学生职业生涯规划具有主体的个体性、内容的计划性、过程的系统性等特征。主体的个体性是指大学生职业生涯规划是一个个体的行为设计，是大学生社会化的初始行为，而非群体或组织的行为经历，是社会化的结果。内容的计划性是指由于缺乏实践，大学生职业生涯规划侧重于计划，为了将来能够形成与职业相关的基础知识、基础能力和基础素质，职业规划基本上不能建立在从业经验基础之上，而应建立在对自身主观与环境客观的分析与前景预测的基础上，它是一种数量的分析与建构，更大程度上是一种“内在的职业生涯规划”。过程的系统性是指大学生职业生涯规划是一个有机的、逐渐的系统过程，而不是一个机械的、预先设计好的过程。大学生职业生涯规划对大学生的成长、高校的发展、社会的进步都有重要意义，具体表现在以下三个方面：

1）大学生职业生涯规划对学生个体成长的意义

现代职业生涯的规划不仅能帮助大学生实现目标，更重要的是有助于大学生真正了解自己，从而确定合理、可行的职业生涯发展方向。尤其是在市场竞争激烈和人才济济的时代，只有发展个人的竞争优势，才能把握稍纵即逝的机会，发挥个人的潜能，实现预定的目标。大学生正处在生涯探索期和生涯建立期的转换阶段。通过生涯探索，大学生能够明确发展方向，完成具体可行的职业计划，并积极进行职业成功的知识储备。

（1）有利于大学生明确人生未来的奋斗目标。

只有有了明确的目标，才会激励人们努力奋斗，并积极创造条件、实现目标，从而避免无目标的四处飘浮、随波逐流、浪费青春。事实证明，不少人事业失败，并不是他们缺乏足够的知识和才能，而是因为他们没有规划好最适合自己成长与发展的职业生涯，缺乏明确的人生奋斗目标。职业生涯规划可以为学生提供有效的帮助，有利于大学生选择符合自己个性特点、满足自身需求的职业岗位。大学生在自己选择的职业岗位上工作，利用自己的特长和优势努力创造业绩，取得成功，实现人生理想。在这样的职业岗位上工作，大学生将会产生一种发自内心的满足感，他们会在自己的职业工作中展示自己的人生价值，为社会作出应有的贡献。

（2）引导大学生积极进行职业探索，达到自我完善。

知识经济改变社会的产业结构，促使人们的工作世界发生根本变化，社会职业内涵和人们从事职业的方式也将有所变化。职业生涯规划能够有效地激励大学生不断探索未来的职业领域，培养其职业能力，以适应未来职业的变化和发展，能够帮助大学生确定符合自己兴趣与特长的生涯路线，正确设定自己的职业发展目标，从而实现自己的人生理想。随着职业生涯规划的每一个具体目标的实现，大学生越来越有成就感，思想方式及心态就会向着更积极向上的方向转变。职业生涯规划给大学生提供了完成学业的清晰图画，使得大学生对自身学业的实现过程有了清晰透彻的认识，进而产生信心、勇气，达到自我完善。

（3）提升大学生职业品质，认清就业形势，转变就业观念。

大学生职业生涯规划往往从学生进入大学时就开始了，这种观念的引入，最直接的结果就是引发了学生对于职业与未来的思考，“大学毕业后我能干什么？”“现在社会需要什么样的人才？”“现在的就业形势怎么样？”这一思考过程就是大学生关注外界就业环境、关注用人单位人才标准的过程，不仅有利于大学生认清形势，还促使大学生用外界的职业需求与职业要求指导自己的学习生活，提升自身的职业品质。大学生通过长时间的关注与思考，对于就业将有全面的认识，有助于大学生形成正确的就业观念。目前，很多大学生没有清晰的就业观念，对自己没有正确的定位，这都是缺乏对职业全面认识的结果。社会上的职业多种多样，不同的职业对从业人员的知识、技能、素质等的要求不同，而每个大学生的自身条件也都不一样，不同的个体所具有的素质也是千差万别的。因此，要了解社会对不同职业的需求情况，了解自己的经济地位、社会关系，从而根据个人的优势选择自己的职业目标，选择比较适合的岗位。同时，要树立“只要依法从事有一定报酬的劳动，对社会发展作出贡献都属于就业”的大就业观，明确择业的标准只有“适合”与否，没有“好坏”之分。

（4）促进大学生全面发展。

首先，大学生职业生涯规划是大学生成才的一种有效方法。近年来，随着人们文化素质的提高，绝大部分大学生都想施展自己的才能，成就一番事业，体现自己的人生价值。大学生只有及早做好职业生涯规划，认清自己，并在自己内在潜能上不断探索和发展，才能正确掌握人生方向，创造成功的人生；只有树立了明确的目标，才能向着目标的方向努力，使事业尽早获得成功。大学生职业生涯规划可以为大学生的求职择业提供成功的技术与方法，可使大学生充分认识自己，客观分析环境，科学地梳理目标，正确选择职业，运用适当的方法，采取有效的措施，克服职业生涯发展中的困难，避免人生陷阱，获得事业成功。

其次，大学生职业生涯规划有助于全面提高大学生的综合素质。职业生涯规划是终身教育的一种形式，是以素质教育为基础的。素质教育又是面向全体学生的教育，要求教师尊重学生的个性，承认学生个人兴趣和志向的多样性和差异性，创造性地开展教育活动，充分挖掘其潜能，使每一个学生都能自主地、生动活泼地学习，促进学生全面发展。因此，职业生涯规划既要注重发展学生完美的个性，培养创新精神，又要注重把个性发展与社会需求有机结合起来。职业生涯规划可以使学生更加理智地认识自己、认识社会，使自己的人格不断完善，谋求自身发展，适应社会发展的需求，最终实现个人价值。

最后，大学生职业生涯规划有利于增强大学生的主体意识。由于受应试教育的影响，有相当一部分大学生主体意识欠缺，认为学习是为了父母，却唯独没有认识到学习是自己今后职业生涯发展的需要。开展大学生职业生涯规划后，大学生可以全面地了解自己的个性、长处与不足，认清社会对人才的需求，从而制定自己的职业生涯目标，并自觉地将目标规划转化为行动，增强学习的目的性和主体性意识。

因此，大学生应该科学地规划、利用宝贵的时间，通过职业生涯满足人生需求，进行系统的职业生涯规划，学习相关的职业生涯规划理论知识，提高主体性意识和自主选择的意识，正确规划自己今后的职业生涯，提高职业生涯规划的能力，实现促进个体全面发展的最终目的。

2）大学生职业生涯规划对高校发展的意义

（1）推进高校教育教学的改革。

在大学生进行职业生涯规划的过程中，高校结合市场的变化，对专业和课程设置进行及时的调整，对课程内容进行相应的更新，提高教学的针对性和时效性。大学生职业生涯规划突出了学生的自主性，促进了灵活的修课制度和弹性学分制的实施。大学生职业生涯规划强调实践的重要性，大学生在实践中可以更好地了解外部环境和自身的条件，拓展与企业的交流与联系，为实习创造条件，它是高校教学中一个必不可少的环节。

（2）促进高校人才培养体系的完善。

职业生涯规划作为一种科学的管理理念，对人才培养模式提出了新的要求，促进了高校全面育人、科学育人体系的建立。对大学生进行职业生涯规划教育，要求高校形成面向市场的人才培养模式，教学具有针对性和时效性。大学生职业生涯规划突出了大学生的自主性和自由选择性，要求教育强调实践的重要性和办学的开放性，以便于大学生在实践中更好地了解外部环境和自身条件，开阔视野，丰富阅历，缩小与社会需求的差距，促进高校人才培养体系的完善。职业生涯教育的目的是实现人职和谐及人才的充分、全面发展，这就要求高校在人才培养模式上更应全面、科学，更应注意个性化培养。

（3）丰富高校就业指导工作的理论基础和方法论体系。

高校就业指导是一项实践性相当强的工作，在实践操作中会不断遇到新问题。职业生涯规划是当前高校就业指导工作所面临的新挑战。积极、有效地开展大学生职业生涯规划是高校朝着就业指导工作进一步科学化和系统化迈进的关键一步，而丰富的实践经验需要总结与升华，形成新的科学理论进而指导新的实践。随着社会主义市场经济的进一步发展，大学生职业生涯规划作为高校就业指导工作的重要组成部分，在合理配置人才资源中日益发挥重要作用，对它的研究将有助于高校就业指导作为学科体系的形成。

3）大学生职业生涯规划对社会的意义

人力资源是经济和社会发展的第一资源，是国家蓬勃活力的长效保证。在知识经济时代，社会竞争日益激烈，信息经济社会对人力资源的素质提出了更高的要求，不仅需要人才具有合理的知识结构，还需要人才具有较好的逻辑思维能力、社会活动能力和创新能力等。社会的文明进步离不开高素质的人才，职业生涯教育的本质核心在于促进人的全面发展和培养人的综合素质，满足社会对高等人才的需求，减少社会人才资本的浪费。同时，对大学生进行职业生涯规划教育，促进了职业和个人能力的匹配，更易做到人尽其才，才尽其用，既节约了社会人力资本，又最大限度地发挥了个人潜能，使大学生的就业观念更为现实，就业手段更为丰富，这些都将大大促进就业率的提高，有力地缓解社会就业压力，促进社会的稳定与和谐。

12.3　本章练习

1）说说你对职位、工作、职业、事业、生涯的理解。

2）设想一下5年以后你的职业生涯发展目标，要想实现这一目标，从现在起需要做哪些努力？

3）结合自身实际，谈谈什么是职业生涯规划？大学生为什么要做好职业生涯规划？

【生涯规划行为训练】

心理实验：规划的力量

你或许要问："为什么要进行职业生涯规划？"

回答这个问题并不难，我们来做一个心理实验。

首先，请你闭上眼睛，回忆一下身边有哪些东西是红色的……

这时，你能回忆出的东西可能不多。

然后，请你睁开眼睛，看看周围有哪些事物被遗漏了？如果可能，和周围的几位朋友一起做这个实验，效果会更好。这时，你会发现别人看到的，可能正是我们忽视的。

最后，请参与实验的人员讨论从实验中得到的启发，并分享这次实验的切身体会，结合讨论结果总结职业生涯规划的意义。

【案例分析】

你在为谁打工

齐瓦勃出生在美国的乡村，他只接受过很少的学校教育。15岁那年，家中一贫如洗的他就到一个小山村做了马夫，然而雄心勃勃的齐瓦勃无时无刻不在寻找着发展的机遇。3年后，齐瓦勃终于来到钢铁大王卡耐基所属的一个建筑工地打工。一踏入建筑工地，齐瓦勃就抱定了要做同事中最优秀的人的决心。当其他人在抱怨工作辛苦、薪水低而怠工的时候，齐瓦勃却默默地积累着工作经验，并自学建筑知识。

一天晚上，同伴们在闲聊，唯独齐瓦勃在角落里看书。那天恰巧公司经理到工地检查工作，经理看了看齐瓦勃手中的书，又翻开了他的笔记本，什么也没说就走了。第二天，公司经理把齐瓦勃叫到他的办公室，问道："你学那些东西干什么？"齐瓦勃说："我想我们公司并不缺少打工者，缺少的是既有工作经验，又有专业知识的技术人员和管理者，对吗？"经理点了点头。不久，齐瓦勃就被提升为技师。打工者中，有人讽刺挖苦齐瓦勃，他回答说："我不光是为老板打工，更不单纯地为了赚钱，我是在为我的梦想打工，为自己的远大前途打工。我只能在业绩中提升自己，我要使自己工作所产生的价值远远超过所得的薪水。只有这样，我才能得到重视，才能获得机遇！"抱着这样的信念，齐瓦勃一步一步升到了总工程师的职位。

25岁那年，齐瓦勃又做了这家建筑公司的总经理。

后来，齐瓦勃终于自己建立了大型的伯利恒钢铁公司，并创下非凡的业绩，真正完成了从一个打工者到创业者的飞跃。

简析：齐瓦勃的职业生涯道路：很少的学校教育→雄心勃勃，寻找发展的机遇→决心做同事中最优秀的人→默默地积累工作经验→自学建筑知识、管理专业知识→使工作所产生的价值远远超过所得的薪水→提升自我；山村马夫→建筑工人→技师→总工程师→总经理→企业家。

齐瓦勃的职业生涯发展不是偶然的，不是天上掉的馅饼。他的职业生涯是在其知识、观念、经验、能力等内职业生涯因素不断更新、水平不断提高的基础上发展的。所以，在职业生涯发展的道路上，重要的不是你现在所处的位置，而是你迈出下一步的方向。

很多人说："我就想给自己打工，不想给老板干，不想看老板的脸色。"什么叫给自己打工？其实你每一天都在为自己打工，因为你必须对自己的职业生涯负责，确定目标后，要不断地朝着目标努力，这样才能到达成功的彼岸。

【参考资料】

规划的力量

美国铁路两条铁轨之间的标准距离是4英尺8.5英寸，这是一个很奇怪的标准，究竟是从何而来的呢？原来这是英国的铁路标准，美国的铁路原先是由英国人建的。那么，为什么英国人用这个标准呢？原来英国的铁路是由建电车轨道的人设计的，而这个正是电车所用的标准。电车的标准又是从哪儿得到的呢？原来最先造电车的人以前是造马车的，而他们是沿用马车的轮距标准。

那么，马车为什么要用这个轮距标准呢？因为那时候的马车用其他轮距，马车的轮子很快会在英国凹陷的老路的路辙上撞坏。这又是为什么呢？因为这些路上的辙迹的宽度是4英尺8.5英寸。

这些辙迹又是从何而来的呢？答案是古罗马人设定的，因为在欧洲，包括英国的长途老路都是由罗马人为他们的军队所铺设的，4英尺8.5英寸正是罗马战车的宽度。如果用不同的轮宽在这些路上行车，轮子的寿命都不会长。那么，罗马人为什么以4英尺8.5英寸作为战车的轮距宽度呢？原因很简单，这是战车的两匹马屁股的宽度。

故事到此还没有完结，下次你在电视上看到美国航天飞机立在发射台上时，你留意看看在它的燃料箱的两旁有两个火箭推进器，这些推进器是由一家公司设在犹他州的工厂所提供的。如果可能的话，工程师希望把这些推进器造得宽一点，这样容量就可以大一些，但是不可以。为什么？因为这些推进器造好之后需要用火车从工厂运送到发射站，路上要通过一些隧道，而这些隧道的宽度只是比火车轨宽了一点，我们不要忘记火车轨道的宽度是由马屁股的宽度决定的。

因此，我们可以断言：可能当今世界上最先进的运输系统的设计，便由两千年前的两匹马屁股的宽度决定了。

第 13 章

职业生涯规划理论

学习目标

➢ 了解职业生涯规划的相关理论

➢ 理解各种职业生涯规划理论的不同之处

素养目标

➢ 利用职业生涯规划的相关理论做好职业规划

职业生涯规划作为一门学科，有很丰富的理论支持，比较典型的理论有“特质—因素”理论、职业性向理论、职业发展理论和职业锚理论等。要做好大学生职业生涯规划，就必须了解职业生涯规划的基本理论，并学会运用基本理论来规划生涯。

13.1 “特质—因素”理论

“特质—因素”理论（trait-factor theory）的渊源可以追溯到 18 世纪的心理学研究，它是建立在帕森斯（Parsons）关于职业指导三要素思想的基础之上，由美国职业心理学家威廉森（Williamson）发展而形成的理论体系。20 世纪 30 年代，经济衰退、失业率大幅度增加，美国政府于 1931 年设立了“明尼苏达就业安定研究中心”，由帕森斯主持，后来威廉森在明尼苏达大学进行学生职业辅导工作，并形成了一套独特的辅导方式，被称为“明尼苏达辅导观”。

13.1.1 基本主张

“特质—因素”理论是以经验为导向的辅导模式，其理论依据是以差异心理学为基本观点，并以特质为描述个别差异的重要指标，强调个人特质与职业选择的关系。其理论前提是：第一，每个人都有一系列独特的特性，且可被客观、有效地进行测量；第二，为了取得成功，不同职业需要具备不同特性的人员；第三，选择一种职业是一个相当易行的过程，而且人职匹配是可能的；第四，个人特性与工作要求之间配合得越紧密，职业成功的可能性越大。

“特质—因素”理论认为所有的人在发展与成长方面都存在差异，强调人与人之间存在个别差异，是建立在差异心理学基础之上的。每个人都具有自己独特的能力模式和人格特质，而某种能力模式及人格特质又与某些特定职业相关联，不同人格特质的人都有与其相适应的职业，人人都有选择职业的机会。个人特质，如兴趣、性向、能力、人格等，可以用心理测验等客观方法测量出来，从而勾勒出一个人的潜能。同样，职业也可以依照它需要的个人特质的“量”，来描述出此工作的侧面图。就“特质—因素”理论来说，职业辅导就是根据以下两个方面的资料来指引求职者进入职业生涯。

1）自我分析

自我分析，即评价求职者的心理和生理特点（特质），通过心理测量及其他测评手段，获得有关求职者的身体状况、能力倾向、兴趣爱好、气质与性格等方面的个人资料；通过会谈、调查等方法，获得有关求职者的家庭背景、工作经历等情况，并对这些资料进行评价。

2）工作分析

工作分析，即分析各种职业对人的要求（因素），并向求职者提供有关的职业信息。

（1） 职业的性质、工资待遇、工作条件以及晋升的可能性。

（2）求职的最低条件，如学历、所需的专业训练、年龄、各种能力以及其他心理特点等的要求。

（3）为准备就业而设置的教育课程计划，以及提供这种训练的教育机构、学习年限、入学资格和费用等。

（4）就业机会。

3）“职业—人”匹配论

该理论最早是由美国波士顿大学的帕森斯提出的，是用于职业选择和职业指导的最经典的理论之一。帕森斯在其著作《选择一个职业》一书中，明确阐述了职业选择的三大要素和条件：

（1）清楚地了解自己的态度、能力、兴趣、智谋、局限和其他特征。

（2）清楚地了解职业选择成功的条件、所需的知识，以及在不同职业岗位上所占有的优势和不足、机会和前途。

（3）以上二者的平衡。

帕森斯的理论内涵是在清楚地认识、了解个人的主观条件和职业岗位需求的基础上，将主观条件与职业需求相对照、相匹配，最后选择一种职业需求与个人特长匹配相当的职业。

“职业—人”匹配论，将匹配程度分为两种类型：

（1）条件匹配。所需专门技术和专业知识的职业与掌握该种特殊技能和专业知识的求职者相匹配。例如，脏、累、险等劳动条件很差的职业需要吃苦耐劳、体格健壮的劳动者与之相匹配。

（2）特长匹配。某些职业需要具有一定特长的人士。例如，具有敏感、易动感情、不守常规、有独创性、个性强、理想主义等的人格特质的人，宜从事审美性的、自我感情表达的艺术创造类型的职业。帕森斯的“职业—人”匹配论，对职业生涯规划和实现人职和谐方面具有重要的指导意义。

“特质—因素”理论强调个人所具有的特点与职业所需要的素质、技能（因素）之间的协调与匹配。为了对个体的特性进行深入详细的了解与掌握，“特质—因素”理论十分重视人才测评的作用。也就是说，“特质—因素”理论是以对人的特性的测评为基本前提进行职业指导的。通过职业指导者测量与评价被指导者的生理、心理特性以及分析职业对人的要求来帮助被指导者进行分析比较，使其在清楚地了解自己和职业因素的基础上作出明智的职业选择。这一理论奠定了人才测评的理论基础，推动了人才测评在职业选拔与指导中的运用与发展。

13.1.2　局限性

“特质—因素”理论具有重视“个别差异”与“职业资料”的优点，然而理论之后的假设是一个人在选择职业上只有一个“正确”目标，即一个人只有一种职业是适合自己从事的，并且还假设每一种工作只需要单一类型的人来从事。这样的假设将个人特质与工作要求视为静态的关系，不仅低估了一个人的学习与成长的潜能，还低估了若干年后工作要求变化的可能性。尽管“特质—因素”理论具有上述缺点，但它仍在很大程度上影响着职业辅导的实施。如果能够适当地运用该理论，则可发挥其优点，一个人在做出职业决策与选择时，必须先做好知己知彼的工作。“知己”是要了解个人的兴趣、性向、能力等特质；“知彼”是要了解外在工作领域的状况以及不同工作所需要的条件，凭借各种测验结果与职业资料的分析，以达到自我探索的目的。

13.2　霍兰德的职业性向理论

美国约翰·霍普金斯大学心理学教授约翰·霍兰德（John Holland）于 1971 年以自己从事的职业咨询为基础，提出了职业性向理论（career orientation theory）。霍兰德认为，职业选择是个体人格的展现和延伸，求职者总是努力寻求与自己人格类型相适合的职业。霍兰德称这种人格类型与职业类型相互和谐的状况为“适配”。

13.2.1　工作环境分类

该理论将职业归属为六种典型工作环境中的一种。

① 现实的：建筑、驾驶客车、农业耕作等。

② 调查研究性的：科学和学术研究等。

③ 艺术性的：雕刻、表演和书法等。

④ 社会性的：教育、宗教服务和社会性工作等。

⑤ 开拓性的：销售、政治和金融等。

⑥ 常规性的：会计、计算机技术、药理学等。

这些工作环境类型可以用来描述员工的个性定位，即每个人都偏好于六种职业类型中的一类或多类。职业性向是决定一个人择业的重要因素。

13.2.2　对劳动者类型进行分类

根据劳动者的心理素质和择业倾向，将劳动者分为六种基本类型，即研究型、艺术型、社会型、企业型、传统型和现实型。人格与环境的匹配是形成职业满意度、成就感的基础。各个兴趣类型的特点及较为适宜的职业环境见表 13-1。

表 13-1　**霍兰德人格特征分类和相对应的职业类型**

劳动者类型	劳动者职业类型	劳动者人格特征	相对应的职业类型
研究型（I 型）	抽象思维能力强，求知欲强，肯动脑，善于思考，喜欢独立和富有创造性的工作；有学识才能、不善于领导他人	分析型的、独立的、理性的、细心的、谨慎的、善于批评的、好奇的、精确的、不合群的	自然科学和社会科学方面的研究人员、专家，化学、冶金等方面的工程师、技术员，计算机操作人员等
艺术型（A 型）	喜欢以艺术形式的创作来表现自己的才能；具有特殊艺术才能和个性；乐于创造新颖的、与众不同的艺术成果，渴望表现自己的个性	复杂的、不切实际的、不守常规的、感情冲动的、善于表达的、敏感的、理想主义的	音乐、舞蹈、喜剧方面的演员、艺术家、编导，文学、艺术方面的评论员，广播主持人，编辑，作家，摄影师等
社会型（S 型）	喜欢从事为他人服务和教育的工作；喜欢参与解决人们共同关注的问题；比较看重社会义务和社会公德	乐于助人的、有责任心的、合作的、理想主义的、耐心的、合群的、友好的、仁慈的、善解人意的、慷慨的、有说服力的	教师，行政人员，医护人员，服务行业的经理、管理人员和服务人员，福利人员等
企业型（E 型）	精力充沛、自信、善于交际、具有领导才能；喜欢竞争、敢于冒险；喜欢权利、地位和物质财富	精力旺盛的、乐观的、大胆的、自信的、外向的、合群的、野心勃勃的、盛气凌人的	经理、企业家、政府官员、商人，以及行政部门和单位的领导人、管理者等
传统型（C 型）	谨慎保守、忠诚、尽职尽责、忠诚可靠、自我控制能力强；尊重权威和规章制度，喜欢按计划办事，细心、有条理；习惯接受他人的指挥和领导，不喜欢冒险和竞争，缺乏创造性、富有自我牺牲精神	有责任心的、效率高的、稳重踏实的、细致的、有耐心的、自我抑制的、顺从的、有秩序的、注意实际的、依赖性强的、缺乏想象力的	秘书、计算机操作员、办公室人员、统计员、打字员、记事员、会计、行政助理、出纳员、投资分析员、审计员、图书管理员、税务员、交通管理员等
现实型（R 型）	喜欢使用工具，从事操作性强的工作；做事手脚灵活，动作协调；不善言辞，不善交际	实利主义的、谦卑的、自然的、直率的、坦诚的、有毅力的、注意实际的、不介入的	工程师、技术员、机械操作工、维修安装工、木工、电工、司机、测绘员、农民、牧民等

1）研究型

这一类型的人具有聪明、理性、好奇、精确、批评等的人格特征，喜欢智力的、抽象的、分析的、独立的定向任务这类研究性质的职业，但缺乏领导才能。其典型的职业包括研究人员、工程师等。

2）艺术型

这一类型的人具有想象、冲动、直觉、无秩序、情绪化、有创意等的人格特征，喜欢艺术性质的职业和环境，不善于实务工作。其典型的职业包括艺演员、导演、艺术设计师、歌唱家、诗人等。

3）社会型

这一类型的人具有合作、友善、助人、负责、圆滑、善社交、善言谈、洞察力强等的人格特征，喜欢社会交往，关心社会问题，有领导能力。其典型的职业为教育工作者与社会工作者，如教师、教育行政人员、咨询人员等。

4）企业型

这一类型的人具有冒险、自信、精力充沛、善于社交、喜欢竞争，喜欢权利、地位和物质财富等的人格特征，喜欢从事领导及企业性质的工作。其典型的职业包括政府官员、企业领导、销售人员等。

5）传统型

这一类型的人具有顺从、谨慎、保守、实际、稳重、有效率等的人格特征，喜欢有系统、有条理的工作任务。其典型的职业包括秘书、办公室人员、会计、行政助理、出纳员等。

6）现实型

这一类型的人喜欢有规则的具体劳动和需要基本操作技能的工作，但缺乏社交能力，不适应社会性质的职业。其典型的职业为技能性职业与技术性职业，如一般劳工、技工、机械装备工等。

13.2.3 理论的核心观点

职业性向理论的实质在于劳动者的职业性向与职业类型的相互适应。同一类型的劳动者与同一类型的职业相互结合，以达到适应状态。霍兰德认为，劳动者个性与职业匹配之间存在三种基本情况：一是人职协调，即劳动者个体找到与其个性类型重合的职业类型，充分发挥自己的才能且获得较高的工作满意度；二是人职次协调，即劳动者个体找到与其个性类型相邻的职业类型，经过个人的努力和自我调整来适应职业情境；三是人职不协调，即劳动者个体找到与其个性类型相斥的职业类型，此时劳动者个体很难充分发挥自身才能，工作满意度和成就感较低。

为了更清晰直观地说明这一问题，霍兰德设计了一个平面六边形，即职业性向选择图（如图 13-1 所示）。用六边形的六个角分别代表六种职业类型和劳动者的六种个性特征。图 13-1 中，各连线之间的距离，代表职业类型与劳动者的个性特征之间的相关性。两点间连线距离越短，表明两种类型的人与职业的相关系数越大，其相适应程度就越高。此外，六种类型的定位是以其相似性程度为依据的。

由图 13-1 可知，每一种类型与其他类型之间存在不同程度的关系，大体可描述为以下三类：

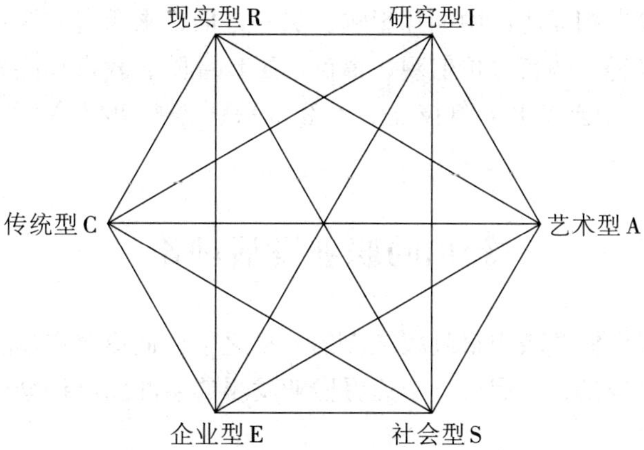

图13-1 霍兰德的职业性向选择图

1）相邻关系

相邻关系，如RI、RC、CE、ES等，属于这种关系的两种类型的个体之间共同点较多。例如，现实型和研究型的人都不太善于人际交往，在这两种职业环境中也较少有机会与人接触。

2）相隔关系

相隔关系，如RA、RE、EA、SC、CI等，属于这种关系的两种类型的个体之间共同点较少。

3）相对关系

相对关系，如RS、IE、AC等，属于这种关系的两种类型的个体之间共同点最少。因此，一个人同时对处于相对关系的两种职业环境都有浓厚兴趣的情况较为少见。

根据职业性向理论，在职业决策中最理想的是个体能够找到与其人格类型重合的职业环境，一个人在与人格类型相一致的环境中工作，容易得到乐趣和内在满足，最有可能充分发挥自己的才能。因此，在职业选拔和职业指导中，首先要通过一定的测评手段与方法来确定个体的人格类型，然后寻找与之相匹配的职业种类。此外，霍兰德还设计了职业性向测试（vocational preference inventory，VPI）和自我导向搜寻量表（self-directed search，SDS）两种测量工具，使其理论具有高度的可操作性。

13.2.4 职业性向理论的评价

职业性向理论把人作为一个整体加以研究，提示出个性的整体结构并加以分类，克服了特性与因素理论把个性分解为各种简单要素的片面之处。同时，霍兰德的六种个性类型的划分，是基于经验的概括，并经过长期的实验研究，不断修正和发展而来的，霍兰德注重个人特质与职业特性相适配。将众多的个体和职业通过划分为不同的类型而组织在一起，有利于引导个体在与个人兴趣相近、内容互有关联的一群职业中进行积极的探索，从而对自己未来职业发展作出审慎的设计，减少职业选择失误的风险。职业性向理论提出后，产生了广泛影响而被普遍应用。

但是，职业性向理论在应用和实践中也存在一定的局限性。一方面，霍兰德将求职者的人格、职业兴趣和职业特征作为一个基本确定的因素进行讨论，但从长远和发展的观点来看，求职者的人格、职业兴趣与职业环境都是发展变化的，彼此之间的相互适应也并非是完全被动的，而是在相互适应中相互影响；另一方面，求职者的职业选择除了人格因素外，还与求职者的兴趣、特长、价值观、情商、工作经验、教育和能力，以及广泛的社会背景，如家庭期望、社会需求、科技发展、经济兴衰等密切相关，应该进行全面综合的考虑。

13.3 舒伯的职业发展理论

舒伯是职业发展研究领域中最具权威性的人物之一，他参照布尔赫勒的生命周期和哈维赫斯特的发展阶段理论，发展出一个诠释职业发展的生涯发展概念模式，提出了一套完整的职业发展阶段模式。

13.3.1 基本主张

第一，个人在能力、兴趣、人格特质上均有差异。每个人在个性特质上各有所适，每个人都适合从事许多种职业。每种职业都要求特别的能力、兴趣、人格特质，但是有很大的弹性可允许个人从事某些不同的职业，也允许某些不同性格的个人从事同样的职业。个人的职业喜好、能力、工作环境和自我观念都会随着时间与经验的改变，其职业的选择适应成为一种持续不断的过程。这种过程构成一系列的生活阶段——成长、试探、建立、保持和衰退。

第二，职业形态或职业模式的性质是由父母社会经济地位、个人心理能力、个人特质与机遇所决定的。

第三，个人在生涯的某一阶段的成功是基于在前一阶段过程中对此阶段的准备程度。

第四，个人生活阶段的发展可凭借个人能力兴趣的成熟及实际试探与发展自我概念而形成。

第五，职业发展的过程基本上是自我观念的发展和实现，是一种调和的过程。在这个过程中，自我观念受潜在的人格、中枢神经与内分泌、担任各种角色的机会，以及长辈、同辈对其角色认可程度的评估等因素的交互作用而发展。

第六，职业发展的过程是个人与社会环境之间、自我观念与现实之间的一种协调过程，它是个人扮演的角色之一，这种角色表现在幻想中或实际生活的各种活动中。

第七，工作满意与生活满意基于以下两种情形而定：一是个人工作与其能力、兴趣、人格特质及价值观等匹配程度；二是个人在成长与探索的经验中，是否使自己觉得对于所从事的工作或担任的职务皆满意。

13.3.2 职业发展阶段模式

舒伯经过 20 多年的大量实验研究，提出了人一生的完整的职业发展阶段模式，这是他对职业发展研究的最主要贡献，也是其理论最有影响的部分。他将职业生涯发展分为五个阶段：成长阶段（growth stage）、探索阶段（exploration stage）、建立阶段（establishment stage）、维持阶段（maintenance stage）和衰退阶段（decline stage）。职业生涯发展各阶段的分期和主要任务见表 13-2。

表 13-2　**职业生涯发展各阶段的分期和主要任务**

阶段	阶段描述	分期	分期描述	主要任务
成长阶段（0~14 岁）	经过对家庭、学校中重要任务的认同，发展自我概念；需要与幻想为该时期最主要的特质，随着年龄的增长，兴趣和能力逐渐重要	幻想期（4~10 岁）	需要占统治地位，在幻想中扮演自己喜爱的职业角色	逐渐认识到自己是个什么样的人，同时对工作和工作的意义有了初步的理解
		兴趣期（11~12 岁）	个人喜好成为职业期望及其活动的主要决定因素	
		能力期（13~14 岁）	个人开始更多地考虑自己的能力及工作要求	
探索阶段（15~24 岁）	通过学校学习、业余活动及各种短期工作，进行自我考查、角色鉴定和职业探索	探索尝试期（15~17 岁）	个人对兴趣等因素有所考虑，并进行择业的尝试性选择，判断可能适合自己的职业领域	探索各种可能的职业选择，对自己的能力和天资进行现实性评价，并根据未来的职业选择，作出相应的教育决策，完成择业和最初就业
		过渡期（18~21 岁）	进入劳动力市场，更多地考虑现实因素并将其纳入对自我的认知	
		初步尝试承诺期（22~24 岁）	已发展出一个大体上适合自己的职业，开始从事第一份工作并试图将其作为自己的终身职业	
建立阶段（25~44 岁）	寻求适当的职业领域，逐步建立稳定的职位，工作可能变迁，但职业不会改变	承诺稳定期（25~30 岁）	个人在自己所选择的职业上安顿下来，并确保一个相对稳定的位置	巩固已有的地位并力争提升，使现有的职位得到保障；在一个永久性的职位上稳定下来
		提升期（31~44 岁）	个人在工作中取得好的业绩，资历也随之加深	
维持阶段（45~64 岁）	逐渐取得了一定的地位，重点在于面对新人的挑战如何维持地位	维持期（45~64 岁）	接受自己的缺点，判断需要解决的新问题，开发新技能，致力于最重要的活动	维持并巩固已获得的地位
衰退阶段（65 岁以后）	身心衰退，原工作停止，发展新的角色，寻求不同方式以满足需要	衰减期（65~70 岁）	工作节奏趋于缓慢，适应自身能力的下降，开始以部分时间来代替全日制工作	发展非职业性角色，做自己期望做的事情，缩减工作时间
		退休期（71 岁以后）	工作活动会完全停止或转变为部分时间工作、志愿工作或休闲活动	

1）成长阶段

（1）年龄范围。

该阶段的年龄范围为0~14岁。在此阶段，受到家庭、学校中关键事件的影响及建立认同，儿童的自我概念会逐渐得到发展。在该阶段的早期，需要和幻想占统治地位，随着对现实和社会了解的深入，兴趣和能力也变得更加重要。

（2）主要任务。

逐渐认识到自己是个什么样的人，同时对工作和工作的意义有初步的理解。

（3）阶段分期。

成长阶段分为三个时期：幻想期（4~10岁），需要占统治地位，在幻想中扮演自己喜爱的职业角色；兴趣期（11~12岁），个人喜好成为职业期望及其活动的主要决定因素；能力期（13~14岁），个人开始更多地考虑自己的能力及工作要求。

2）探索阶段

（1）年龄范围。

该阶段的年龄范围为15~24岁。在此阶段，个人开始通过学校学习、业余活动和短期工作进行自我考查、角色鉴定和职业探索。

（2）主要任务。

探索各种可能的职业选择，对自己的能力和天资进行现实性评价，并根据未来的职业选择，作出相应的教育决策，完成择业和最初就业。

（3）阶段分期。

探索阶段分为三个时期：尝试期（15~17岁），个人对兴趣等因素有所考虑，并进行择业的尝试性选择，判断可能适合自己的职业领域；过渡期（18~21岁），青年进入劳动力市场，更多地考虑现实因素并将其纳入对自我的认知；初步尝试承诺期（22~24岁），已发展出一个大体上适合自己的职业，开始从事第一份工作并试图将其作为自己的终身职业。

3）建立阶段

（1）年龄范围。

该阶段的年龄范围为25~44岁。在此阶段，个人已经找到一个合适的职业领域，并努力持久地保持下去，以后发生的变化将主要是职位、工作内容的变化，而不是职业的变化。

（2）主要任务。

发现自己喜欢从事的工作领域，学会与他人相处；巩固已有的地位并力争提升，使现有的职位得到保障；在一个永久性的职位上稳定下来。

（3）阶段分期。

建立阶段分为承诺稳定期和提升期。在承诺稳定期（25~30岁），个人在自己所选择的职业上安顿下来，并确保一个相对稳定的位置。在提升期（31 ~44岁），对于大多数人来说，这是一个富有创造性的时期，个人在工作中取得好的业绩，资历也随之加深。

4）维持阶段

（1）年龄范围。

该阶段的年龄范围为45 ~64岁。在此阶段由于个人在自己的工作领域中已取得了一定的地位，因此需要考虑的主要是如何维持目前的地位并如何继续沿着该方向前进，而很少或不去寻求在新领域中的发展。

(2) 主要任务。

接受自己的缺点，判断需要解决的新问题，开发新技能，致力于最重要的活动，维持并巩固已获得的地位。

5) 衰退阶段

(1) 年龄范围。

该阶段的年龄范围为 65 岁以后，随着体力和脑力的逐步衰退，工作活动也将停止，该阶段的个体必须完成角色的转换，从有选择的参与者转化为完全退出工作领域的旁观者。退休后，个体还必须找到满足感的其他来源。

(2) 主要任务。

发展非职业性角色，做自己期望做的事情，缩减工作时间。

(3) 阶段分期。

衰退阶段分为衰减期和退休期。在衰减期（65~70 岁），工作节奏趋于缓慢，责任转移，适应自身能力的下降，开始以部分时间来代替全日制工作。在退休期（71 岁以后），工作活动会完全停止或转变为部分时间工作、志愿工作或休闲活动。

职业发展理论的系统性极强，是职业指导理论发展中的里程碑。该理论认为，个人需要同时考虑自身的特点和职业所要求的特点，通过表达自己的爱好，接受必要的培训，发现工作机遇来实现个人与职业的匹配。舒伯后期又将影响职业选择的因素分为两类：一类是个体决定因素，如兴趣、能力、价值观等个体化因素；另一类是环境决定因素，如社会结构和经济条件等。舒伯的职业发展理论把人职的匹配和发展、职业选择的心理和社会因素有机地结合在一起，提出的人生职业发展阶段模式具有重要的实践意义，为职业生涯指导与规划奠定了科学基础。

13.3.3　局限性

职业发展理论的局限性主要表现在以下两个方面：

一是随着社会的快速变迁、终身学习观念的提出以及人的寿命的延长，职业发展理论中关于中年期、老年期的角色与任务，有待进一步研究。

二是忽略了经济、社会因素对职业生涯发展方向的影响，并且学习的因素与职业发展历程的关系也需要进一步深入研究。

13.4　其他比较著名的职业生涯规划理论

13.4.1　金斯伯格的职业选择理论

金斯伯格（Ginzbeurg）是职业发展理论的先驱。1949 年，金斯伯格首次提出了自己的职业选择理论要点；1951 年，在其专著《职业选择》中提出职业选择理论的基本观点。个人的成长是一个持续不断的历程，随时都要作出不同的选择，外在的社会环境、个人的身心发展、人格特质、价值观念、教育机会和工作成就等均会影响职业生涯发展的过程。金斯伯格认为职业选择不是一个单一的决定，而是在一定时间内作出一系列决定的过程，在这一过程中，相邻步骤之间存在重大意义的联系；职业选择过程中的大部分决定都是不可逆转的，因为在这个过程中作出的每一个决定都与个人的年龄和个人发展密不可分；职业选择以一种折中的方式结束，个人作出的决定受一系列内外部因素的影响，必须在影响择业的主要因素（兴趣、能力和现实机会）之间取得平衡。金斯伯格研究的重点是童年到青少年阶段的职业心理成熟过程，通过比较美国人从童年到成年有关职业选择的想法和行为，将职业生涯发展分为幻想期、尝试期和现实期三个阶段。金斯伯格对人的早期职业生涯进行了精心的研究和独到、具体的分析，并对职业选择的心理发展过程的研究具有一定的合理性和科学性。

13.4.2 格林豪斯的职业生涯发展理论

格林豪斯（Greenhaus）根据各学者对职业生涯发展阶段的研究，探讨其相似性，指出人生不同年龄段职业发展的主要任务，并依此将职业生涯划分为五个阶段：①职业准备阶段。这一阶段的主要任务是发展职业想象力，对职业进行评估和选择，接受必需的职业教育。②进入组织阶段。这一阶段的主要任务是在一个理想的组织中获得一份工作，在获取足量信息的基础上，尽量选择一种合适的、较为满意的职业。③职业生涯初期阶段。这一阶段的主要任务是学习职业技术，提高工作能力，了解和学习组织纪律和规范，逐步适应职业工作，并融入组织，为未来的职业成功做好准备。④职业生涯中期阶段。这一阶段的主要任务是对早期职业生涯进行重新评估，强化或改变自己的职业理想，选定职业，努力工作，有所成就。⑤职业生涯后期阶段。这一阶段的主要任务是继续保持已有的职业成就，维护尊严，准备隐退。

13.4.3 罗伊的人格理论

人格理论的基础分为三个方面：第一，强调早期经验可影响个人日后的职业选择与职业行为；第二，该理论受到马斯洛需要层次理论的影响；第三，遗传对职业决策起着重要的作用。罗伊把个人的早期经验分为情感关注型、回避型和接受型三类。罗伊基于各种工作的主要行为活动，把职业分为服务类、商务类、组织类、技术类、户外类、科学类、文化类、艺术与娱乐类八类。同时，罗伊依据职责的不同把职业分为专业管理（自主性很强）、专业非管理（自主性略低）、半专业与小型商业类、技术类、半技术类和非技术类六个层次；还把个人的职业选择取向分为人际取向和非人际取向。其中，人际取向的个人适合从事服务、销售、管理等职业，非人际取向的个人适合从事技术类、科学类的职业。

13.4.4 佛隆的择业动机理论

美国心理学家佛隆（V.H.Vroom）在 1964 年出版的《工作和激励》一书中，提出了解释员工行为激发程度的期望理论。其基本公式为：

$$F = V \times E$$

式中，F 表示动机强度，即积极性的激发强度，表明个体为达到一定目标而努力的程度；V 表示效价，即个体对某项目标的评价；E 表示目标实现概率，即个体对实现目标可能性大小的估计。

可见，员工个体行为动机的强度取决于效价的大小和期望值的高低。效价越大，期望值越高，行为动机越强烈。如果目标实现的概率为零，那么无论目标实现的意义多么重大，个人同样不会产生追求目标实现的动机。佛隆将这一期望理论用于个人的职业行为选择，具体化为择业动机理论。个人择业可分为两个步骤：第一步，确定择业动机；第二步，比较择业动机，确定选择职业。

13.4.5 施恩的职业锚理论

1978 年，施恩在《职业动力论》一书中首次使用“职业锚（career anchor）”的概念。在他的描述中，职业锚由早期工作实践而来，是自我意向的一个习得部分，个人进入早期的工作环境后，由习得的实际工作经验所决定，与在经验中自省的动机、需要、价值观、才干相符合，达到自我满足和补偿的一种稳定的职业定位。当一个人不得不作出选择时，无论如何都不会放弃职业中至关重要的东西或价值观。正如“锚”的含义一样，职业锚实际上就是人们选择和发展自己的职业时所围绕的中心。具体而言，职业锚就是个人自我职业发展的习得定位，即个人进入职业生涯早期工作情境后，根据实际工作经验，所感受到的与自己的才干、动机、需要和价值观相符合的、能满足自我的一种长期稳定的职业定位。职业锚是个人和工作情境之间早期相互作用的产物，其核心是职业自我观。一般来说，只有经过若干年的实际工作后才能被发现，现在也有较完备的测量数据。个人的职业锚也不是固定不变的，而是随着人的成长、发展与社会经历在不断调整。职业锚的概念最早产生于施恩领导的美国麻省理工学院斯隆商学院的专门小组，是从斯隆管理学院毕业生的职业生涯纵向研究中演绎出来的。施恩根据自己对麻省理工学院毕业生的研究，提出了以下五种职业锚：技术能力型职业锚、管理能力型职业锚、创造型职业锚、安全稳定型职业锚和独立自主型职业锚。不同类型的职业锚，就有不同的自我观模式。

1）技术能力型职业锚

以技术能力为职业定位，强调技术或某项职能业务工作，热爱专业技术或职能工作，注重个人专业技能的发展。不喜欢全面管理工作，其主要的成长是技术职能范围内的技能能力的提高，其成功更多地取决于专家的肯定与认可。

2）管理能力型职业锚

以管理能力为职业定位，关心管理责任，而且责任越大越好。权利是他们的最高追求目标，他们具有很强的晋升愿望，注重提升、等级、收入，具有较强的分析问题能力、人际关系能力和感情能力。

3）创造型职业锚

以创造为职业定位，有强烈的创造需求和欲望，希望通过发明创造建立自己的基业，意志坚定，敢于冒险，遇到困难坚韧不拔。他们与自主型、管理型的人有部分重叠，因为创造需要比较自主、宽松的空间，需要有一定的管理能力，但这些方面都是为创造奠定基础的，不是他们的最终目标。

4）安全型职业锚

以安全稳定为职业定位，追求职业的稳定和安全。为满足这种追求，他们更愿意选择大公司工作，并积极主动地融入这个大的团体，在行为上属于顺从型，循规蹈矩，不敢越雷池一步；一旦加入一个组织，从不轻言离开；最终希望在获得稳定的同时，拥有一份安全的工作、一笔体面的收入、一个放心的退休保险计划。

5）独立自主型职业锚

以独立自主为职业定位，最大限度地摆脱组织的约束，追求能施展个人职业能力的工作环境。由于技术能力型、创造型的人也有自主追求，似乎有一定的重叠，但从本质上来看，独立自主型的人可能更愿意脱离组织，以一种自由自在的方式生活。

职业锚理论在个人的职业生涯与工作生命周期中，在组织的事业发展过程中，都发挥着重要的作用。它有利于识别个人的职业抱负模式和职业成功标准，能够促进个人的预期心理契约的发展；有利于个人与组织之间相互接纳；有利于增强个人的职业技能和工作经验，提高工作效率和劳动生产率，也为个人中后期职业生涯的发展奠定了基础。

13.5 本章练习

1）通过学习“特质—因素”理论，你有哪些体会？

2）职业性向理论的主要内容是什么？

3）分析不同的职业生涯阶段，个人可能会面临什么样的危机？如何克服？

【生涯规划行为训练】

职业决策量表

下面是一系列关于在你学习时所选专业和选择工作的表述。请阅读每一句话，根据实际情况在括号中画“√”或“×”。

1）对于未来我做了很多非常必要的抉择。（　　）

2）我不确定自己将来会喜欢什么工作。（　　）

3）我不知道自己想读哪个专业。（　　）

4）我没有决定自己将去哪里工作。（　　）

5）我不知道什么时候结婚。（　　）

6）我还没有想好明年选择什么课程。（　　）

7）我还没有决定什么时候开始工作。（　　）

8）我不知道将来去哪里工作。（　　）

9）我不知道自己是继续上大学，还是去技术学校深造，以便将来在工作上有所发展。（　　）

10）我不确定是否会边打工边读书。（　　）

11）我还没有决定是参加工作还是继续读书。（　　）

12）我不知道什么时候可以自食其力。（　　）

13）我不确定自己是喜欢与人一起工作，还是喜欢操纵机器。（　　）

14）我已经确定了我一生要做的事，这个决定到明年也不会改变。（　　）

15）关于未来我还没有作出任何决定。（　　）

16）我已经想好了怎样支付我的学费。（　　）

17）我还没有想过我将来的工作问题。（　　）

18）对于我的职业计划，我现在只能用“不一定”这个词来描述。（　　）

19）对于我的职业计划，我现在只能用“非常不一定”这个词来描述。（　　）

20）我已经决定好了下半辈子将在哪个领域工作。（　　）

计分：答对一个题目得一分，把总分相加就是你的得分。

答案：1.√ 2.× 3.× 4.× 5.× 6.× 7.× 8.× 9.× 10.× 11.× 12.× 13.× 14.√ 15.× 16.√

17.× 18.× 19.× 20.√

常模：(解释分数的参照标准)

得分	15	13	11	9	7
百分数	85%	70%	50%	30%	15%

得分较高表明你在选择学习专业和职业决策方面达到了一个较高的水平。例如，你得了13分，意味着你在这方面的水平高于70%的年轻人。如果你在这个职业抉择的测试中获得了高分，则说明你有了一个明确的职业方向，它会激励你去尝试一些可能的机会。但在恭喜你的同时，需要提醒你，也许在你接近目标的过程中，会发现自己的计划可能还要做一些调整，这是正常的。只要能随时保持灵活、积极、主动的心态，相信你一定能找到最适合自己的职业。

职业活动性量表

以下是一系列关于个人行为活动的描述，请阅读每一句话，如果你做过这些事情，请在括号中画“√”，否则画“×”。

1）我参加过求职面试。（ ）

2）我学习过一些有助于我了解工作情况的课程。（ ）

3）我曾做过职业能力测试。（ ）

4）我花了很长时间来思考实现自身职业目标的必要步骤。（ ）

5）对于我所关心的职业，我读过一些书和（或）寻求过相关的咨询，以了解从事这些职业的人发展自己的方法和途径。（ ）

6）我对于自己为什么要选择某个职业做过很多的思考。（ ）

7）对于我所感兴趣的职业，我调查过这些职业所需要的教育水平。（ ）

8）我仔细权衡过我在校期间的学习成绩、社会活动以及其他的一些成绩，以此来评估自己的能力。（ ）

9）我做过一些事情以帮助自己规划学业和职业生涯。（ ）

10）我咨询过职业咨询师，和他们聊过我的职业兴趣。（ ）

11）我咨询过职业咨询师，和他们聊过我的能力以及所适合的工作。（ ）

12）我参加过一些招聘会。（ ）

13）我读过一些书，以了解我所感兴趣的职业所需的培训费用。（ ）

14）我一有机会就去参观企业，以获得关于工作的信息。（ ）

15）我花了很多时间来想我工作的目的是什么。（ ）

16）我曾读过一些职业介绍手册。（ ）

17）我曾和朋友以及周围的人就我的能力适合哪一方面的工作进行过讨论。（ ）

18）我认为谋求一份工作需要不少的经历和财力。（ ）

19）我订阅求职杂志，以此来了解我喜欢的职业所需要的能力。（ ）

计分：答对一个题目得一分，把总分相加就是你的得分。

答案：1.√ 2.√ 3.√ 4.√ 5.√ 6.√ 7.√ 8.√ 9.√ 10.√ 11.√ 12.√ 13.√ 14.√ 15.√ 16.√ 17.√ 18.√ 19.√ 20.√

常模：(解释分数的参照标准)

得分	14	12	10	8	6
百分数	85%	70%	50%	30%	15%

得分高表明你比周围的人有更多的职业行为。比如，如果你的得分是14，对应的百分数是85%，意味着你比85%的人有更多的求职行为。职业活动性量表与职业决策量表是相辅相成的。也就是说，要作出一个职业选择，最好的办法就是采取积极果断的行为，以便能够获得尽可能多的相关职业的信息。如果你得分所对应的百分比高于50%，那么即使你还没有确定所要从事的职业，只要你继续努力做下去，很快你的努力就会有收获。假如你得分所对应的百分比低于50%，你就一定要抓紧行动，千万不能松懈。不要期望能在不经意的情况下得到一份好的工作，天上不会掉馅饼，与其无所事事地等待和徘徊，不如立即开始行动。

【案例分析】

阿烁是一所名牌大学国际经济与贸易系的本科生，今年已经大三了。高考那年听从父母的安排选报了现在的专业。

"从小学到高中，我的很多事情都是父母一手包办的。高考的压力使我无心考虑以后的发展方向，只是拼命地学习，一心想拿高分上重点。高考结束后，我感觉整个人都轻松了，在填报志愿时自己也没什么主意，就听凭父母拿着招生简章挑来挑去。妈妈说国贸专业是热门，我也不清楚它到底是学什么的，只是觉得和经济有关应该不错，于是就糊里糊涂地进了现在的系。"

"这个专业确实很好，收进来的学生录取分数都很高。可是，我对经济没什么兴趣，上课时觉得无聊，下课后也懒得翻书，到了期末考试总是临阵磨枪，才得以'涉险过关'。我发现自己更感兴趣的是人文方面，父母听了以后表示很不理解，认为这个专业别人想进还进不来呢，你倒是自己放弃，得不偿失。由于父母的极力反对，我只能作罢。"

"两年半的大学生活转瞬即逝，我在专业方面仍是毫无兴趣，成绩也是非常一般。如今，同学们都纷纷考研、出国，可我仍觉得前途一片迷茫。"

简析：像阿烁这样的学生，在高考的巨大压力下，考取高分已成为学生、家长和学校三方最直接、最一致的目标。由于缺乏必要的升学指导，许多考生在填报升学志愿之前既不了解个人的兴趣和特长，又不清楚所报专业的性质和特点，只是根据家长的意愿和社会舆论盲目地填报志愿，结果感到了不合适、不称心。

然而，重新选择的机会总是有的，已上大三的阿烁可以借一年后的考研之机更换一个真正适合自己的且有兴趣的专业，只要这个选择是通过对自身全面的分析和理智的思考作出的，相信阿烁的父母会给予理解和支持的。机会总是有的，就看你是否能把握。合理的风险是成功的催化剂，没有风险就没有收益。

【参考资料】

避免职业生涯规划的误区

《读者》杂志曾转载一篇题为《职业生涯前程谨防十大误区》的文章，我们摘录在此，给大学生朋友提个醒。

误区之一：我的目标就是当总裁

不少人相信“不想当将军的士兵，不是好士兵”这句话。然而，现实生活中的情况是，将军的位置很少，如果大家的目标都是当将军，那么这种主观愿望就会与客观条件产生差距，使你在执行计划时，产生许多挫折。因此，在判定职业前程时，要从实际出发，切实可行。

误区之二：能做好下属就能做好主管

有人认为只要把本职工作做好，就可以升为主管。其实不然，一些表现优秀的工程师、销售员等在升任主管后却表现不佳。这是因为主管还需要工作以外的条件，如决策能力、协调能力、领导能力等，所以在某个职位做得好，并不表明在其他职位也能做得好。

误区之三：成功的关键在于运气

很多人坚信成功者是由于有好的机会，因此他们被动地等待命运的安排，而不去主动地计划、经营和努力把握自己的生活，只会守株待兔。

误区之四：做计划是人事部门的事，与我无关

职业前程计划是组织和个人双方共同参与的事，但最终的实现者是个人，因此你不能抱着做一天和尚撞一天钟的态度来对待自己的未来。

误区之五：只有加班工作，才会得到赏识

有些人以为在单位待得时间越长，越能显示自己的勤奋，其实工作效率和工作业绩才是最重要的，整天忙忙碌碌不出成果，并不是一个有效的工作者。

误区之六：由老板决定升迁的快慢

如果过于迷信老板对你升迁的影响，你会因为迎合他的好恶而看不清自己的问题，这样会使你走入歧途。

误区之七：只有改正了缺点，才能得到升迁

先将自己的强项发挥出来，再试着纠正自己的弱点，这是扬长避短（将优势更大地发挥出来）。

误区之八：不管事情大小，都要尽力去做

有些人总说自己忙，老有干不完的活，由于事无巨细，浪费了很多时间和精力，应该做好计划，分清轻重缓急，要抓住主要矛盾，不要西瓜芝麻一把抓。

误区之九：生活是生活，工作是工作，内外有别

有些人不愿意自己的配偶过问自己的工作，觉得没有必要让他们了解自己的职业前程规划。其实，家庭的支持对于工作的成功很重要。另外，在职业前程规划之外，也不要忽略自己的生活乐趣，因为工作和生活都是人生的重要目标。

误区之十：这山望着那山高

总是觉得别人的工作更理想，因此产生跳槽的想法，而没有想到，到了新的工作岗位要建立新的人际关系，面对新的矛盾和挑战，不管什么工作都是不容易的，因此要客观分析自己的工作，要有现实的态度。

第 14 章

职业生涯规划的方法与步骤

学习目标

- 了解职业生涯规划的方法
- 了解职业生涯规划的步骤

素养目标

- 引导大学生树立正确的职业生涯规划

根据生涯发展大师舒伯的职业生涯发展理论，大学时期正处于职业探索期（相当于青春期），职业兴趣趋于稳定，逐步形成了对未来职业生涯的预期，是职业生涯规划的黄金阶段，大学生在这个阶段有更多思考的机会和决定的自由，开始有时间考虑个人的兴趣和能力，分析社会的需求和就业机会，并在学业科目、校内外的各项活动和工作中进行试探，通过自我认识、反省、检验形成自我观念，进而形成自己初步的职业观念。由于这个时期的职业观念往往是模糊的、易变的，甚至是不客观的，因此在本章着重介绍职业生涯规划的要素、方法和步骤，以指导大学生进行职业生涯规划。

14.1 职业生涯规划的方法

14.1.1 影响职业生涯的因素

1）影响职业生涯的外界因素

人的职业生涯各种各样，显示出不同的职业生涯形态，这些都是个人、家庭、社会等因素共同作用的结果。从外界环境来看，影响职业生涯的因素主要有：

（1）教育背景。

教育的重要性是不言而喻的。它赋予个人才能，塑造个人人格，促进个人发展，是人的社会化过程中极其重要的一个环节，对人的职业生涯也起着决定性作用。当今社会是一个比较看重学历的社会，教育程度不同，就业竞争力就不一样，起点也不同。从一般的规律来看，一个人学历越高，即所获得教育的水平越高，他的职业生涯就越成功。有较高学历的人，更容易获得一个起步较高的职位。同时，在今后的发展中，他的发展能力也比一般人强。即使工作不尽如人意，教育水平较高的人流动的能力和动机较强，从而能找到一份称心如意的工作。

（2）家庭环境。

家庭是个人社会化的第一个场所。“家长是孩子做人的第一任老师”“家庭是孩子生活的第一所学校”，这些都反映了家庭对人的影响。人从出生就开始接受家庭对他潜移默化的教育，父母的教诲和日常生活的言行举止，是孩子形成价值观和行为模式的基础。这种价值观和行为模式的形成，从根本上影响一个人今后的职业理想和职业目标，影响其职业的选择以及对岗位的态度、在工作中的种种行为等。

（3）机会。

机会是一种随机出现、具有偶然性的东西。机会对一个人的成功具有很大的推动作用，直接影响到一个人的职业生涯。但机会并不代表一切，如果不具备其他条件，机会一样发挥不了它应有的作用。大学生还需要自身的努力，包括创造性地思考、推销自我的能力、强烈的目标驱动力以及良好的教育和丰富的工作经验，机会一样发挥不了它应有的作用。同样的机会往往青睐于有准备的高素质人才。

（4）社会环境。

广义的社会环境包括社会的政治、经济、文化等方面的因素，它涉及人们求职的管理体制、职业的社会评价、对有关职业的社会政策等大环境，这些环境决定了这个社会的职业结构、岗位数量和岗位在社会上的价值等。个人职业生涯的成功离不开社会这个大环境，个人职业生涯必须面对这些不可抗拒、不可逆转的社会因素。

2）职业生涯的个体影响因素

影响职业生涯规划的个体因素主要有：

（1）气质、性格。

就职业选择而言，气质和性格的作用十分重要。如果一个人选择了与其气质性格特征相悖的职业，那么这个适应的过程对他来说一定是极其困难和痛苦的；相反，如果一个人选择了与其气质、性格特征相匹配的职业，那么他的积极性和职业潜能就能够得到最大程度的调动和发掘，也更容易作出成绩。

（2）兴趣。

兴趣是人类积极探索事物的认识倾向，也是引起和维持注意的重要因素。兴趣是人对有趣的事物给予优先注意和积极探索，并且带有情趣色彩和向往的心情。如果个人从事的是符合自身兴趣偏好的职业，那么他就会热爱自己的职业，持续性地积极追求自己的职业目标，并使自己的聪明才智发挥得淋漓尽致。

（3）价值观。

个人的价值观对其职业生涯决策有重要的影响，并直接关系到今后的工作满意度。当一个人的生活符合自己价值观的取向时，他将会拥有较高的健康和自尊水平。

（4）能力。

任何一种职业都要求从业人员具备相应的能力，因此能力是人顺利完成某种职业活动的必要条件，也是个人获得职业生涯成功的基础。不同类型的职业对人的能力有不同的要求，而由于每种职业的工作性质、内容和所承担的责任不同，又可分为不同的工作层次，各个工作层次的职务，对从业者的能力水平也有着不同的要求标准。从业者在选择职业时，要根据职业匹配的参考数据，正确认识和判断自我，作出明智的抉择。

（5）进取心、责任心和自信心。

进取心是使个体具有目标指向性和适度活力的内部能源，认真而持久地工作是个体事业成功的前提，而具有进取特质的个体也就具有了事业成功的心理基石。责任心强的人能够审时度势地选择适度的目标，并持久、自信地追求这个目标。责任心强的人事业容易成功。自信心为个体在逆境中开拓、创新提供了信心和勇气，也为批评提供了信心和勇气。没有自信心的人会变得怯懦、顺从。

（6）自我认识和自我调节。

了解自己的优势和短处及与组织环境的关系，善于调节自己的职业生涯规划、学习时间等。

（7）情绪稳定性和社会敏感性。

冷静、稳定的情绪状态是工作顺利开展的有利条件。焦虑和抑郁会使人无端紧张、烦恼或无力，恐惧和急躁易使人忙中出乱。社会敏感性是指对人际交往的性质和发展趋势有洞察力和预见力，善于把握人际交往间的逻辑关系。行动之前要思考行为的结果，设身处地地想一想他人的处境，乐于与人交往，能体察他人的感受。

（8）社会接纳性和社会影响力。

社会接纳性是建立深厚个人关系的基础。真诚地对待他人，认真倾听并注视对方。社会影响力是指有以正直和公正为基础的说服力，有使他人发展和合作的精神，有一致性和耐力，善于沟通和交流，以及对情感、道德品质的感染力和对行为、视觉的影响力。

14.1.2　职业生涯规划的原则

正确的职业生涯规划能使一个人走向成功，而错误的职业生涯规划则有可能使人误入歧途。就个人而言，良好的职业生涯规划，既要有利于个人职业生涯活动有出色的表现，又要有利于个人的整体发展和家庭生活质量的提高。所以，在进行职业生涯规划时要充分考虑到个人的特性，对影响职业生涯的因素进行总结和分析，确定个人的人生发展目标，选择实现这一目标的职业并作出具体的安排。具体来说，职业生涯规划应遵循下列原则：

1）全程性原则

全程性原则，又称系统性原则，是对职业生涯发展的整个历程做全程考虑，将职业生涯规划的实施当成一个系统工程，并纳入个人的发展战略之中。也就是说，在拟订职业生涯规划时，应该考虑到自身职业生涯发展的整个历程，从整体的角度全盘考虑。

2）阶段性原则

所谓阶段性原则，是指在进行职业生涯规划时，要充分考虑自身所处的不同发展阶段，有目的、有步骤、有计划地调整和安排各个不同阶段的职业生涯规划。

3）挑战性原则

职业生涯规划要在可行性的基础上具有一定的挑战性，完成规划要付出一定的努力，成功之后才有较大的成就感。

4）发展性原则

发展性原则是指在制定和采取具体的实施措施时，要充分考虑环境的变化与自身的发展，如目标或措施是否能依照环境、组织、个体的变化而调整，调整的幅度及范围有多大，目标或措施是否有弹性或缓冲性。

5）清晰性原则

职业生涯规划中的目标应该清晰、明确，能够把它转化为一个个可以实行的行动，人生各阶段的线路划分与安排一定要具体可行。

6）实际性原则

一份职业生涯规划不管表面上有多么诱人，都得经过实践的考验。一份好的职业生涯规划除了遵循以上原则外，还应该遵循实际性原则。我们应该考虑目标是否符合自己的性格、兴趣和特长，是否对自己有挑战性，能否在规定的时间内完成，实现目标的途径是否能在自己的特质、社会环境、组织环境等范围内执行，可行性有多大。

14.1.3　当前大学生进行职业生涯规划的方法

1）自然发生法

某些学生在高考后填写志愿时，并未仔细考虑自己的志向、兴趣，只要找到分数所能录取的学校、专业，便草草地签下了自己的一生。自然发生法就是不考虑自我条件、工作时间随当下所发生的一切做决定。就像有人到了结婚年龄，面对强大的社会压力，看身边有谁还可以的，就凑合凑合了。进入分数能录取的学校、专业，可以短暂地解决烦恼，能让人减少一些即时压力，但这是在完全没有考虑自己的性向、能力、个性与就业条件等因素之下完成的，因此将来所面对的职业生涯风险会比较高。

2）目前趋势法

跟随现在的市场趋势，盲目地投入新兴的热门行业。目前，趋势法是当代大学生所选择的第一方法，因为选择新兴的热门行业，会使我们的物质生活更丰富一些，我们有了经济基础，就不愁做不成自己喜欢做的事了，这确实是个不错的就业方法。但这种方法依然有缺陷，因为如果所有人都过分追求热门，那么人才市场就会饱和，供过于求，最后只能造成很多人无法就业的结果。

3）最少努力法

选择容易的专业或技术，但祈求最好的结果。所谓的最少努力法，就是用最少的钱买最多、最好的东西。这不是一个明智的选择，我们首先要根据自己的实力，不能去选择容易的专业或技术，而是要付出实实在在的努力，才能有收获。正所谓一分耕耘，一分收获。

4）拜金主义法

选择待遇最好的行业。每个人都希望自己将来的职业是待遇好的，因为我们要生存，需要能养活自己的工资。但不应刻意去追求金钱，而忽视了自己的能力与性格。

5）刻板印象法

以性别、年龄、社会地位等刻板印象来选择工作。这种方法可以在表面上使你很快找到自己的发展方向，而事实上是扼杀了你对其他职业的潜能，容易使你故步自封，使你的生活不再缤纷多彩。因此，在了解了一些印象后，不能轻易下结论，你能做什么，或者你不能做什么，要认真思索，勇于尝试，这样才能找到相对而言最适合你的工作。

6）橱窗游走法

到各种工作场所，走马观花一番，再选择最顺眼的工作。这种方法有利于你对各种行业形成粗略的认识，使你的视野不再狭隘。由于对每个职业都抱着不专心或不平等的态度，会造成你的感性认识战胜理性认识，从而不能正确看待你所看到的职业和你所从事的职业。我们应在充分了解各行各业的基础上，仔细揣摩，把就业当成一件很严肃的事情来做，只有端正态度，才会成功。

7）假手他人法

由他人替自己决定和选择。

（1）父母或家人：因为过去大小事情都是由他们一手包办的。

（2）朋友或同僚：因为他们与你关系亲密。

（3）老师、教授或辅导员：因为他们是专家，应该有超人一等的见解。

许多人在思考自己的未来时，还是不知不觉地把它交给别人来决定。我们的周围有太多比我们有经验又威严的人，所以我们常常会无条件地服从他们。这些人对我们来说，已不是单纯的意见和建议，而是我们应该言听计从的，一旦其性质发生了改变，对我们就是有害无利了。我们在虚心向长辈们请教的同时，更要问问自己，自己到底喜欢什么职业，愿意做什么工作，综合对各方面的认识，我们才能找到体现自己人生价值的所在。

8）高瞻远瞩法

根据权威人士的言论，揣测未来职业的发展方向，并积极去追求。高瞻远瞩法是比较理智的一种方法，它能使你在未来的日子里活得有理想，并积极追求那个目标。然而，未来的事谁也说不准，如果我们盲目地依赖权威人士的言论，则会造成理论与实践的脱节，以至于到最后都不知道自己到底该做什么。因此，我们一定要先联系当前实际，再憧憬未来，这才是更明智的做法。

9）系统的职业生涯规划方法

系统的职业生涯规划方法能将职业生涯中的基本要素（知己、知彼、抉择）都纳入考虑范围，并且参考生涯规划模式，使风险降到最低。其具体步骤为：①觉知与承诺；②了解自我；③探索工作世界；④决策与确立目标；⑤生涯路线的选择；⑥付诸行动；⑦评估回馈。

虽然前八种职业生涯规划方法省时、省力，不用花费太多心思，在短时间内的效率很高，但是无法根据个人的能力、特性做长远的规划。进入社会后，你会更加茫然，造成恶性循环的结果，让自己的生涯路越走越迷惘，将来面对的职业生涯风险就比较高。而系统的职业生涯规划方法能够使你认识到职业生涯的重要意义，并能够根据实际情况来探索工作世界，对自身职业目标进行确立并付诸行动，最后进行评估反馈，这种职业生涯规划模式使你将来面临的生涯风险相对较低。

14.2　职业生涯规划的步骤

职业生涯规划是一个连续的过程，包括觉知与承诺、自我评估、认识工作世界、决策与目标的设定、职业生涯规划路线选择、制订行动计划与措施、评估反馈等步骤。

14.2.1　觉知与承诺

大学生的职业生涯规划有很大的虚拟性与前瞻性，甚至很多是纸上谈兵，但职业生涯规划是对个人人生发展道路的整体规划，其规划设计的结果会影响人的一生，其重要性不言自明。职业生涯规划是一个概念，也是人力资源管理中的一个先进理念，大学生想用它，就必须认识它，了解它，在认识概念的同时，积极主动地思考，结合自己的学习生活实践，领悟其中的道理，并积极与职业规划专家进行沟通，将职业生涯规划理论固化为自己的观念。在觉知与承诺阶段，大学生可以通过各种渠道（如网络、书籍、报刊等）获得关于职业生涯规划的知识，还可以从学校就业指导部门以及各种职业讲座中加强对大学生职业生涯规划这一基本概念的认识。作为大学生，能够真正意识到职业生涯规划对自身的重要意义，承诺要对自己的职业生涯进行规划，并愿意付出时间和精力来规划和管理自己的职业生涯。

14.2.2　自我评估

自我评估就是对自己做全面分析，通过各种方式进行自我分析，认识自己就是职业生涯规划要素中的“知己”。只有认识了自己，才能对自己的职业作出正确的选择，才能选定适合自己发展的职业生涯路线，才能对自己的职业生涯目标作出最佳选择。在职业生涯规划实施的过程中，自我评估是不可缺少的一个步骤，是职业生涯规划的基础，关系到职业生涯的成功与否。

一个有效的职业生涯规划，必须是在充分且正确地认识自身条件与相关环境的基础上进行的。对自我及环境的了解越透彻，越能做好职业生涯规划。因为职业生涯规划的目的不只是协助你达到和实现个人目标，更重要的是帮助你真正了解自己。

自我评估的内容包括：我有哪些人格特质？我的兴趣是什么？哪些东西是我生命中不能缺少的？我最看重什么？我有哪些技能是与众不同的？可采用橱窗分析法、自我测试法、计算机测试法对自己的兴趣、气质、性格、能力等进行全面认识，清楚自己的优势与劣势。自我评估要客观，不能以点带面，既要看到自己的优点，又要面对自己的缺点。只有这样，才能避免职业生涯规划的盲目性。

14.2.3　认识工作世界

职业是经济运行和社会生活中客观存在的社会现象，职业的产生和发展是社会经济发展的必然结果。随着社会经济的进一步发展，社会分工日益细化，求职者所面对的职业越来越多，令人迷惑。为了更好地为职业决策做好准备，不但要求我们全面地了解自身特征，还要深刻地认识职业领域。

首先，要对社会环境进行分析，包括对社会的政治环境、经济环境、法律环境、科技环境、文化环境等宏观因素的分析，还包括对职业环境的分析，社会环境对大学生的职业生涯乃至人生发展都有重大的影响和作用。通过对社会大环境的分析，了解所在国家或地区的政治、经济、科技、文化、法律，以寻求各种发展机会。

其次，要对行业进行分析，包括对目前所从事行业和将来想从事行业的环境分析，如对行业的发展状况、国内外重大事件的影响、行业的优势与问题、行业发展趋势等的分析。

最后，对职业领域进行分析，包括职业的分类、专业与职业的关系、具体职业对工作人员的要求和待遇、教育的选择、社会对人才的素质要求、获取职业信息的方法等。

对工作世界的认识，是进行正确合理的职业选择的基础。职业信息的获得与应用可以引发大学生探寻职业生涯的动机。对职业信息进行分析、判断，可以增强大学生对自我及职业世界的了解，甚至造成认知或态度上的改变。

14.2.4　决策与目标的设定

在合理的职业生涯定向测评后，大多数的大学生应该对职业生涯有了一个基本的认识与了解，清楚了自身的特点，那么这时就应当对职业理想、专业需求、发展前景及社会的政治环境、经济环境等有关问题进行综合分析与探讨，进行职业生涯决策和职业生涯发展目标的确立。

随着市场经济在我国主导地位的确立，人们择业的自主性越来越大，如何根据人力资源市场的要求和个人特有的属性合理地进入或变换职业，是每个人必须面对的现实问题。个人职业问题的解决及作出职业决策的过程，需要考虑自己的价值观、兴趣取向、技能及职业信息、工作环境等方面的信息并进行分析，然后进行职业选择或探索，上述过程被称为“职业决策”。

职业生涯发展方向目标的确立，是建立在上一阶段职业生涯定向测评的基础之上的，根据大学生自己的特质与理想，确立适合其发展的职业生涯前景目标，是具体化职业目标的一个过程。职业发展目标是学生一生的追求，其实施需要具备五个要素：

①目标明确，即能够清楚地反映自我的理想与价值观；②计划详细，即在发展方向的统领下有具体的行动计划；③激励效果好，即实现目标的效价高，概率大；④切实可行，即与学生自身的实际，与社会经济发展的需求，与企业行业提供的可能相符合，具有可行性；⑤意志坚定，即能够持之以恒地朝向目标努力。

职业发展目标是对自我长期追求目标的规划，具有较强的理想性，其实现过程由具体的阶段构成。这就需要将发展方向与具体化目标进行分解，在不同的阶段集中精力完成相关任务，即将其分解为阶段操作目标。阶段操作目标可分为远程目标、中程目标、短程目标和人生目标四种。在制定阶段操作目标的过程中，将重点放在制定中程目标与短程目标上，以切实引导现实的学习与职业活动。同时，应注意两个问题：一是各目标的有机衔接，短程目标服务于中程目标，中程目标服务于远程目标；二是切合现实又略高于现实，即通过努力才能够顺利地完成目标，这有助于最大限度地调动积极性。

对在校大学生而言，首先要构建合理的知识结构，即构建一个以专业知识为核心，以相关专业知识、基础知识为支撑的稳固、宽泛的知识结构。其次，要培养职业所需要的实践能力，即具备从事本行业岗位的基本能力和某些相关专业的能力。能力比知识更重要，大学生应重点培养满足社会需要的决策能力、创造能力、社交能力、实践操作能力、组织管理能力、终身学习能力、心理调适能力、随机应变能力等。

14.2.5　职业生涯规划路线选择

职业生涯规划路线是高校开展大学生职业生涯规划教育的主体活动，是决定大学生职业生涯规划成败的关键环节。所谓职业生涯路线，是指当一个人选定职业后，为了实现职业目标和职业理想所选择的路径。由于各职业的发展方向不同，对其要求也不相同，因此我们需要作出抉择，以便使工作、学习以及各种行为沿着自己预定的方向前进。现今，社会经济与科技迅速发展，社会组织管理出现扁平化、网络化，纵向的职业生涯发展路线越来越窄，要求人们通过职业的横向流动来满足职业生涯发展的需求。人们的职业生涯发展路线出现新的趋势，即向多重职业生涯路线发展。

在多重职业生涯路线发展的新形势下，大学生的职业生涯路线应建立在全面客观分析社会职业机会、社会职业流动模式，以及个体的职业生涯发展目标、综合职业能力、关键能力、智力与非智力等因素的基础上，坚持方向性、适宜性与灵活性原则，使自我的职业生涯发展路线符合自我职业生涯发展目标的方向，符合个体实际和社会需求。同时，根据个体自身与环境的变化灵活地进行调整，确保其适应性。

大学生可采用 5W 思考法和 SWOT 分析法来解决职业生涯发展路线选择的问题，合理选择规划职业生涯路线，提高规划的科学性、合理性与有效性。为制订切实可行的职业行动计划奠定良好的基础。

14.2.6　制订行动计划与措施

在选择好职业后，行动成为关键环节。没有行动，目标就难以实现，也就谈不上职业生涯的成功。所谓的行动，是指落实目标的具体措施，主要包括教育、培训、实践等方面的措施。例如，在职业素质方面，你计划学习哪些知识，掌握哪些技能，开发哪些潜能？你将采取怎样的措施，计划用多长时间达到目标？这些计划要特别具体、可行性强，以便于定时检查。

一旦有了明确的计划和措施，就要按照各个阶段的目标，拟定执行步骤并付诸实施。

14.2.7　评估反馈

由于社会环境的变化以及其他不确定因素的存在，我们原来的职业生涯规划与实际情况肯定会存在一定的偏差。尤其是在现代职业领域，只有变化才是永恒的主题。影响职业生涯规划的因素很多，有的变化因素是可以预测的，有的变化因素则是难以预料的。这就需要对职业生涯目标和职业生涯规划进行必要的调整。此时，职业生涯的评估和反馈会给我们带来收获。评估与反馈的过程是个人对自己和社会不断认识的过程，是使职业生涯规划更加有效的手段。对职业生涯规划的评估与反馈，主要包括职业的重新选择、职业生涯路线的重新选择、人生目标的修正、实施措施与计划的变更等，这个过程可以分解为以下两个步骤：

1）评估

职业生涯规划是个人生活与职业发展的蓝图。虽然在制订职业生涯规划的过程中，对内在和外在、主观和客观的因素考虑了很多，但是随着时间的推移，这些因素会发生变化。因此，为了确保职业生涯规划的可行性和有效性，必须随时对其内容和成效加以评估。此外，在职业生涯规划实施的过程中，也会出现未曾想到的问题或执行时的困难，为保证职业生涯规划的效果，在每实施一段时间后，有必要对计划执行的方法加以评估。

2）反馈与修订计划

实施职业生涯规划时，必须为日后可能出现的修改预留余地，修订的依据是每次成效评估后反馈的信息。至于计划修订的时机，必须考虑以下四点：一是定期检测预定目标的达成进度；二是每一阶段目标达成时，要依据实际效果修订未来阶段目标可采用的策略；三是客观环境的改变影响计划的执行；四是不断地反省修正职业生涯目标，反省策略、方案是否恰当，以适应环境的改变。

14.3 本章练习

1）思考你用过哪些方法帮助自己制订了职业生涯规划？例如，高考报志愿时你是如何选择目前这个专业的？

2）利用本章学习的内容，为自己制订职业生涯规划。

3）在职业生涯规划的三个基本要素中，如何认识知己、知彼、抉择三者之间的关系。

【生涯规划行为训练】

我的旅游计划

1）教师挂出世界地图。

2）将全班学生分为3个小组，在小组中讨论各自的旅游计划，每人5分钟，由1名组员负责计时。

3）讨论：

① 你的旅游计划是什么？

② 制订这个计划经过了哪几个步骤？

③ 如何落实这个旅游计划？

④ 这个过程与职业生涯规划有哪些相似之处？

4.小组总结，并在全班讨论交流。

【案例分析】

分阶段完成大目标

1984年，在东京田际马拉松邀请赛中，名不见经传的日本选手山田本一出人意料地夺得了世界冠军。当记者问他凭什么取得如此惊人的成绩时，他说了这么一句话："凭智慧战胜对手。"

当时许多人都认为这个偶然跑到前面的矮个子选手是在故弄玄虚。马拉松赛是体力和耐力的运动，只要身体素质好又有耐力就有望夺冠，爆发力和速度都还在其次，说用智慧取胜确实有点勉强。

两年后，意大利国际马拉松邀请赛在意大利北部城市米兰举行，山田本一代表日本参加比赛，这一次，他又获得了世界冠军，记者又请他谈经验，山田本一性情木讷、不善言谈，回答仍是上次那句话：用智慧战胜对手。这回记者没有在报纸上挖苦他，但对他所谓的"智慧"迷惑不解。十年后，这个谜终于揭开了，他在自传里是这么说的："每次比赛之前，我都要乘车把线路仔细地查看一遍，并把沿途比较醒目的标志画下来，如第一个标志是银行，第二个标志是一棵大树，第三个标志是一座红房子……这样一直画到赛程的终点。比赛开始后，我就以既定的速度奋力地向第一个目标冲去。40多公里的赛程，就被我分解成这么几个小目标轻松地跑完了。起初，我并不懂这样的道理，我把我的目标定在40多公里外终点线上的那面旗帜上，结果我跑到十几公里时就疲惫不堪了，我被前面那段遥远的路程给吓到了。"

简析：在现实生活中，我们做事之所以会半途而废，往往不是因为目标难度较大，而是觉得成功离我们较远。山田本一跑马拉松的过程和我们职业生涯规划的过程多么相似，在认识自我的基础上，对所要比赛的环境进行分析，把最终目标分解成一个个阶段目标，并坚持下去，再对这种方法进行评估。

【生涯故事】

捡砖头思维

小时候我父亲做的一件事情到今天还让我记忆犹新。父亲是个木工，常帮人家建房子。每次建完房子，他都会把别人废弃不要的碎砖烂瓦捡回来，或一块两块，或三块五块。有时候走在路上，看见路边有砖头或石块，他也会捡起来放在篮子里带回家。久而久之，我家院子里多出了一个乱七八糟的砖头碎瓦堆。我搞不清这一堆东西的用处，只觉得本来就小的院子被父亲弄得没有了回旋的余地。直到有一天，父亲在院子一角的小空地上开始测量、挖槽、和泥、砌墙，用那堆碎砖左拼右凑，一间四四方方的小房子居然拔地而起，干净漂亮，和院子形成了一个和谐的整体，父亲把本来养在露天到处乱跑的猪和羊赶进了小房子，再把院子打扫干净，就有了全村人羡慕的院子。

当时我只是觉得我父亲了不起，一个人就盖起了一间房子。等到长大以后，才逐渐发现父亲做的这件事情给我带来的深刻影响。从一块砖头到一堆砖头，最后变成一间小房子，父亲向我阐释了做成一件事情的全部奥秘。一块砖头没有什么用，一堆砖头也没有什么用，如果你心中没有一个造房子的梦想，拥有全天下的砖头也是一堆废物；但如果只有造房子的梦想，而没有砖头，梦想也没法实现，当时我家穷得几乎连吃饭都成问题，自然没有钱去买房，但父亲没有放弃，日复一日地捡砖头，终于有一天有了足够的砖头来造心中的房子。

后来的日子里，这件事情凝聚成的精神一直在激励着我，也成了我做事的指导思想。在我做事的时候，我一般都会问自己两个问题：第一个问题是做这件事的目标是什么，因为盲目做事情就像捡了一堆砖头而不知道干什么一样，会浪费自己的生命；第二个问题是需要多少努力才能够把这件事做成。之后就要有足够的耐心，因为砖头并不是一天就能捡够的。

我生命中的三件事证明了这一思路的好处。第一件事是我的高考，目标明确：要上大学，前两年我都没有考上，我的砖头没捡够，第三年我拼命捡砖头，终于进了北大；第二件事是我背单词，目标明确：成为最好的英语词汇老师，于是我开始一个单词一个单词地背，在背过单词不断遗忘的痛苦中，父亲捡砖头的形象总是浮现在我眼前，最后我终于背下了两三万个单词，成了一名不错的词汇老师；第三件事是我做新东方，目标明确：要做成中国最好的英语培训机构，然后我开始给学生上课，平均每天给学生上 6 ~10 小时的课，很多老师倒下了或放弃了，我没有放弃，十几年如一日，每上一次课我就感觉多捡了一块砖头，梦想着把新东方这栋房子建起来，到今天为止我还在努力着，并已经看到了新东方这座房子能够建好的希望。

金字塔如果拆开了，只不过是一堆凌乱的石头，日子如果过得没有目标，就只是几段散乱的岁月。但如果把一种努力凝聚到每一日，去实现一个梦想，散乱的日子就积成了生命的永恒。

资料来源：俞敏洪.改变一生的“捡砖头思维”，你一定要知道！［EB/OL］.（2024-05-23）. https：//baijiahao.baidu.com/s？ id=1799851795558835936&wfr=spider&for=pc.

第 15 章

就业指导

学习目标

- 了解国家就业政策
- 掌握就业技巧

素养目标

- 树立正确的世界观、人生观、价值观
- 树立正确的就业观

15.1 求职定位

一个人对社会贡献的大小、收入水平的高低以及社会地位、生活方式等在很大程度上取决于从事什么样的职业及其在职业活动中的表现。职业的重要性决定了职业选择的严肃性。职业选择不仅是个人挑选职业的过程，也是社会挑选劳动者的过程。只有个人与社会成功结合、相互认可，职业选择才会成功。合理定位是大学生成功就业的起点，入职匹配是职业选择与职业生涯发展的关键。只有成功就业，将工作转变为职业，抓住职业发展机会，良性循环，职业才能过渡为事业。

15.1.1 职业定位的含义

职业定位是结合个人目标以及主客观条件谋求最匹配职业的过程，在这一过程中要充分考虑性格、兴趣、特长、专业等个人因素与职业的匹配。

我们经常会看到大学生在择业过程中，没有正确地评估自己，用社会的热点给自己定位，一味追求体面就业、高薪就业、稳定就业，在求职时失去了方向，在面试时没了信心，就业求职的道路越走越窄。

案例：

金某，某大学2005届微电子专业毕业，曾想出国留学，因德语口语面试不合格，与留学擦肩而过。于是，他开始四处寻找工作，也曾在网上投递了多份简历，大都是应聘电子技术工程师之类的岗位，但由于缺乏工作经验，很少有面试的机会。一家销售公司给予了他面试机会，但因专业不对口，又无销售工作经验，结果又以失败告终。后来，他去了一家朋友开的公司工作，主要从事简单的计算机操作。但工作了几个月后，他觉得长此以往，不仅对自己的职业发展相当不利，而且四年的所学将付诸东流。

看着金某不知所措的样子，心里的彷徨和迷惘使他迷失了求职的方向，于是，职业指导员耐心地对他引导和点拨。经过几次职业指导，成功地推荐他到某电子公司参加职业见习。通过一个月的实习，他不仅了解了企业的文化和背景，还学到了书本上没有的知识和技能，心境也豁然开朗。

从这个案例中可以看出，大学生的职业定位比已在职场上的人的职业定位更为重要。在职业发展的初期，大学生就应该给自己制订出合理的职业规划以及相应的职业定位，并不断地加以调整。

金某因为失去留学机会，心情沮丧，加之缺乏对自己职业生涯的合理定位，从而陷入盲目找工作的误区，越是急于想找到工作，越是找不到工作。当朋友给予他就业机会时，他就像是抓住了救命的稻草，不管是否适合自己，先就业再说。但回过头来，才发现失去了自己的专业优势。当金某冷静下来，发现自己的个性与职业发展不相符时，能及时地调整方向，降低择业标准，应聘与电子技术相关的操作类岗位。

职业定位是自我定位和社会定位的统一。因此，要想做到准确定位，就要做到知己知彼、科学决策。做到知己，主要是要了解自己能够做什么，面对专业和职业自己应该如何选择，自身的能力以怎样的合理价格和企业论价；做到知彼，主要是要了解企业提供的是什么样的岗位，企业愿意为此支付多大的成本，企业所在的行业前景如何等。科学决策是在了解自身能力和企业情况的基础上，使个人能力与企业需求达到一个平衡点，使个人的价值量化。

职业定位的过程中，应注意以下方面：依据客观现实，来考虑个人与社会、单位的关系；比较鉴别职业的条件、要求、性质与自身条件的匹配情况，选择条件更合适、更符合自己特长、更感兴趣、经过努力能很快胜任、有发展前途的职业；着重主要方面，扬长避短，不要追求十全十美的职业；审时度势，及时调整，要根据情况的变化及时调整择业目标，不能固执己见，一成不变。

15.1.2 职业定位的益处

1）求职速度加快

任何一个单位都希望能在尽可能短的时间内找到最合适的人选。明确的职业定位，可以帮助求职者展示出最有利于这份工作的优势，从而打动用人单位，使其应聘成功。

2）求职成本降低

当职业定位十分明确时，就不会漫无目的地四处求职，浪费人力、物力、财力。

3）工作稳定性增强

很多人快速离职在很大程度上是因为对工作本身的“不认同”，这种“不认同”很可能是无意识的。当然，如果是有意识的“不认同”，则会加快离职速度。正是这种对工作本身的“不认同”，导致人们在工作环境稍微有些不理想的情况下，就会选择离职，寻求表面上看起来是更好的“发展”。而当职业定位明确时，就会知道在这里工作是为了积累经验，还是为了提升技能，这时候有再多的诱惑、再多的挑战，都难以轻易动摇，对于职业的选择也自然会更加慎重。

4）工作满意度更高

对工作认同和对所从事职业的认同，就会更加地投入工作，对工作的主动性也会大大增强，自然会取得更好的工作满意度。

5）提升个人职业竞争力

明确自己的职业定位，就会增强个人发展的目的性与计划性，寻求最佳的发展通道，提升相对竞争的实力。

6）获得的回报更丰厚

对工作更多的投入，职业竞争力得到的提升更高，自然会给单位和社会创造更多的价值、更多的财富，包括名誉上的、物质上的、精神上的丰厚回报。

15.1.3　择业的三维度

1）从自己的角度认识职业选择

职业选择是把握自己命运的开始。选择机制要求人们树立自立的精神，以主动者的身份对待职业选择。择己所爱、择己所长、择时所需、择己所利。实践证明，只有这样才能获得较高的职业满意感，从而提高事业的成功率。

2）从竞争的角度认识双向选择

选择必然有竞争，以个人才能为基础的竞争，是公平选择实现的条件。选择是双向的，当求职者按照自己的意愿选择职业的同时，用人单位也在按照职业的要求选择合格者。如果一个人不具备职业所要求的素质，必然会在竞争中失败。大学生只有树立市场意识和竞争意识，不断地调整和充实自己，才能增强自身的竞争能力。

3）从创造和发展的角度认识职业选择

选择并不是为我们提供享受的机会，而是为我们提供了把知识转化为物质财富的广阔道路。这就要求学生树立发展的择业观，以创造为动力，以在职业活动中为社会作出更大贡献为目的，适时地调整自身与周围的关系，使个人的潜力得到最大的发挥。

15.1.4　大学生的“择业”定位

1）择业心态定位——不骄不躁、不自卑不气馁

（1）避免理想主义，及时调整就业期望值，不刻意追求最满意的结果。

（2）避免从众心理，一切从自身的特点、能力和社会需要出发，不与同学攀比。

（3）克服自卑、胆怯的心理，树立自信心，树立敢于竞争的勇气。

（4）不怕挫折。遇到挫折，不消极退缩，采取积极的态度，勇于向挫折挑战。

2）自我认识定位——全面认识、评估自我

（1）对自己生理特点的认识。

生理特点是指个体所具备的某些解剖特点和生理特性，主要是指神经系统、脑的特性以及感官、运动器官的特性，如身高、体重、视力、肺活量、爆发力、速度、耐力、反应的敏捷性、动作的协调性等。生理素质是人们从事职业活动的基础，并制约着其他素质的形成与发展。许多职业都对生理素质有特定的要求，如色盲者，不能从事绘画工作，也不能从事生物、化学、印染等工作；有严重口吃的人，不能从事教师、导游、翻译等工作。

(2) 对自己心理特点的认识。

心理特点是指表现在感知、记忆、思维、想象、情感、意志、态度、爱好、世界观、价值观、气质、性格、能力等方面的特点。其内容非常丰富，几乎涵盖了人的所有稳定的特点，是制约职业适应性的主要因素。

(3) 对自身科学文化知识的认识。

任何职业对从业者的知识结构和水平都有特定的要求，掌握现代知识是适应现代职业不可缺少的条件。只有根据职业的要求认识自己在知识结构和水平方面的优势和差异，才能做到有针对性地积累知识和改善自己的知识结构。

(4) 对自己职业观念的认识。

这里的职业观念包括自己的职业理想、择业观念、职业道德、现代观念等内容。职业观念是影响择业行为的重要因素，正确、高尚的职业观念会推动自己去选择那些最能发挥特长，最能为社会作出贡献的职业，而落后、保守的职业观念则会限制自身的发展。选择职业的过程也是认识和提高自己职业观念的过程。

(5) 对家庭成员经济状况和个人关系网的认识。

每个家庭的经济状况，家庭成员的受教育程度、职业地位、交际范围，家长对子女的要求等都是完全不同的，由于家庭背景具有的不同层次，因此对子女的择业观念和行为会有不同程度的影响。那些经济状况较差的家庭，其子女在择业时，必须把就业和改善家庭经济生活结合起来考虑，不宜单纯地追求职业理想。一般认为，人脉关系的形成依托于家庭关系背景，但大学生在就业时应积极合理地拓展自己的社会关系，不断累积自己的社会资本，这也是个人能力的重要组成部分。

3）择业环境定位——从宏观到微观、从主观到客观认识就业环境

(1) 要了解国家在就业方面的方针、政策。

由于地区之间经济发展的不平衡，从事同一职业其收入水平、福利待遇、工作条件以及个人的发展机会存在很大差异。为了保证各地区和各行业的平衡发展，保护劳动者和企业的合法权益，国家要制定一系列的劳动就业政策、法律法规和采取必要的行政措施以规范就业市场，促进人才的合理流动。大学生必须在国家法律、政策规定的范围内，根据自己的意愿选择职业。

(2) 要了解社会对人才的需求情况。

社会对人才的需求包括对人才数量的需求和对人才结构的需求。影响社会需求的因素很多，如国家经济发展状况及发展战略的变化、产业结构、经营形式、科学技术的应用、人口的数量和质量等，与就业的地区、行业、可提供的职业数量和规格有着非常密切的关系，直接关系到就业的难易程度和职业愿望的满足程度。

(3) 要了解职业的特点。

它包括职业的地域特点、行为特点和岗位特点，它影响着从业者对职业的适应程度。同时，要了解职业的类型及其相互间的关系，特别要注意了解职业对从业人员素质的要求，如生理素质、心理素质、科学文化素质、思想观念素质，这是有针对性地准备职业的基础。

(4) 要了解用人单位的特点和职业岗位的要求。

它包括用人单位的声誉和形象；在本行业中的地位、现状和发展前景；领导人实力；组织和组织制度；提供的工作岗位；个人待遇提升的空间等。一般认为，现代社会欢迎那

些知识面广、具有开拓能力和实践精神，且具有一技之长的人。

求职者从自己的实际出发，客观地分析、评估自己的文化素质、业务技能、性别特点、身体条件以及各类职业固有的标准、条件、要求，弄清自己想干什么、能干什么、应该干什么，实事求是地选择自己力所能及的职业，并且所选的职业要有利于自己潜能的发挥和事业的发展。

15.1.5　大学生的“待业”定位

在职业选择的过程中，每一个人都希望找到一份与自己兴趣、爱好、能力相当的职业，这是可以理解的。然而，要实现这种理想却不那么简单，因为就业是一项关系到社会、经济、文化、家庭等诸多因素的复杂的系统工程，不是单凭主观愿望就能解决好的。如果在初次就业时没有自己喜欢或适合自己的工作，那么切不可待在“家里”无所事事。“待业”不是等待，而是择业、求职的过程，应继续努力寻找就业机会。

1）先就业，再择业

改变“一步到位”的思想，树立灵活就业的新观念。走一条面对现实、降低起点、先融入社会、再寻求发展的道路。只要被条件基本认可的用人单位接纳，就先工作，实现就业，走进社会。这对自己既是一种锻炼，又是一种适应社会的准备。工作一段时间后，自身各方面的经验和能力都得到了提高，具备了自信心和“实力”，当时机和条件到来时，便可重新选择职业。

2）先学习，再就业

首先，淡化“专业对口”的观念，就是在“学以致用”的原则下发挥素质优势，在更加宽泛的择业领域内，寻求理想的职业。其次，通过择业的亲身经历，总结经验和教训，找出存在的问题和不足，为继续择业做进一步的准备。充分利用“待业”时间进行“充电”学习，或参加某种培训，提高急需又短缺的知识和技能等。

3）先就业，再创业

除了合理的职业流动外，不能把自己的前途和命运全部寄托在别人身上，不能把自己的职业生涯交给他人设计，更不能听天由命对自己不负责任。要树立起自主创业意识，充分发挥自己的专业特长和素质优势，积极地为创业做准备，进而实现自己的理想和人生价值。这也是最成功的“待业”。

15.2　求职文案

求职文案是广大毕业生用来和单位取得联系、“投石问路”最常用的办法之一。在求职择业过程中，求职文案有着举足轻重的作用，是“敲门砖”，推荐、面试、录用都离不开它，求职文案的好坏直接影响着就业的成败。

15.2.1　求职文案的内容及其作用

1）求职文案的内容

求职文案的内容主要包括求职信、学校推荐表、导师推荐信、个人简历和附件。

2）求职文案的特点

➢ 客观性。求职文案必须以事实为基础，以能够顺利就业为目的。

➢ 创造性。求职文案从形式到内容，再到材料的结构和组织，完全可以发挥求职者的创造性思维和丰富的想象力。一些用人单位正是被这些创意性很强的求职文案所吸引，才决定给予面试的机会。但创造性并不等同于求奇求异，切忌把材料搞得花里胡哨，哗众取宠，要把握好创造性和求实的尺度。

➢ 独特性。编撰求职文案是一项创造性的工作，最能充分展示求职者的个性特征，所以求职文案具有不可取代的独特性。

➢ 全面性。要针对应聘对象，取舍得当，突出重点，结构合理，条理清晰，让用人单位能够一目了然，印象深刻，促使对方及早作出面试的决定。切勿为求全面，过分讲究面面俱到，这样反而会显得求职文案烦琐异常，而应在全面中体现灵活性和针对性，努力向有利于就业的方向调整。

3）求职文案的作用

➢ 评估自我，确定择业方向。在编写求职文案的过程中，毕业生逐渐清楚地了解自己的实际情况，能对自身的情况作出全面的分析和评价，明确自己的专长和爱好。只有这样，才能把职业的要求和自己的个性特征结合起来，理性思考，作出明智的择业选择。

➢ 宣传接洽，叩开就业之门。通过求职文案，用人单位不仅可以了解求职者的个人简历，还可以了解求职者的知识能力以及特长、爱好，从而为求职者争取到一次面试机会。

➢ 面试竞聘的依据。求职文案是用人单位面试的出发点，也是面试后作出取舍的主要依据。

15.2.2 求职文案的整理与包装

1）求职文案的编写要领

➢ 目标明确。组织和编写求职文案的大目标和大方向就是为了就业，凡有利于就业的各种材料、各种组织编写方法都可以加以运用。

➢ 针对性强。在编写求职文案时，应根据大致的就业意向，根据应聘的行业、职业或单位特点进行材料的合理组织、安排和撰写。要做到有针对性，就必须做到知己知彼，根据不同情况写出最适宜的求职文案，量体裁衣。

➢ 客观实用。在编写求职文案时，要采取客观真实的思想态度。也就是说，求职文案的真实性是一个求职者的生命线。一旦用人单位发现求职文案有假，求职者就会失去理想的就业机会。另外，在文体上，求职文案属于实用文书写作中的说明文一类，其目的就是为了就业，切不可过分追求文笔超脱，言辞华丽，而忽视其实效性，舍本逐末。

2）求职文案的整理

➢ 收集材料。俗话说“巧妇难为无米之炊”，收集个人自荐原始材料是一项基础性工作。收集材料的原则就是为就业服务，以择业目标为基础，按需收集，即围绕就业目标所需的专业特长、知识结构和能力等进行材料收集，注意专业特点、个人能力与行业特点的结合。

➢ 分类整理。收集的原始材料很多，在分类整理过程中一般按以下五个方面进行专题细分：个人简历材料、专业学习材料、特长爱好材料、社会实践材料和奖励评论材料。

➢ 编辑审查。分类整理之后就要进行编辑审查，即对分类的材料进行汇总编辑，检查一下材料是否有明显遗漏，不能出现材料残缺。同时，材料含糊甚至与实际情况有出入的，一定要撤除或修改。另外，要对材料上是否有错别字等细节进行校对。

➢汇总分析。分类整理和编辑审查后，首先要把同类型的材料集中起来；其次，对材料的使用价值进行分析评估；最后，对材料进行综合价值评分，分清主次，一一罗列出来，以便于编写使用。

➢合理编撰。在编撰求职文案时，要针对所应聘目标的具体情况，合理取舍，有机组合，充分体现求职者的优势与特长。

3）求职文案的包装

在原始材料基础上，将求职文案的主体部分根据不同的应聘目标编写完成后，就要进行包装这一工序了，即完成求职文案的封面设计和装订工作。封面设计的基本原则是美观、大方、醒目、整洁。封面设计要有一个主题（标题），一个好的主题往往能吸引住用人单位，使其进一步了解求职文案的具体内容。另外，封面的设计风格要与求职文案的主体内容风格一致，具有同一性、整体性。同时，封面上最好体现出求职者的姓名、专业、学校等最基本的内容。求职文案最好采用A4标准纸打印，不要用繁体字（有特殊要求的除外），装帧不要太华丽，保持整洁明快是最重要的。

4）求职文案的一般投寄程序

投寄求职文案一般有两种方式：一种是直接递交；另一种是间接递交（包括转交或以信函、电子邮件等方式投寄）。无论采取哪种形式，都要求准确、便利、快捷，要在用人单位规定的时间内递交求职文案。投寄时应注意以下事项：①明确投递对象，有的放矢。②反复检查，避免遗漏与错误，特别是材料内容与投递对象一致，千万不要出现张冠李戴的现象。③注明双方联系方式。如果以信函方式投寄，则要把地址写清楚。若接收方是具体的人，则要把姓名写清楚、写正确。同时，职位称谓、单位的地址、名称等不要写简称。此外，在求职文案的明显位置处必须有联系方式，以方便用人单位与求职者联系。信封要用标准信封，也可在信封上写上联系方式。注意上述几点后，再经过确认，就可以把一份精心编写的求职文案投寄出去了。

15.2.3　求职信的写作方法与技巧

求职信是一种介绍性的、自我推荐的信件，它通过表述求职意向和对自身能力的概述，引起用人单位的重视和兴趣。一封好的求职信可以向用人单位展示求职者的才干。一般来说，打开求职文案，首先看到的便是求职信。正是有了求职信，阅读者才会对求职者简历上所写的经历与业绩感兴趣。所以，求职信无论在格式上还是内容上，都必须给阅读者留下好印象。

1）求职信的格式

一般来说，求职信属于书信范畴，其基本格式应当符合书信的一般要求，主要包括称呼、正文、结尾、署名、日期、附件六个方面的内容。但因为求职信是寄给用人单位的，所以它又有不同之处。

➢称呼。求职信的称呼往往比一般书信的称呼正规一些，在实际书写时要区别对待，不要用不正规的称呼。

➢正文。这是求职信的中心部分，其形式多种多样，一般要求说明求职信息的来源、应聘岗位、本人基本情况、工作成绩等内容。

➢结尾。一般应写明希望对方给予答复，并盼望能有机会参加面试，以及简短的表达敬意、祝愿之类的祝词。

➢署名。

➢日期。一般写在署名右下方，最好用阿拉伯数字写上年、月、日。

➢附件。一般要求随信附寄一些有效证件，如外语等级证书、计算机等级证书、获奖证书的复印件等。最好有附件目录，这样既方便用人单位的审核，又给对方留下一个“有条不紊、认真负责、办事周到”的好印象。

2）求职信的内容

➢说明本人基本情况和求职信息的来源。

➢说明应聘岗位和能胜任本岗位工作的各种能力。

➢介绍自己的潜力。

➢表示希望得到答复或面试的机会，并标明与你联系的最佳方式。

3）求职信的写作技巧

➢了解对方、有的放矢。求职信是交际的一种形式，它可以反映出一个人的专业水平，从用人单位的角度考虑问题是使求职信产生积极效果的重要方法。求职者应该采取换位思考的方法，针对某一单位的某一职位而求职，通过分析用人单位提出的要求，了解用人单位的需要，然后有针对性地向其提供自己的背景资料，表现出自己独到的智慧与才干，使用人单位从求职者的身上看到希望，并作出对求职者有利的决定。

➢条理清楚、个性鲜明。从阅信人的角度出发组织内容，根据求职的目的来布局谋篇，把重要的内容放在篇首，对相同或相似的内容进行归类组合，段与段之间按逻辑顺序衔接。信件要具有个人特色且能体现出专业水平，意思表达要直接、简洁，书写要清晰，内容、语气、用词的选择和对希望的表达要积极，充分显示出求职者是一个乐观、有责任心和有创造力的人。

➢实事求是、恰如其分。用成就和事实代替华而不实的修饰语，恰如其分地介绍自己。求职信是用人单位对求职者的一次非正式的考核，用人单位可以通过信件了解求职者的语言修辞和文字表达能力，可以说求职信是用人单位对求职者取得第一印象的凭证。

➢一封求职信不能多于一页。求职信不宜太长，不宜有文字上的错误，切忌错别字、病句及文理不通。另外，求职信应与履历分开，自成一体。

求职者在写求职信时，还要切忌以下六点：①错字连篇，主次不分；②长篇累牍，无的放矢；③条理不清，逻辑混乱；④好高骛远，炫耀浮夸；⑤过分谦虚，缺乏自信；⑥用词不当，礼节欠缺。

15.2.4 大学生如何制作一份让人满意的简历

大部分学生在读高中时都听过老师苦口婆心的教导，等上了大学你们就轻松了。然而，事实并不是这样的，上了大学有的是难做的事情。比如，你甚至抢不到一门课，抢到课还有结课论文等着你，期末了要为预习发愁。

当然，这些事在毕业论文和求职实习面前都不算什么，最难的永远在后面。好在毕业论文有导师指点迷津，但求职这件事只能看个人。在投递简历时，大家都是一样的应届生身份，能够区分开来的教育背景、实习经历等都体现在一张薄薄的简历上了。

以下是制作简历的三个关键点：

1）不要写假话，简历造假不可取

不知道大家是否还记得前几年的热播剧《我的前半生》，主角贺涵为了帮助罗子君成功得到市场调研公司的工作，在面试简历上编造经验。作为职场老油条，贺涵说："人家不会问的，而且问了你也可以说得跟真的一样。"

现实生活中，真实的情况却没有这么简单。老练的HR多问几个问题，没有社会经验的应届生就有可能在不知不觉中被套路了。即便求职者过了这一关，接下来在业务部门和主管的面试中就会暴露出其经验编造的问题。

电视剧《我的前半生》中，当罗子君去面试的时候，刚好碰上了前同事，于是场面变得十分尴尬。谁都想让自己的简历变得体面，对真实的工作经历加以润色修饰也是情理之中的事情。编造简历是不值得的，不仅会容易露出马脚，还不利于自身的形象。另外，职场诚信调研报告显示，面试失约与夸大工作技能及经验和简历基本信息虚假同属失信行为。

2）不要写套话，具体岗位具体分析

许多大学生在求职季中都会遇到一个普遍的问题，不知道自己想做什么，不知道自己可以做什么，于是海投简历，盲目投递热门岗位。这就是典型的求职目标不明确，表现在简历中就是内容和岗位匹配度很低。不该写的个人描述等套模板写得有模有样，该写的工作技能和实习经历却一笔带过。

要想解决这个问题，大学生必须先明确自己的职业生涯规划，希望投身于哪个行业，在哪些岗位工作。认真思考自己的求职方向，根据招聘岗位描述，在简历中用较多篇幅描述职位要求的工作能力、教育背景、相关经验等。这样针对具体岗位的简历才是HR希望看到的，制作出来的简历也更有机会获得面试机会。

3）简历要颜值，慎重挑选设计模板

在这个社交时代，日常生活趋向审美化，简历的设计感也很重要。在保证内容精良的情况下，外观好看，排版清晰的简历会更加具有吸引力。

15.3 成功应聘

大学生求职应聘的过程包括很多环节，有求职前的考查、自荐、笔试、面试、入职谈判、签约等环节，而最为关键的是自荐、笔试、面试三个环节。

15.3.1 求职自荐

自荐有直接自荐和间接自荐两种。直接自荐是指由本人向用人单位做自我介绍、自我评价、自我推销。间接推荐是指借助中介人或物推荐自己，即不亲自出马，只需要将自己的想法和条件告诉第三者，或形成材料就能达到推荐自己的目的。

自荐的主要方式有：

➢ 参加人才招聘会自荐。带上个人求职文案在人才招聘会（或"双向选择"会）上推荐自己。

➢ 上门推荐。带上求职文案亲自到用人单位推荐自己。

➢ 电话自荐。通过电话联系，向用人单位推荐自己。近几年，不少大学生用这种方式推荐自己，获得了成功。

➢ 信函自荐（书面自荐）。通过以向用人单位邮寄或呈送求职文案的形式推荐自己。这种形式不受时空限制，又能扩大自荐范围，特别适用于学习成绩优秀，又有好文笔和写一手漂亮字的毕业生，也适用于因学习忙碌而没有时间上门自荐，或因路途遥远而不便于上门自荐的毕业生。这种形式用人单位乐于接受，也被广大毕业生所采用。

➢ 他人推荐。请老师、父母、亲友、同学推荐而达到自我推荐的目的。一些老师因具有较广泛的社会关系或较高的学术声望，他们的推荐容易引起用人单位的重视和信任。父母、亲友、同学也可帮助毕业生扩大自荐范围，为毕业生顺利就业助一臂之力。

➢ 学校推荐。学校推荐是一种间接的自荐方式。近年来，各学校相继成立了大学生就业指导办公室，加强了与用人单位的联系和收集信息的工作。一方面，对用人单位的情况比较了解；另一方面，对毕业生的情况也比较了解，再加上以学校组织的形式向用人单位推荐，对用人单位来说具有一定的可靠性和权威性，容易得到用人单位的认可。

➢ 广告自荐。借助新闻传播媒介进行自荐。这种形式覆盖面广，时效性强。

➢ 实习自荐。通过各种实习、社会实践推荐自己，也就是先“相亲”，后“过门”。

➢ 网络推荐。这是近几年出现的一种新的自荐方式，它是借助因特网进行自荐。这种自荐方式时效性好、覆盖面广，是今后自荐发展的方向。

以上介绍的自荐方法并非独立存在，在现实的求职活动中，往往综合应用才能达到自我推荐的目的。一般来说，几种方法并用效果会好一些。但就个人而言，究竟采取哪种自荐方式，应从实际需要出发。

15.3.2 求职自荐的技巧

1）自荐只是手段而不是目的

大学生自我推荐，首先需要解决认识问题，自荐仅仅是一种说服手段，即让对方认可、接受、肯定自己的人格、知识、技能和理想，从而获得成功的机会。而不是不分主次，以推荐自己为目的，不管结果怎样，只是一味地推荐，不计后果，其结果只能得不偿失。

2）自荐要有自信心、主动性和勇气

自信是现代人所必须具备的心理素质。一位心理医生曾经说过：“你对自己越有信心，就越能造成一种你很行的气氛。事实上，你的态度全部反映在你的举手投足之间，就好像一个人‘坐椅子’，一个感到自信的人会坐在整个椅子上，而一个感到不自在的人，只会坐在边缘上。”大学生自我推荐，首先必须自信，清醒地知道自己具备达到目标所需的实力，并完全依靠自己的实力进行竞争，这是求职者成功自荐的奥秘之一。

自荐是求职者的主动行为，任何消极等待的态度都是不可取的。因此，在推荐自己时，必须积极主动。例如，不等对方索要材料，就主动呈送；不等对方提问，就主动向对方介绍；不消极等待对方回音，而是主动询问。这样往往给人一种态度积极、胸有成竹的感觉。

成功的自荐还必须具有足够的勇气，不怕失败。伽利略曾说过：“追求科学要有特殊的勇敢。”自荐也是一样，你要在别人面前勇敢自信地介绍自己，证明自己。

如果没有“初生牛犊不怕虎”的勇气，就会畏缩不前、犹豫不决，就会紧张、拘谨甚至自卑。常常可以遇到这样一些情况，有的学生去用人单位之前，脑子里已准备好了对各种问题的回答，甚至语调、礼貌话、动作都想好了，可到了面试的时候，竟全忘了，聪明才智不见了，剩下的只是呆板、不知所措。如果这样的情景形成了恶性循环，就会越发紧张和拘谨，结果给人一种缩手缩脚、没有魄力、无所作为或作为不大的印象。还有一些学生在洽谈会上，由家长或老师陪着东转西看，出谋划策，很令用人单位费解。其实，这类事情正好反映出部分大学生对自荐既缺乏信心，又缺乏勇气的被动应付心理和态度。

3）自荐要诚恳、谦虚、有礼貌

诚恳、谦虚、有礼貌是为人处世的基本要素，是赢得用人单位好感的应有态度，对大学生的应聘十分重要。诚恳，即做到言而有信。孟子言："言人也，信人也。"大学生自荐应以信为本，在介绍自己时，要讲真话，有诚意，不吹牛撒谎，不虚情假意，给对方以信任感。比如，自己对某问题不明白时，可以告诉招聘人："对不起，我不知道这个问题。"这恰恰反映了你直率诚实的性格。

谦虚是一种美好的品德，是尊重对方的一种态度。在就业市场上，常有不少学生因口若悬河，夸夸其谈吃了"闭门羹"，也有人因为摆出一副"我有知识你就得用"的神气，令用人单位非常反感。因此，要切记在任何时候，虚心、谦逊都是用人单位最为欢迎的态度。

礼貌是道德的一种外在表现形式，它在人际关系调节中具有不可忽视的作用。大学生自荐时，无论是表情，还是一句称呼、一声感谢、一个小动作，都能反映出一个人的内在修养和素质，都会被用人单位看在眼里作为评价的话题。因此，自荐时要以礼待人，不能认为这都是小节，不说明问题。即使对方当场回绝或不太理睬你时也要表现冷静，给自己找个台阶下，也给对方留下明白道理的印象。

4）自荐要注意对方的需要和条件

自我推荐应注重对方的需要和条件，以此来说服对方，使对方接受自己。比如，自己所说的正好是对方所要的，自己所问的正好是对方要告诉的。要做到这点，首先要充分准备，做到成竹在胸，仔细考虑用人单位需要什么，会提出什么问题，对什么最感兴趣；其次，临场要察言观色，把握对方心理，随机应变。

例如，某大学通信工程专业学生王某，学习成绩良好，综合素质较高。听说本市一家软件公司要人，他先请教老师，了解软件业行情，又花费了一天时间研究用人单位的一些基本资料。最终他拿着求职文案走进用人单位的人事部门，公司负责人看完他的求职文案后，问道："你为什么要来我们公司应聘，你觉得我们公司有哪些特点和不足？"几番对答，对方不住颔首，告诉他一周后听通知。一周之后，王某如愿以偿，他在几十名竞争者中获胜。他的成功，就在于能注意对方的需要和条件。

5）自荐要善于展示自己

善于展示自己，即"展示适时，展示适度"。"热门"的用人单位往往门庭若市，要想在强手如林的竞争中引人注目，脱颖而出，就必须做到以下四点：

- 会介绍自己。"良好的开端是成功的一半"。自荐时，要先入为主，一开始就简明扼要地说明来意。在介绍自己时要有理有据，言简意赅。
- 会提问题。提问题是为自我服务，除了想搞明白某些情况之外，还可借助提问题，更好地展示自己。必要时，也可率先开口，不要老是等对方提问。
- 会回答问题。回答问题是为了说明情况，展示自己。因此，要学会正确运用闪避、转移、引申、模糊应答等方法，"以巧破千斤"。
- 会发挥优势，展示自己主要特色。自荐必须从引起别人注意开始，如果别人不在意你的存在，那就谈不上推荐自己。引起别人注意的关键是要扬长避短，用自己的特色，让对方对自己产生兴趣。

例如，大学生王某在校期间自学日语有一年多的时间。在招聘会上，他看见一家日本公司，走上前去，壮着胆子递上他的推荐信，并补充了一句："我懂日语并擅长英语。"就这一句话引起了对方的注意，接着就与招聘人员（日本人）进行了交谈。两个星期后，他惊喜地接到了录用通知。王某的成功，就在于他有一技之长，并表现得当。

6）自荐要学会使用求职文案

再好的求职文案，也要会使用，不会使用，则影响自荐效果。如何使用，这就需要根据实际情况而定。例如，在招聘会上，求职人员很多，难以与用人单位的招聘人员交谈，则可先把求职文案提供给用人单位，从而为自己争取到面试的机会。求职文案最好亲自呈递，这样做会加深用人单位对你的印象。另外，还要多准备几份材料，这样做既表示你对各位面试官的尊重，又为他们在共同商议是否录用你时提供方便。如果无法亲自呈递，或想"广种薄收"，就采用邮寄、网投的方式。

7）自荐要善于"包装"自己

在竞争激烈的今天，包装的目的在于它能弥补个人不足，提高个人价值，发挥"促销"作用。包装分为外包装和内包装。外包装又称初级包装，它是通过一些非语言媒介（如衣着、发式、动作、行为举止、体态、气质等）对自荐发挥作用，给人以大方、潇洒、端庄、有知识、有涵养、有信心、符合大学生身份的感觉。研究结果表明，外表有吸引力者，一般会被招聘人理解为聪明精干、办事认真可靠，使人另眼相待。

8）自荐要注意控制情绪

人的情绪有振奋、平静和低潮三种表现。实践证明，无论是谁，心情紧张时，说话总是节奏过快，使听者很费力，容易厌烦。大学生初次接触社会，缺乏说话技巧。因此，在推荐自己的过程中，要善于控制情绪，说话节奏适中，才能最佳地表露出自己的才华、学识、能力和社会阅历，增加对方对自己的了解。为了控制自己亢奋的情绪，美国心理学家尤利斯提出了有趣的忠告：低声，慢语，挺胸。

9）自荐要"知难而退"

各有所需，量才录用。假如你已经尽力了，但仍说服不了对方，没能被对方接受，此时你应"知难而退"，另找门路。若期望值过高，就应该降低期望值。

10）自荐要把握好时间

自荐时间不宜过长，因为在招聘会上，门庭若市、摩肩接踵，有时还要排队，现场秩序必须恪守，所以你必须在最短的时间内，最大限度地推销自己。

15.3.3　笔试

笔试是一种常用的考核办法，它是用人单位采用书面形式对求职者所掌握的基本知识、专业知识、文化素养和心理健康等综合素质进行的考查和评估，是决定求职者去留的重要依据。笔试的结果是根据一定的标准答案评定出来的，弥补了面试中根据个人爱好、感情用事评分的缺陷。有些单位则会通过笔试来确定面试人员的名单。

1）笔试的种类

➢ 心理测试

心理测试是要求求职者完成事先编制好的标准化量表或问卷，根据完成的数量和质量来判定其心理水平或个性差异的方法。一些特殊的用人单位经常以此来测试求职者的态度、兴趣、动机、智力、个性等心理素质。

➢ 专业考试

专业知识和专业技术考试的题目专业性很强。例如，涉外企业招聘雇员要考外语，科研机构招聘人员要考动手能力，国家机关招聘公务员要考行政管理方面的知识。

➢ 论文笔试

论文笔试是检验求职者分析、综合、比较、归纳、推理等思维能力的方法。其形式采用论述题或自由应答型试题。论文笔试的最大优点是，有利于考查求职者的思考能力，从而能够检查求职者思想认识的深刻程度。这种测试易于发现人才，促进智力发展，远比简单的测验题更能判断一个人的水平。做此类试题时，讨论问题要深刻、有见地。

2）笔试的方法和技巧

➢ 保持良好的身心状态。

➢ 笔试的知识准备、考前热身很重要。常用的基础知识是用人单位的笔试重点。复习重点不要放在难点、偏题上，要把基础知识掌握好，在实际运用上下功夫。

➢ 在互联网上搜索相关的笔试题，训练自己的发散性思维。

➢ 通过高校 BBS 等媒介与他人进行信息交流与切磋，向那些参加过笔试的人请教经验。

➢ 在笔试时，要尽量挤出时间对容易出错的地方进行复查，特别注意不要遗漏题目，更不能跑题或出现错别字、语法不通、词不达意等错误。另外，应当注意的是，保持卷面字迹清晰，若书写过于潦草、字迹难以辨认，则也会影响考试成绩。因为求职笔试不同于其他专业考试，“醉翁之意不在酒”，有时用人单位并不特别在意求职者考分的稍许高低。认真的态度、严谨的作风，会大大增加你被录用的可能性。

总之，求职者的笔试卷面应具备以下三个特点：一是保证卷面形式的和谐；二是体现求职者掌握和运用知识的统一性；三是体现求职者的思维的关联性。

15.3.4 面试

面试是用人单位与求职者之间面对面交流信息的过程，也是用人单位对求职者口头测试的过程。通过面试可以考核求职者的动机与工作期望，考查求职者的仪表、性格、能力、经验等特征。

面试也是求职者全面展示自身素质、能力、品质的大好机会。面试发挥出色，可以弥补先前笔试或其他条件（如学历、专业等）的不足。在求职过程中，面试是求职者取得求职成功的关键一步。

在应聘的几个环节中，面试也是难度最大的，尤其是对应届毕业生来说，由于缺乏经验，面试常常成为一道难过的坎儿，有很多毕业生顺利通过了简历筛选和笔试测试，却在面试中失利。因此，要重视学习面试的基本知识和相应技巧。

1）面试的形式

常见的面试可分以下四种基本形式：

➢ 单独面试，是指面试官单独与求职者面谈。单独面试的优点是能提供一个面对面的交流机会，可避免求职者临场出现的紧张情绪，面试双方较容易地进行深入交流。单独面试有两种类型：一种是只有一个面试官负责整个面试过程，这种面试大多在录用较低职位的人员时采用；另一种是由多位面试官参加整个面试过程，并且每次只与一位求职者交谈。现在的公务员招聘大多采用第二种形式。

➢ 集体面试又称小组面试，是指多位求职者同时面对面试官的做法。在集体面试中，通常要求求职者做小组讨论，相互协作解决某一问题，或者让求职者轮流担任会议的主持人、发表演说等。这种面试方法的最大优点在于节省时间，能够对众多求职者进行直接比较，但是一些性格内向的求职者常因此失去表现机会。该方法主要用于考查求职者的人际沟通能力、组织领导能力以及洞察与把握环境的能力等。

其中，无主持人小组讨论是最常见的一种集体面试法。在不指定召集人，面试官也不直接参与的情况下，求职者自由讲述面试官给定的讨论题目，这些题目一般取自招聘工作岗位的专业需要，或者现实生活中的热点，具有很强的岗位特殊性、情景逼真性和典型性。讨论中，面试官坐在离求职者一定距离的地方，不参加提问或讨论，通过观察、倾听为求职者进行评分。

2）一次性面试与多次面试

所谓一次性面试，是指用人单位对所有求职者进行一次性集中面试。在一次性面试中，用人单位往往集中强大的考官阵容，由人事部门负责人、业务部门负责人及人事测评专家或外聘专家组成。应对此类面试，求职者必须全面准备、精心策划、集中所长、全力以赴。

多次面试可分为依序面试与逐步面试两种类型。

依序面试一般分为初试、复试与综合评定三步。初试，即初步筛选。用人单位面对众多的求职者，为减少其工作量，初选出较好的人选。初试一般由用人单位人事部门主持，主要考查求职者的仪表风度、工作态度、上进心、进取精神等，将明显不合格者予以淘汰，初试合格者进入复试。复试主要考查求职者专业知识和业务技能。例如，学校招聘教师时，常采用的试讲，考评专家们对求职者的教态、板书、教材把握能力、语言表达能力、教学重点的驾驭、现代教学手段的运用等予以考查，以衡量求职者在知识和能力方面能否胜任应聘岗位。复试结束后由人事部门会同用人部门综合评定每位求职者的成绩，确定最终合格人选。

逐步面试，一般由用人单位的主管领导、处（科）长及一般工作人员组成面试小组，按小组成员的层次，由低到高的顺序依次对求职者进行面试。面试的内容根据层次各有侧重：低层一般以考查专业及业务知识为主，中层以考查能力为主，高层则实施全面考查并最终把关。此方法实行逐层淘汰，求职者对各层面试要做到成竹在胸，从容面对，力求全胜。低层面试不大意、不马虎；高层面试不胆怯、不拘谨。

3）结构化面试与非结构化面试

正规的面试一般都是结构化面试。它包括三个方面的含义：一是面试过程（程序）把握的结构化。在面试的起始阶段、核心阶段、收尾阶段，面试官要做些什么、注意什么、达到什么目的，事前都要有相应的策划。二是面试试题的结构化。在面试过程中，面试官要考查求职者哪些方面的素质，围绕这些考查角度主要提出哪些问题？在什么时候提出与怎样提出的？这些在面试前都要做好准备。三是面试结果评判的结构化。例如，从哪些角度来评判求职者的面试表现，等级如何划分，甚至如何打分等，在面试前都会有相应的规定，并在各考官之间统一尺度。

非结构化面试，面试的组织非常“随意”。关于面试过程的把握、面试中要提出的问题、面试的评分角度与面试结果的处理办法等，面试官事前都没有精心准备或系统设计。非结构化面试类似于人们日常的非正式交谈。除非面试官的个人素质极高，否则很难保证非结构化面试的效果。目前，真正意义上的非结构化面试越来越少。

4）常规面试与情景面试

常规面试，是指双方面对面以问答形式为主的面试。面试官处于积极主动的地位，求职者处于被动应答的地位。从近几年高校人才交流市场反馈的情况来看，学校和中小型企业的面试官多由其主要负责人担任；而国有大中型企业、外资、合资企业的面试官多由人力资源部负责人或人事主管担任。该方法简单易行，应用较多。值得注意的是，面试官的注意点一般围绕在求职者的仪态仪表、语言交流能力、思维应变能力及综合业务素质等方面。

情景面试，它突破了供求双方一问一答的模式，引入了无主持人小组讨论、公文处理、角色扮演、演讲、答辩、案例分析等的情景模拟方法。情景面试是面试形式发展的新趋势。在这种面试形式下，面试的具体方法灵活多样，逼真性强，求职者的才华能得到更充分、更全面的展现，面试官对求职者的素质也能作出更全面、更深入、更准确的评价。

15.3.5 面试的基本内容

1）一般性提问

➢关于求职动机。

——为什么选择我们公司？

——对在公司工作的预期（如工作条件、目标薪酬等）。

目的在于：考查求职者的求职动机，判断求职者的工作期望与公司的实际需求是否一致。

➢关于仪表与性格。

在面试过程中进行有意识的观察。

目的在于：考查求职者的仪态、穿着、举止、礼貌动作、习惯和性格特点等。

➢关于个人价值观。

你择业考虑的主要问题是什么？

——个人未来职业生涯的预期。

——如何理解幸福的人生和成功的事业？

目的在于：考查求职者是否认真思考过自己的职业兴趣、能力和价值观，明确自己的职业目标和追求方向，并为之付出努力和行动。

➢关于敬业精神。

—— 谈一谈你的经历中最值得自豪的一件事，你是如何获得成功的？

你的职业态度是什么？

目的在于：考查求职者以往的业绩、职业态度、责任感、进取精神、开拓精神等。

➢关于专业知识特长经验。

——简单描述一下你的教育经历（如学校教育和工作中的培训）。

——如何使你的工作对公司更有价值？

目的在于：从专业的角度来了解求职者的特长及其知识的深度与广度，是否具备岗位所需的专业知识和专业技能。

➢ 自制力和控制力。

——你最大的优点是什么？最大的缺点是什么？

——如何发挥优点和缺点？

——当你遇到非常大的压力时，你是如何处理的。

目的在于：考查求职者的自我认知能力和适应性、韧性。

➢ 表达能力。

——观测面谈过程中口头表达的准确性，发音的准确性。

——观测体态语、语言感染力、音量、音调、节奏。

目的在于：考查求职者的语言组织和表达能力。

➢ 未来发展能力。

——如果工作需要实行计算机自动化办公，你认为你能适应吗？

——假设公司未来几年获得高速发展，你将如何适应工作环境的变化？

目的在于：考查求职者的知识面、自我学习能力、身体状况、对未来的预期等。

根据一般性问题，为避免面试过程中思考时间有限而仓促应对，有针对性地准备答案是很有必要的。准备答题时应遵循以下原则：①回答问题把握重点；②叙述力求具体；③回答紧扣内容；④尽可能表现出自己的特色。

面试中可能会遇到一些其他问题，你只要本着诚实守信的态度回答，就可以取得面试官的好感。

2）压力式提问

当用人单位想了解你如何处理压力，尤其是他们提出一连串较难对付的问题时，你就会遇到这种充满压力的面试。一位求职者在描述面试的经历时说："面试官不断提问，很专注，听得很仔细。我也一直处于戒备状态，受尽折磨，直到最后才有稍微松懈。"

用人单位用这种方式想看看你在压力下是否变得沮丧、戒备，捕捉你的疏漏，千万不要让他挫伤你的锐气。如果你觉得问题来得太快，不能很好回答，那么做一次深呼吸，笑一笑，说："我可以一次只回答一个问题吗？我想那样我会答得好些。"

3）假设性提问

当用人单位想了解你处理问题的能力时，就会采用这个办法。这会帮助用人单位知道你过去的表现及推测你将来的表现。人单位通常会虚拟某种情况，看你是如何处理的。

——如果你负责的一件工作不能按时完成，你会怎么做？

——如果你必须和一个很难相处的人共同完成一项工作，你会怎么办？

——如果你最要好的同学告诉你，在考试时他严重违反校规校纪（未被任何人发现），你怎么办？

回答这类问题时，要有针对性。

例如，关于不能按期完成工作的问题，用人单位想知道的是：

➢ 你怎么处理它。

➢ 你会用什么策略。

➢ 你是不是足智多谋。

➢ 你是否想增加人手。

➢ 你是否能走捷径而不损害工作。

➢ 你是否具有原则性。

具体问题具体分析是一个不错的方法。你可以给出一个遇到过的相似情况的例子，告诉用人单位你是怎样完美地处理的。

4）随机式提问

用人单位有时还要看看你在日常情况下和关键时刻的表现，看看你在处理将要遇到的问题时是否有涵养和技巧。

例如，一位应聘高级管理职位的求职者回忆公司邀请他到一家餐厅用餐的情况：吃完饭，服务员来买单，他们一个个地出去了，我坐着等他们回来，但他们没有回来。我以为这是一个玩笑，但经理说他们都已经走了。于是，我对服务员说："这一定是误会了，但我会付账的。"后来才知道，这是公司安排好的，想看看在这种情况下怎样冷静得体地代表公司处理此事。

这类面试要求求职者时刻小心谨慎。当然，求职者也可以事先做些准备。

➢ 列出可能出现的各种日常问题。

➢ 列出可能遇到的紧急情况。

➢ 回顾过去在处理日常生活和紧急情况时所使用的技巧。

以上列出了一些应对面试的方法，在实际面试中，你应该审时度势地加以运用。

5）考编常见测评项目

以具有代表性的考编招考工作人员的65个面试测评项目模型作为研究样本，归纳统计后发现：65个样本模型中出现的测评项目共有26个（对名称不同而实质相同的项目进行了简单合并），但各个项目出现的总次数大不相同，有的在多个模型中出现。各个项目的活跃程度、常见程度，研究者采用"出现频率"这个概念来反映。考编常见测评项目，见表15-1。

表15-1　**考编常见测评项目**

序号	项目名称	出现次数	出现频率
1	语言表达能力（如清晰性、逻辑性、准确性，个别模型曾出现两个以上的语言表达因素）	71	90.2%
2	应变能力（如回答迅速、灵敏度、灵活性等）	53	81.5%
3	综合分析能力	50	76.9%
4	实际业务知识与操作技能（如工作经验、业务水平等）	38	58.5%
5	举止（如仪表、气质、风度等）	34	52.3%
6	逻辑思维能力	33	50.8%
7	知识面	22	33.8%
8	思想政策水平（如思想境界、纪律性等）	18	27.7%
9	进取精神（如事业心、进取心、竞争意识、成就感等）	10	15.4%
10	态度	8	12.3%
11	人际关系	8	12.3%

续表

序号	项目名称	出现次数	出现频率
12	兴趣爱好	7	10.1%
13	性格	5	7.7%
14	创造能力	5	7.7%

6）面试前的准备

求职面试这一形式改变了长期以来沿用的从档案看人、以一卷定终身的单向的、静态的传统考核办法，使求职者和求职者之间建立起了一座了解、沟通的无形桥梁，更使用人单位从多维度的、动态的、直接的考核中，了解求职者的资历、能力、志向、个性、事业心、责任感及职业目标等，并作出是否录用的决定。求职者也可以通过面试了解用人单位的情况，并作出是否应聘的决定。因此，求职面试对用人单位、求职者来说都事关重大。这里我们只着重谈谈求职者面试前的准备。

了解用人单位及岗位：为了保证面试前的准备工作做得更充分、更主动，面试前求职者必须对用人单位进行摸底调查，全面了解，做到心中有数，可以从以下三个方面着手考虑。

➢ 了解用人单位概况。比如，对用人单位的性质、规模、产品、效益、发展前景，以及所应聘的岗位职责、待遇、违约金等方面都要进行详细的了解。如果用人单位是企业，则应从单位性质、注册资金、资产总值、职工人数、产品经营、人事制度、工资奖金等方面予以较全面了解；如果用人单位等事业单位，如学校等，则应从学校的性质、规模、师资、学生状况、工资待遇、发展前景等方面予以了解；如果应考公务员，则应熟知该公务员职位的基本情况、职责、任务、待遇及发展前景等。

➢ 实地考察。面试前，如果用人单位确实是你想去的单位，那么有必要进行实地考察一下，进一步增加自己的感性认识。求职者主要了解一下用人单位所处的地理环境、员工的工作环境以及企业文化和企业精神。如果用人单位是学校，还要了解学校的软硬件设施、学生学习情况及校园文化氛围等情况。

总之，在面试前最好弄清你想去的用人单位的各种情况，以便理清思路，明确应该采取什么策略，从而在面试时把握主动。

语言能力训练：对求职者来说，流利自如的谈吐是面试成功的必备条件。在面试前，求职者应做好以下的准备：

➢ 口头表达能力训练。在学校要积极参加各种集体活动，有意识地加强语言表达能力的训练，逐步养成与陌生人自如交谈的习惯，多参加集体活动，课堂讨论大胆发言。也就是说，口头表达能力不能等到面试时才去训练；否则，摆在面前的就业机会就会白白流失。

➢ 书面表达能力训练。用人单位要对求职者的文字水平、书法水平进行考查。也就是说，要考查求职者是否具备一定的人文素养，对文字的理解能力如何。字相当于一个人的外表，也是工作过程中最基本的能力。如果这方面的能力欠缺，往往就会给用人单位留下文字修养不高，字也写得不怎么样的印象，这会直接影响面试结果。

➢ 交流协调能力训练。面试官给出一道工作难度较大、人事关系较复杂的问题让你解决，即在复杂的人际关系中如何协调工作中的各种矛盾，以考查你的交流、沟通、协调能力。因此，作为高校毕业生应该善于处理好在校期间学习、工作、生活中的各种矛盾，遇到问题不要回避，久而久之，这方面的能力就能有所提高。

➢ 问题归纳能力训练。表达一件事或做一个自我介绍时，如果讲了半天，听者不知道你在讲什么，那就说明表达没有抓住重点，思路比较乱。因此，面试前，要将需要表达的问题进行重点和一般的分类，按照前后次序加以整理归纳，以此来提高面试效果。

自我介绍：一是重点突出。把在大学里擅长的内容表达出来，即把一个人最为得天独厚的才能表达出来。如果荣誉称号很多，那么就讲层次最高的，没有必要统统报出来。二是语言精练。自我介绍时，语言简短、清楚、准确，切忌漫无边际、不着主题地瞎扯。古人云："言不在多，达意则灵。"语言是传递信息和交流思想的工具，求职者的技巧和表现手法主要体现在语言的运用上，要语不烦，字字珠玑，简洁有力，能使人不减兴味；而冗词赘语，絮絮叨叨，不得要领，必令人生厌。三是一分为二。介绍自己时不能只讲优点，不讲缺点，有时把缺点讲得恰到好处，会收到事半功倍的效果。例如，某毕业生在几位考官面前介绍自己时，打破常规、独辟蹊径，先介绍自己的缺点，然后介绍自己的优点，扬长避短，一下子就得到了面试官的好感，立即产生了此人诚恳、谦虚、实事求是的面试效果。四是用词恰当。自我介绍时，讲一句就是一句，讲话要严谨。如果出现不切实际的话，易被面试官质疑，几个问题一问，不仅会把整个思路全部搞乱，还会慌了自己的手脚，也影响了面试效果。

15.4 本章练习

表15-2是一个目标计划表。在"长期目标（什么）"栏中写上你所选择的长期目标，在"使命/角色的重要性（为什么）"栏中写上你在反复问"怎样"时得出的总结，在"步骤（如何）"栏中列出你已排出先后顺序的各个步骤，在"截止日期（何时）"栏中尝试给每个步骤设定一个你认为合适的截止日期。

表15-2　　目标计划表

长期目标（什么）	步骤（如何）	截止日期（何时）	使命/角色的重要性（为什么）

现在一切取决于你自己了！你已经为自己的目标标识了"什么、为什么、如何、何时"，你已经踏上了成功之路。你还可以对自己的其他目标照此办理。因为你已经把目标分拆为各个步骤，你可以把这些步骤编入你的进度计划，编入每天、每周的日程表，甚至编入当前的时刻。今天、明天、下周，你能做些什么事来让自己更接近最终目标呢？尝试一下，看你能否把行动清单中的前三个步骤编入自己的计划。现在就开始吧。带着对于目标的愿景，每天有所进步，坚持不懈。